# 有机质文物材料分析与科学研究

魏书亚　付迎春　著

科　学　出　版　社

北　京

# 内 容 简 介

文化遗产是人类的宝贵财富,有机质文物包括漆器、纸质文物、裱糊、古代香料、纺织品等,是文化遗产的重要组成部分。然而,有机质文物材料本身成分复杂,而且容易发生化学变化,经过长时间的老化,对这类文物的科学认知及保护仍具有挑战性。

本书针对有机质文物材料的特殊性设计了系统的研究模式和技术路线,采用的分析方法主要包括热裂解气相色谱质谱(Py-GC/MS)联用技术、傅里叶变换红外光谱(FTIR)技术以及超高效液相色谱质谱(UPLC/MS)技术等,分别对古代漆器、纸质文物、明清官式建筑裱糊、古代香料及古代纺织品所用染料等涉及的有机材料进行了系统的分析研究。通过研究归纳总结出有机质文物材料的老化规律,探讨了有机质文物材料分析的关键问题,建立了适合有机质文物材料鉴定的系统分析方案。

本书适合从事科技考古和文物保护等相关专业院校师生、科技人员及教育工作者阅读参考。

**图书在版编目(CIP)数据**

有机质文物材料分析与科学研究 / 魏书亚,付迎春著. —北京:科学出版社,2024.2

ISBN 978-7-03-077319-7

Ⅰ. ①有… Ⅱ. ①魏… ②付… Ⅲ. ①有机质–文物–材料研究
Ⅳ. ①K85

中国国家版本馆 CIP 数据核字(2024)第 000705 号

责任编辑:霍志国 高 微 / 责任校对:杜子昂
责任印制:赵 博 / 封面设计:东方人华

**斜 学 出 版 社** 出版
北京东黄城根北街 16 号
邮政编码:100717
http://www.sciencep.com
北京凌奇印刷有限责任公司印刷
科学出版社发行 各地新华书店经销

\*

2024 年 2 月第 一 版 开本:720×1000 1/16
2024 年 9 月第二次印刷 印张:15 1/4 插页:4
字数:305 000

**定价:118.00 元**

(如有印装质量问题,我社负责调换)

# 前　言

文化遗产是人类的宝贵财富，有机质文物包括漆器、纸质文物、裱糊、古代香料、纺织品、骨角器及皮革制品等，是文化遗产的重要组成部分。然而，有机质文物材料本身成分复杂，而且容易发生化学变化，经过长时间的老化，对这类文物的科学认知具有挑战性。

作为有机类文物方面分析与研究的专业书籍，本书针对有机质文物材料的特殊性设计了系统的研究模式和技术路线，采用的分析方法主要包括热裂解气相色谱质谱（Py-GC/MS）联用技术、傅里叶变换红外光谱（FTIR）技术以及超高效液相色谱质谱技术（UPLC/MS）等，分别对古代漆器、纸质文物、明清官式建筑裱糊、古代香料及古代纺织品所用染料等涉及的有机材料进行了系统的分析研究。通过研究归纳总结出有机质文物材料的老化规律，探讨了有机质文物材料分析的关键问题，建立了适合有机质文物材料鉴定的系统分析方案。

第一章是关于漆器的研究：首先，通过制作模拟古代漆膜样品，利用在线甲基化水解热裂解气相色谱质谱（THM-Py-GC/MS）技术对古代漆器中的大漆、干性油、蛋白质类胶结材料（胶、皮胶、鱼鳔胶、蛋清、蛋黄、猪血）、树脂（安息香、松香）等髹漆材料进行分析，总结了每类材料的特征裂解产物，实现了对古代常见髹漆材料的分析和识别。其次，分别采用热裂解气相色谱质谱（Py-GC/MS）、傅里叶变换红外光谱（FTIR）技术和近红外光谱（NIR）对漆膜中油/漆的比例进行了定量研究，探讨了这三种方法在漆器材料定性定量分析中的可行性；通过研究发现在 NIR 分析中，通过光谱学结合化学计量学建立了定量模型，经外部验证和内部交叉验证，获得了稳定的、预测性良好的 PLS 定量模型，为定量分析古代漆膜中油/漆的比例提供了一种新思路。第二章是关于传统手工纸及墨的研究：除了介绍关于纸纤维传统的分析方法外，主要将 Py-GC/MS 技术应用到对中国传统手工纸及墨的研究中，以确定纸纤维来源及纸质文物上的蜡、胶结物、墨及染料等信息，为纸质文物的科学认知拓展了研究的手段和方法。第三章是关于明清官式建筑裱糊材料和工艺的研究：本章首先梳理不同建筑等级不同时期的裱糊工艺，并采用多种科技手段对以故宫养心殿和乾隆花园为代表的明清官式建筑裱糊的糊饰层材料、颜料和胶结材料进行研究，与文献档案上的记载进行对比，揭示当时皇家的裱糊所用材料和工艺，补充裱糊的科学信息，提高人们对裱糊的认知，并为复原裱糊工艺提供科学支撑。第四章是关于古代香料的研究：通过对现代参考香料样品及考古发现香料样品的科学对比分析，确定了古代沉船出土香料的化学成分、香料种类以及老化降解情况；总结了古代不同香料的用途，并讨论丝绸之路上的香料贸易及文化交流等问题；第五章是关于古代纺织品染料的研究：丝绸染色艺术源远流长，我国古代染料根据来源可分为植物染料、矿物染料和动物染料。植物染料是最常见也是应用最多的染料，植物染料是从植物的根、茎、叶或果实中得到的染料；对纺织品上植物染料的提取是进行纺织品分析鉴定的第一步，目前对于植物染料的提取，主要有强酸法如盐酸法、硫酸法等，弱酸提取方法如甲酸法、三氟乙酸法等，此外还有有机溶剂提取的二甲基甲酰胺法和二甲基亚砜法。由于超高效液相色谱－四极杆飞行时间质谱（UHPLC-Q-TOF-MS）具有超高的分离效果和检测灵敏度，本章主要介绍了UHPLC-Q-TOF-MS 分析技术在古代纺织品染料分析鉴定中的应用。

本书是魏书亚教授 2013～2023 年在北京科技大学工作期间，指导硕士和博士研究生所作研究工作的总结。全书总共分为五章，其中付迎春博士及肖庆主要负责第一章撰写，姚娜博士主要负责第二章的撰写，史姝璇主要负责第三章的撰写，蒋建荣博士主要负责第四章的撰写，李玉芳博士主要负责第五章的撰写。全书由魏书亚教授、付迎春博士统稿。

感谢北京科技大学潜伟教授、陈坤龙教授、李延祥教授、郭宏教授及李秀辉副教授等在研究过程中提供的支持和帮助；另外，该研究也得到湖北省文物考古研究院、故宫博物院、福建省泉州海外交通史博物馆及中国社会科学院考古研究所等单位的老师们的大力支持，在此表示衷心的感谢。

该研究得到国家重点研发计划"重大自然灾害监测预警与防范"（文化遗产保护利用专题）专项项目："明清官式建筑建筑材料科学化认知研究"（2020YFC522402）及北京科技大学高层次引进人才项目（06500050）的资助。

著　者

2023 年 12 月

# 目　　录

# 第一章　古代漆器

漆器是亚洲古代先民在化学及工艺美术方面的重要发明，是人类迈向文明门槛的历史见证。中国漆器以优美的图案和绮丽的色彩形成了独特的艺术风格，折射出举世瞩目的艺术光辉和文化魅力，在中华文明中占有非常重要的地位。大漆作为一种优质的涂层材料，古代漆工们在木制、陶瓷、皮革和金属制品等器物表面髹漆，制成的漆器具有耐酸性、耐碱性、抗氧化性等优良性能。中国是漆文化的发源地，是最早发现并利用大漆的国家，目前中国最早的漆器出土实物是浙江省余姚井头山遗址出土的两件髹漆木器[1]，具有八千余年的历史。

《周礼》中有多处用漆的记载，如"参分其牙围，而漆其二"、"丝三邸，漆三斟"。我国古代漆艺的集大成之作《髹饰录》的序言中有记载："漆之为用也，始于书竹简。而舜作食器，黑漆之。禹作祭器，黑漆其外，朱画其内……"[2]，表明在距今四五千年的舜禹时代，漆已经被用来涂饰食器和祭器。

随着对漆的认识加深，人们开始向漆中添加各种材料，制成熟漆或精制漆，极大地提高了漆膜的各种性能。《中国传统工艺全集·漆艺》记载漆工艺中用到的材料包括黏合剂和灰料，黏合剂主要有生漆、干性油、动物胶、糯米糊、生面粉、生猪血等，灰料主要有角灰、骨灰、蛤灰、砖灰、瓷灰、砥灰、河沙、黄土、高岭土等。人们从什么时代开始在生漆中添加材料、使用了什么材料、添加了多少材料等问题越来越受到学界的重视。

近年来，考古发掘出土了大量古代漆器文物，这为研究古代的漆器制作工艺提供了契机。利用现代科学技术手段和古代文献记载，研究古代漆器的髹漆材料及其配比，可以有效揭示古代漆工艺水平，为完善漆器工艺技术史提供重要资料，同时也可以与漆器的保存状况建立关系，为漆器文物保护提供参考。

## 第一节　中国古代髹漆工艺和髹漆材料

### 一、中国古代漆工艺的发展历史

中国漆工艺的发展史可以分成八个时期[3]（新石器时期、夏商周及春秋时期、战国时期、秦汉时期、魏晋南北朝时期、隋唐五代时期、宋元时期、明清时期），也可以分成六个时期[4]（史前孕育期、夏商周萌发期、春秋战国成长期、秦汉鼎盛期、三国隋唐消长期、宋元明清繁华期），还可以分为两个时期[5]（新石器时代至宋元时期、明清时期)。虽分期不同，但漆工艺的发展历史基本一致。本章将从先秦两汉时期和汉代以后两个时间段来梳理中国古代漆工艺的发展进程。

### (一) 先秦两汉时期的髹漆工艺

先秦两汉时期包括新石器时期、夏商周时期、春秋战国时期和秦汉时期。这段时期是中国漆工艺的孕育、萌发、发展以及鼎盛时期，对漆的使用、髹漆技术 (如油漆技术) 的诞生等研究具有重要的意义。

新石器时期是我国漆工艺的孕育期，漆器器型多为日常生活用具，纹饰简单，以朱、黑两色髹饰为主。浙江余姚井头山遗址出土的两件髹漆木器是目前最早的漆器 (图1-1)，将中国乃至世界使用漆的历史提早到8000多年前，开漆文化之滥觞[1]。2013年浙江跨湖桥新石器时代遗址出土的漆弓[6] (图1-2)，黑色表层被确定为大漆，距今已有8000年；1978年浙江河姆渡遗址出土的一件朱漆木碗，红色表层被确定为混合大漆的朱砂彩绘层，距今已有7000余年，是目前出土最早的彩髹漆器。浙江余杭瑶山良渚文化遗址 (距今约5300年)、山西襄汾陶寺墓地 (距今约3800百年)、辽宁敖汉旗大甸子墓葬 (距今约3500年) 都出土了涂有朱漆的漆器[3]。中国漆工艺经历了漫长的时间，从使用简单的天然漆发展为使用调颜色的色漆，代表着人们对漆的认识逐渐加深。

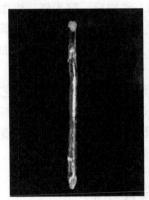

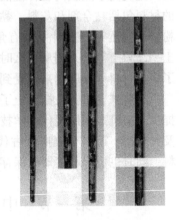
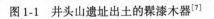

图1-1　井头山遗址出土的髹漆木器[7]　　　　图1-2　浙江跨湖桥遗址
出土的漆弓[8]

夏商周时期，开始采用色漆和镶嵌技法来装饰器物，如安阳殷墟出土的一件弓形镶嵌青铜器的黏结剂被证明是大漆[9]；河北藁城台西村商代遗址发现了朱地黑纹的漆盘、漆盒碎片，还发现了一具"显然是原来贴在漆器上的金箔片"的朽痕，汉代流行的嵌贴金银箔花纹漆器以及唐代的金银平脱漆器，都可追溯到商

代。北京琉璃河西周燕国遗址出土的西周漆器表面均有漆绘，有些用蚌片、蚌泡等镶嵌，与彩绘共同组成装饰图案。浚县辛村西周墓中发现了带有蚌组花纹的漆器残片，比镶蚌泡更先进了一步[5]。春秋时期出土的漆器器型种类增多，图案也较之前丰富，色彩也较为华丽，制作技艺日臻成熟。可以认为，商代已经能在漆液中掺和各色颜料，并出现了在漆器上贴金箔和镶嵌绿松石的工艺；西周又发展了商代漆器的品种和装饰工艺，开我国嵌螺钿工艺的先河；春秋时期的漆器则以数量多、门类齐全等优点奠定了战国、秦汉漆器繁荣发展的基础[3]。

战国时期在漆工艺史上是一个极为重要的时期，漆器的器物品种和髹饰技法都有很大的发展。漆器的品种除了饮食类、家具、文具等日常生活用具之外，还包括乐器、兵器、交通工具、丧葬工具等军事和文化娱乐用品[5]。河南信阳长台关楚墓出土的小瑟使用了鲜红、暗红、浅黄、黄、褐、绿、蓝、白、金九种颜色，颜色绚丽，令人惊叹[5]。漆器的胎体较之前也有很大扩充，包括木胎、陶胎、铜胎、夹纻胎、皮胎、竹胎、骨角胎等[3]。木胎漆器仍是战国时期的主流，如湖北江陵天星观1号战国墓出土的彩绘透雕四龙漆座屏、随县战国曾侯乙墓出土的彩绘二十八宿天文图漆箱等文物都是典型的木胎漆器。除木胎外，夹纻胎也是一项比较重要的器型，多出现在战国中晚期的墓葬中，如长沙左家塘3号战国中期墓出土的黑漆杯和彩绘羽觞等。另外，皮革胎漆器也时有出土，多为防御武器，如湖北随县曾侯乙墓出土的甲胄和漆盾、湖北荆门包山M2出土的革胎漆盾等。

秦汉时期是漆工艺发展的鼎盛时期，器物的造型和装饰呈现出全新的面貌。我国秦代漆器主要出土于湖北云梦睡虎地秦墓，以生活日用品为主，耳杯居多，多为木胎，常用朱、黑、褐三色装饰。这批漆器还有一个显著的特点——都带有文字和符号，是"物勒工名"的标志[3]。另一个比较重要的秦代用漆发现是兵马俑内的彩绘陶俑，大多数彩绘是由生漆底层和颜料层构成，也有少数彩绘仅由单层或双层的生漆层构成[10]。

汉代的髹饰技法较前代更多，更纯熟，包括漆绘、油彩、针刻、堆漆、贴金银箔等[5]。漆绘是用生漆制成的半透明漆加入各色颜料，制成色漆描绘于已髹漆的器物上，适用于深色花纹，可单色描绘，也可多色彩绘，一般是在黑漆地上以红、赭红、黄、灰绿等色描绘，也有少量在红漆地上以黑漆描绘。油彩是用朱砂、雌黄、石绿等颜料调油，在漆器上绘制花纹，适合绘制浅色花纹。针刻，也称锥画，是在已经涂漆的器物上用针、锥等工具刻出花纹。堆漆是用漆或油调灰堆出花纹，不仅可用于轮廓线条，也可用来堆写花纹内部[11]。贴金银箔，最早可追溯到商代，是用金、银箔制成各种图案花纹，贴在器物的表面[3]，为唐代的金银平脱漆器的产生奠定了基础。

### (二) 汉以后的髹漆工艺

汉以后中国漆工艺的发展进程主要包括魏晋南北朝和隋唐的缓慢发展期，以及宋元明清的繁荣发展期。

魏晋南北朝和隋唐时期战乱频繁，漆器作为一种奢侈品，受到经济能力与社会主流思潮的制约，这一时期的漆工艺的发展速度缓慢。不过也不乏翘楚，安徽马鞍山东吴朱然墓出土了一个彩绘宫闱宴乐图漆案[3]，案面绘制了宫廷宴乐的场景，共画 55 个人物，人物中有皇帝、后妃、宫女、侍从以及一些高官贵妇，他们或嬉戏交谈或观看演出，画面中间绘有百戏，表现如此宏大宫闱场面的漆画此前绝无仅有，是三国时期漆工艺的杰出代表。北魏司马金龙墓出土了几组彩绘描漆屏风[12]，使用油彩技法较多。南北朝时期佛教盛行，体积很大而分量又轻的夹纻佛像开始盛行。佛像的面容和衣褶对制作技术要求很高，促进了堆漆技法的进步[5]。

目前发现的唐代漆器的品种和数量较少，主要类型是金银平脱和嵌螺钿。金银平脱继承了汉代嵌贴金银箔花纹技法的传统，但雕刻更加细致精美，分工明确，平脱花片由金工镂刻，然后由漆工嵌贴在漆器上，经过髹漆、阴干再上漆的多次反复，最后打磨到露出花纹[3]。嵌螺钿技法起源于商代的镶嵌蚌泡技法，并较之有了很大的进步。唐代的嵌螺钿指纯用贝壳或贝壳与玳瑁、琥珀、松石等并用，在漆器上产生浅浮雕式装饰效果的工艺[3]。唐代还有另外一种漆器——犀皮漆，晚唐赵璘曾记载"西方马鞯，自黑而丹，自丹而黄，时复改易，五色相叠，马蹬摩擦有凹处粲然成文，遂以髹器仿之"，认为犀皮漆是在器物表面模仿马鞯被长期摩擦形成的花纹而成的漆器[5]。五代时期漆器的代表器物有苏州瑞光塔和湖州飞英塔发现的嵌螺钿漆器，为宋代漆器的繁荣发展奠定了基础[3]。

宋代漆器的主要品种包括一色漆器、描金、嵌螺钿、戗金和雕漆[3]。最流行的漆器是一色漆器[13]，指器物通体髹涂一种颜色的漆器，以黑色为主，兼有红色、褐色、赭色和黄色等。描金是指将金粉或金箔直接粘在漆器表面上形成纹饰的工艺，黑漆地最常见，其次是朱色地和紫色地。嵌螺钿漆器是宋代漆器的另一个重要品种，在厚螺钿的基础上发展了薄螺钿技法，组成的图案精细如图画，技术高超。戗金是在朱色或黑色漆地上，用针尖或刀锋镂划出纤细花纹，在花纹内填漆，然后将金箔或银箔粘上，经过打磨处理，形成金色或银色的花纹。雕漆是宋代漆器发展的另一个突出成就。雕漆是在已做好的木胎上层层髹漆，达到一定厚度时再按所需图案雕刻出花纹，具有浮雕效果。

元代漆器中有实物传世且水平很高的漆器类型是雕漆。张成是元代漆工的杰出代表，他的三件雕漆作品——故宫博物院馆藏的剔红栀子花盘、安徽省博物馆馆藏的剔犀云纹盒以及中国历史博物馆馆藏的剔红曳杖观瀑布图，是元代雕漆的

代表作[5]。

明清时期是我国漆工艺发展史上的巅峰时期，我国古代唯一现存的漆艺著作《髹饰录》即为明代黄大成所著，记录了明代漆器制作的各种工序[14]。根据《髹饰录》对漆器种类的划分，又依照古代漆器存留的实际情况，王世襄先生将明清时期的漆器大体分为十四类：一色漆器、罩漆、描漆、描金、堆漆、填漆、雕填、螺钿、犀皮、剔红、剔犀、款彩、戗金、百宝嵌[5]。其中一色漆器、描漆（即漆绘和油彩）、描金、堆漆、螺钿、犀皮、剔红、剔犀、戗金等九种技法在前文中已做描述，现对剩余五种技法进行描述。

罩漆是在色漆或描绘完成之后，上面再罩一层透明漆。透明漆一般是在漆中加入桐油或其他植物油配制而成。罩漆[5]包括罩朱髹、罩黄髹、罩金髹、洒金、描金罩漆等。罩朱髹和罩黄髹指在红色漆和黄色漆上面罩透明漆；罩金髹指在粘着金箔或金粉的漆面上罩透明漆；洒金指在洒着金片或金点的漆面上罩透明漆；描金罩漆指在黑、朱、黄等漆地上作描金花纹，花纹上用黑色或金色勾纹理，而后罩透明漆，或不勾纹理，直接罩透明漆。填漆[5]是在漆器上做出凹下去的花纹，把不同色漆填进去，干后磨平。雕填[5]是在填漆的基础上发展起来的工艺，用彩色作花纹，阴文金线勾轮廓和纹理，花纹或是刻后用彩漆填成，或用彩漆或彩油描绘而成，也有又填又描的。款彩[5]是在木板上用漆灰作地子，上黑漆或其他色漆，用近似白描的方法在器面行勾花纹，保留花纹轮廓将轮廓内的漆灰去除，然后用各种色漆或色油填入轮廓，成为彩色图画。百宝嵌[5]是用各种珍贵材料如珊瑚、玛瑙、琥珀、玳瑁、螺钿、象牙、犀角、玉石等做成嵌件，镶成绚丽华美的浮雕画面。

## 二、古代髹漆材料研究概况

本章将古代漆工艺中常用的髹漆材料作为研究对象，对其进行定性和定量研究，既要明确古代使用的髹漆材料是什么，也要揭示髹漆材料的配比信息。本节将从三个方面来概述研究现状：①从古籍材料出发，梳理古籍中记载的古代髹漆工艺中使用的髹漆材料；②同样以古籍材料作为研究工具，梳理古籍中髹漆材料的配比信息；③从考古样品出发，整理目前已做过科学分析的古代漆膜样品，总结不同时代、地域、器型的漆器使用的髹漆材料及配比。

### （一）古籍中记载的髹漆材料

鉴于我国历史上关于古代漆工或者漆工艺的古籍为数不多，且大多都已散佚失传，现仅存一本明代漆工黄大成撰写的《髹饰录》，详细地记录了明代的漆器制作工艺，包括制作原料、制作技法、制作工具、漆工禁忌以及漆器的分类和各个品种的形态，又经另一名漆工杨明逐条作注，并撰写了序言，这是研究古代漆

工艺的重要文献资料。后代的学者对它的研究一直没有停止，各位大家引经据典，并以现存文物或现有工艺加以举证，加以增补，使得这本书字艰深的传世经典简明易读、流传愈广，以王世襄的《髹饰录解说》、长北的《髹饰录图说》为杰出代表，它们都是本书重要的参考资料。除《髹饰录》之外，宋元明清时期还有一些其他方面的古籍也涉及髹漆材料和髹漆工艺，如关于制琴的《琴经》。本节将这些古籍资料作为主要工具，梳理不同时代的髹漆材料、用料配比等信息，为古代髹漆材料的研究提供文献资料。

新石器时代，人们已经开始在漆里添加颜料制成色漆，绘制在器物表面。吕不韦著《吕氏春秋·似顺论》对漆和水的关系有过记载："漆淖水淖，合两淖则为蹇，湿之则为干"，意为漆是流体，水也是流体，两者相遇却会凝固变硬，越是潮湿干得越快。这说明先秦时期已经认识到漆和配料等相关知识[15]。随着对漆的认识加深，人们开始向漆中添加各种材料，制成熟漆或精制漆，极大地提高了漆膜的各种性能。历来精制漆有数种称呼，不同称呼之间或同或异，难以理解。现依据《髹饰录解说》和《髹饰录析解》中所述对漆的各种称呼进行整理，见表1-1。

表1-1　漆的分类、名称[2,16]

| | 定义 | 分类 | 别称 | 备注 |
|---|---|---|---|---|
| 生漆 | 从漆树上割取、未经任何处理的漆 | — | — | 有稠淳二等，稠是厚且浊的意思，淳是稀且清的意思 |
| 熟漆 | 生漆通过暴晒、蒸煮等方式减少水分，或加入桐油等添加剂可制成熟漆 | 推光漆 | 揩光漆、晒光漆、提庄漆、严生漆 | 较"退光漆"光亮 |
| | | 退光漆明膏 | 半透明漆、合光漆、光漆、膏漆、明漆 | 较"推光漆"暗沉调配色漆用 |
| | | 油光漆 | 笼罩漆、广漆、广熟漆、赛霞漆、笼金漆、罩光漆、透纹漆、罩木漆、罩金漆、厚料漆、薄料漆、金胶漆 | 颜色透亮，有光泽 |

约在北宋成书的《琴苑要录·琴书》记载过熟漆中常见的一种漆——退光漆的制法："好生漆一斤，清麻油六两，皂角二寸，油烟煤六钱，铅粉一钱，诃子一个"。明代蒋克谦著《琴书大全》记载有南宋《合光法》，提到了合光油漆的制作方法："用真桐油半斤，煎令微黑，色将退，以好漆半斤，以绵滤去其渣令净。入灰坯半两，干漆等分，光粉半两，泥矾二钱，重和杂并煎，取其色光黑

新鲜为度，候冷，以藤纸遮盖，候天色晴明上光，再用绵滤过用，诚可造妙也"。这种黑漆是用漆油各半，经煎制后，保涂在器物上，干燥结膜后其表面自然就有光泽。但它的漆膜较软，不宜研磨推光。

元代陶宗仪著《南村辍耕录》记载了无油黑退光漆的一种制法："黑光者，用漆斤两若干，煎成膏（即明膏，因还未加触药）。再用漆，如上一半，加鸡子清，打匀，入在内，日中晒翻三五度，如栗壳色，入前项所煎漆中和匀，试简看紧慢，若紧，再晒，若慢，加生漆，多入触药。触药，即铁浆沫。用隔年米醋煎此物，干为末，入漆中，名曰黑光。"

明代袁均哲所著《太音大全集·卷一》是一本记录了古代髹琴工艺的古籍，其中不乏制漆的相关记载，为了解古代制漆工艺提供史料，有关合光漆（退光漆）制法的四条记录摘录如下：

（1）"合光须择良时，宜于三伏内，用生漆一斤，文武火煎至十两，乘热滤过"。

（2）"又用好生漆、白油各二两同调，诃子肉、秦皮、黄丹、定粉各一钱入在内，文武火煎如稀饧，趁热滤过，入于瓦器内"。

（3）"又用好生漆四两，滤过，定粉（即铅粉，又名"胡粉"）一钱半，轻粉（水银升炼而成的白色片状结晶形粉末）一钱，中指然令极细。以乌鸡子两个，取清捣碎调粉，同入瓦器，拌和令匀，绵滤过"。

（4）"用上等生漆入秦皮、铁粉、油烟煤同煎，滤过，临时入鸡子清拌匀。大凡煎光，须经日久，用之乃佳，贵其老也"。

清代祝凤喈所编《与古斋琴谱·卷二》对退光漆的晒制之法记载甚详："先滤好生漆，置盘中，日晒，少顷……入冰片或猪胆汁少许，调匀……其光如鉴"，猪胆汁中含有胆固醇、胆酸钠等成分，在漆液中作为乳化剂，使漆液增稠，提高漆膜的流平性和光亮度[17]；接着又记载黑推光漆的制法："……其光如鉴。欲其色黑，以铁锈水酌调入漆中，色转灰白（锈水调多，则漆不干，须加光漆和之），拌匀，刷器上，待干，其黑尤胜（生漆本黑，入锈水者尤黑）。有用黑烟入漆者，不若锈水之无渣滓也。如不用冰片、胆汁和调（用其一，非并用也），其漆浓滞而不化开，每有刷痕"；21世纪苏州仍比较流行这种做法，在暴晒好的漆中加入铁锈水和猪胆汁来制作黑退光漆，其中漆的比例为98.5%，铁锈水和猪胆汁的比例为1.5%[2]。

从上述记载可知，精制漆通常采用上等生漆与油、蛋清、冰片、猪胆汁、诃子肉、秦皮等有机材料以及定粉[铅粉，$2PbCO_3 \cdot Pb(OH)_2$]、黄丹（铅丹，$Pb_3O_4$）、铁粉（含铁物质）、油烟、黑烟等无机材料来制得。《中国传统工艺全集》中也有记载：[18]"漆工艺中所用的黏合剂，主要有生漆、干性油、动物胶、糯米糊、生面粉、生猪血等"。

油是精制漆中常见的有机添加物，一般指干性植物油，可以增加漆膜的光泽度和弹性[19,20]。在制造彩色漆器时，也用干性植物油和各种颜料或染料制成油彩绘制各种花纹图案，形成我国具有独特民族风格的漆器工艺。常见的古代植物油有桐油、紫苏籽油、亚麻籽油、芝麻油、核桃油、罂粟籽油、蓖麻籽油等。这一类油的涂层干燥性能较好，涂后几天就能干结成膜，干后的油膜不软化，不易被溶剂溶解。郑师许著《漆器考》记载："曹魏已有言密陀僧漆画之事……吾国油漆本分二途：漆器以漆液为主，密陀僧则不以漆而以油。此等密陀僧漆画，其主要用料，一为油、二为树脂、三为颜料、四为促干料等。吾国向用植物油，大抵以桐油为主。"可见，三国时期桐油用作漆中用料已经非常普遍。王世襄先生对我国各个时期漆中用油的种类做过推测[2]："商、周、战国时期调油色很可能用的荏油，而魏晋南北朝以后，麻油、核桃油也逐渐被使用，自宋代起则主要用桐油了。"荏油即紫苏籽油，麻油是芝麻油。

除干性植物油之外，动物胶、植物胶、蛋清、血等蛋白质材料也是漆中常见的添加剂[18]。《髹饰录》记载："冰合，即胶。有牛皮，有鹿角，有鳔。两岸相连，凝坚可渡。"杨明作注："两岸相连，言二物缝合；凝坚可渡，言胶汁如冰之凝泽，而干则有力也。"可知，胶用于黏合漆器的胎骨，常见的动物胶包括牛皮胶、猪皮胶、骨胶、鱼鳔胶、鹿角胶，由动物的皮、骨、筋等结构组织中含有的胶原通过温水抽提制得[16]。牛皮胶价格便宜，一般用来黏合木构件；猪皮胶与牛皮胶性质接近；鱼鳔胶以鱼脬制成，性软，粘连性好，优于猪皮胶；鹿角胶昂贵，不常见。另外，桃胶、阿拉伯胶等植物胶也可用来做黏合剂。

血料是指利用动物血制成的胶结糊状液体，有一定的黏结力，在漆工艺中一般有三种用法：一是过滤为血液生用；二是煎熟作为料血用；三是由料血配制成血灰用[21]。古代漆工艺中的血料一般指猪血，其他动物血如牛羊血等经加工也可用作血料，但因牛羊是食草动物，其血的黏结性远不如猪血。《髹饰录·质色第十七》中提到漆工制作漆灰时可"用坯屑、枯炭末，加以厚糊、猪血、藕泥、胶汁等"[2]；制作皮胎漆器时，要在没有加工过的牛皮、马皮、羊皮的双面刷上两道猪血灰绷平[22]。扬州漆工用大块血料拌粗灰，去其胶黏性；用豆腐块血料拌中灰，胶黏性减弱；用碎血块拌细灰，胶黏性更弱[16]。

"灰"泛指调拌涂料的粉状材料，《髹饰录》中记载垸漆时，"用角灰、磁屑为上，骨灰、蛤灰次之，砖灰、坯屑、砥灰为下"[2]。灰常与漆或血料、胶、坯油调拌，制得漆灰、血灰、胶灰、油鳗、漆冻等，分别用于打底、垸漆、堆塑花纹、粘贴镶嵌部件。长北著《髹饰录析解》中总结了这几种混合料的制法（油鳗的制法参考《髹饰录解说》），现摘录如下：

（1）漆灰：常用生漆 6 ~ 7g、松节油或水 5 ~ 6g 与灰 10g 调拌而成，涂层干后坚硬如铁，打磨困难，难以雕刻。

（2）胶灰：常用胶块 2 成、水 3 成熬成胶汁，而后以胶汁 6g 与灰 10g、热水 5g 调和成糊，涂层坚固性差，不耐水泡。

（3）血灰：常用猪血料 20g 与灰 100g、光油 5~7g 调拌而成，涂层干燥快且疏松，便于雕刻镶嵌，日晒则灰裂，受冻则变酥，经水则灰烂，日久则掉灰。

（4）油鳗：《髹饰录》中记为鳗水、灰膏子。用石灰水泡成水，取稀薄的灰水调和白面呈稀糊状，加入熬好的灰油，标准比例是 1:1（灰油越少，越不坚实。省料的做法：灰油与面糊的比例往往是 1:2 或 1:3）。灰油、面糊调匀后，加入血料，朝一个方向搅拌至灰白色的浆糊状即可。用时可再加砖灰，稀稠以适用为度，可代替灰漆敷在器物上。《圆明园漆活彩漆扬金定例》[23]中记载的制作油鳗的用料及比例更为详细："桐油每千斤外加：黄丹六十二斤八两，土子六十二斤八两，白灰五百斤，白面五百斤，砖灰二十石，木柴五百斤。白煎油、糙油、光油每千斤外加白丝六斤四两"。丘光明《中国历代度量衡考》根据清代权衡器的实重进行折算，推测清代一斤的折合克数约为 597g[24]。

（5）漆冻：一种特殊的漆灰，以精制生漆、明油、鱼鳔胶、香灰、滑石粉、蛤粉、土子调配而成，用于堆塑或模印花纹。各地漆冻的用料配比不尽相同，宁波漆冻中的明油与漆的比例竟达到 7:3，用油比例极高，但细腻柔软，可塑性强。

面粉、糯米糊等物质在古代漆工艺的相关古籍中记载较少，陶宗仪《南村辍耕录》提到面粉可用来制油鳗："好桐油煎沸，以水试之，看躁也，方入黄丹、腻粉、无名异。煎一滚，以水试，如蜜之状，令冷。油水各等分，杖棒搅匀，却取砖灰一分，石灰一分，细面一分，和匀。以前项油水搅和调黏灰器物上，再加细灰，然后用漆，并如黑光法。或用油，亦可"。沈福文《漆器工艺技法撷要》中提到制作脱胎花瓶时，中漆灰和粗漆灰需用到糯米糊："中漆灰调制方法，用生漆 40%，糯米糊 5%，瓦灰 25%，细黄土粉 30%，15% 的清水调合成泥状"、"粗灰调制方法，生漆 40%，糯米糊 20%，砖瓦灰 40%，调拌如泥状"。糯米糊和生面粉的黏合性能好，加入漆中可能是为了增加漆的黏稠度，提高漆膜的强度和硬度。

新中国成立后，漆工在制作透明漆时经常加入松香树脂，详细的制作方法[25]如下：先将锅烧热，而后把生漆倒入锅内，再用文火慢慢熬制，一边熬制，一边加入黑松香粉末（事先将黑松香碾成粉末，生漆与黑松香的质量比约 1:0.6），黑松香粉末要均匀、分散地撒在生漆上，同时要用木棍不停搅拌，使松香受热熔化与生漆充分化合。目前为止，还未见到古籍中有关于松香改性生漆的文字记录，但是不排除古代向生漆中添加松香的可能性，还需要通过对古代漆器漆膜材料的科技分析来求证。

通过古代文献的整理，我们知道古代制作漆器时，漆工通常会向大漆中添加各种添加剂，包括桐油、亚麻籽油、紫苏籽油、罂粟籽油、芝麻油、核桃油、蓖麻籽油、蛋清、猪血、松香树脂、糯米糊、淀粉等（表1-2）。添加剂的加入可以提高和改善漆器的质量，如加入紫苏籽油、桐油等干性植物油可以增加漆膜的光泽度和弹性，漆灰中加入动物胶、猪血等蛋白质材料可以提高大漆的黏结性，添加骨灰、黏土等灰料可以使漆器的胎体更加稳固。

表1-2　古代髹漆工艺中可能涉及的有机材料

| 种类 | 髹漆材料 |
| --- | --- |
| 漆 | 大漆 |
| 油 | 桐油、亚麻籽油、紫苏籽油、罂粟籽油、芝麻油、核桃油、蓖麻籽油 |
| 蛋白质材料 | 动物胶、蛋清、血 |
| 树脂 | 松香树脂 |
| 面粉 | 糯米糊、淀粉 |

（二）古籍中记载的髹漆材料的配比

从上述记载可知，古代漆工艺中大漆和添加剂有一定的配比关系。

笼罩漆中大漆和油的比例在1∶1左右。明代沈周著《石田杂记·笼罩漆方》中记载："用广德好真桐油，入密陀僧、无名异，煎老。每熟油一两，和入京山漆生者一两，要绞十分净，漆在器物上，于日色中晒干"。沈福文著《漆器工艺技法摘要》中记载明油的制法："将桐油放入锅内煮沸，上面浮沫蒸发净，即成明油。它本身无干燥性，加入半透明漆后，随漆的干燥而干燥。快干漆60%，明油40%，拌搅调匀，即成油光漆"。笼罩漆中添加的油料比较多，所以干燥后形成的漆膜比较透明，其他种类的漆的透明度都低于笼罩漆，因此可以合理地推断其他种类的漆中添加的油料低于漆的含量。

明代袁均哲著《太音大全集》也记载了制作退光漆时生漆与蛋清的比例："又用好生漆四两，……以乌鸡子两个，取清捣碎调粉……"，两个鸡蛋的蛋清质量约70g，丘光明《中国历代度量衡考》考证了明代的单位，一斤的折合克数约为590g。古代十六两为一斤，四两生漆的质量约为147.5g，因此生漆与蛋清的比例约为2∶1。

上述记载也详细记录了漆灰、胶灰、血灰等灰层的用料配比，例如，漆灰中漆、油、灰的比例约为1∶1∶2，胶灰中胶、灰的比例约为1∶4，血灰中血、灰、油的比例约为4∶20∶1。

以上是根据古代文献的相关记载作出的一些推测，还需要现代科学技术手段对古代漆器文物中各种用料配比进行分析，尤其是漆膜中最常见的添加剂——油和大漆的配比研究，是我国漆工艺研究的一项至关重要的工作，也是本章的重点之一。

（三）古代髹漆材料科学认知的研究概况

现代的科学分析手段日益成熟，经过分析检测可以确认出土漆器的添加材料，为我国古代髹漆材料的研究提供可靠的证据。常用的方法包括傅里叶变换红外光谱（FTIR）、差热分析（DTA）、气相色谱（GC）、热裂解气相色谱、红外光谱联用技术（PyGC-FTIR）、裂解质谱（PyMS）、热裂解气相色谱质谱（Py-GC/MS）、X射线衍射技术（XRD）、拉曼（Raman）光谱、扫描电子显微镜（SEM）、X射线荧光光谱（XRF）等。现代科学技术手段在髹漆材料的鉴定分析、髹漆工艺研究等方面取得了一定的成果，但仍有几个问题没有解决：

第一，关于油漆技术的起源。翟宽容等[1]、吴朦等[6]利用酶联免疫方法（ELISA）对目前世界上最早的漆器进行了分析，发现这些器物的涂层确实为中国大漆，证实了中国漆工艺的8000年历史。陈元生等[26]利用PyGC-FTIR技术对河姆渡遗址出土木碗的红色涂料、良渚庙前遗址出土木盘上的红色涂料进行先驱性的研究，通过将它们的裂解产物与现代生漆漆膜的裂解产物对比，发现河姆渡遗址出土木碗的红色涂料是生漆漆膜，良渚遗址出土木盘的红色涂料不是生漆漆膜。不过，这几件史前时期的漆膜样品的检测分析中都没有涉及油及其他添加材料的分析，它们是否存在还值得探讨。

目前为止，最早检测到漆中含有油的实例是利用热裂解气相色谱质谱技术（Py-GC/MS）对河南葛陵战国楚墓的几件漆器的研究[19]，这批战国时期的漆器中所添加的油料极大可能是亚麻籽油；马啸等[27]通过对罗庄汉墓出上的几件早期汉代漆器的分析，发现其中添加的油料是紫苏籽油或乌桕油；内蒙古出土的几件匈奴时期（汉代）漆器中油料被检测为桐油[28]；马王堆汉墓出土的耳杯中油料被检测为桐油[29]；浙江出土的一件宋代剔犀漆器中油料被检测为桐油[30]；清代故宫符望阁的雕漆漆器中的油料被检测为桐油[31]。上述案例均是采用Py-GC/MS技术对油料进行检测鉴别工作。另外，20世纪90年代郑佳宝等[32]利用红外光谱技术对实物与模拟样品对比分析，认为一些汉代漆膜中含有桐油；但不同植物油的红外光谱图有相似性，利用红外光谱法区分具体是桐油、亚麻油或其他植物油非常困难；若要准确鉴别油的种类，需要由其他的分析技术完成。通过上述分析结果大致可知，紫苏籽油确实在我国早期时代使用较多，但是桐油的使用早于王世襄先生推测的宋代，可能在汉代已被广泛使用，但具体的问题，如从什么时代开始在生漆中添加油料，不同时代添加的油的异同，还需要更多不同时代的漆器样品来确认。

第二，其他髹漆材料如血、淀粉的使用。秦俑底层大漆可能添加了少量的猪血成分，另外还检测到铬元素[10]；清代故宫符望阁的雕漆漆器上的漆灰层中也发现了血，以及热桐油和黏土[31]；一件年代不明的印度生产的贴金镶嵌漆盘的漆灰层中发现了血，还有干性油、松香树脂、蜂蜡等物质[33]。由此可见，血常与灰、油等物质调配，用在与胎体相连的漆灰层中。Sung 等[20]采用 Py-GC/MS 技术对一件秦汉时期的漆器样品进行研究，发现漆器的漆膜中除了中国大漆和油料，还检测到了淀粉、纤维或米糊的裂解产物——1, 6-脱水-$\beta$-D-吡喃型葡萄糖，推测样品中加了淀粉、纤维或米糊。Honda 等[34]对琉球王国 17～19 世纪的漆器进行 Py-GC/MS 分析，同样发现了 1, 6-脱水-$\beta$-D-吡喃型葡萄糖，推测样品中也加了淀粉、纤维或米糊。孙红燕等[35]利用淀粉粒分析方法提取了长沙风篷岭汉墓出土的漆器残片中的残留物，证实在漆器制作过程中使用了淀粉作为黏结剂。但是血和淀粉等材料是什么时候开始添加在漆器中的，是否还有动物胶等蛋白质材料值得探讨。

第三，髹漆材料的定量研究。髹漆材料的配比信息不仅可以反映当时的漆工艺水平，探讨漆料选择与政治制度与经济水平之间的关系，同时也可以与漆器文物的保存状况建立关系，为漆器的保护提供科学依据。然而关于漆器制作的古代文献资料非常匮乏，以及大漆和干性油等材料受自身材质和外界因素的影响，老化降解非常严重，使得漆器文物材料的定量分析非常困难。

## 三、髹漆材料化学成分研究

古代漆工艺中可能涉及的髹漆材料包括大漆、油料（桐油、亚麻籽油、紫苏籽油、罂粟籽油、芝麻油、核桃油、蓖麻籽油）、蛋白质材料（动物胶、蛋清、猪血）、松香树脂、面粉（糯米糊、淀粉）等物质。本章将对上述髹漆材料的化学结构、分子式、化学反应等化学知识进行梳理和总结，为后续采用科技手段对髹漆材料的分析工作打下基础。

### （一）大漆的分类及化学成分

漆树属于漆树科漆树属，它是落叶阔叶乔木，春季萌芽，夏季茂盛，秋季落叶，冬季叶落枝干，从漆树皮中采割的乳白色树汁即为生漆（图 1-3）。明代李时珍著《本草纲目》记载："漆树高二三丈余，皮白，叶似椿，花似槐，其子似牛李子，木心黄，六月、七月刻取滋汁。"漆树在生长发育的时候，需要较多的水分和较多的热量，生长在温暖湿润的地区[36]，在中国主要分布在长江以南各省，其中秦岭、大巴山、武当山、巫山、武陵山一带漆树资源雄厚、生漆产量高，占中国生漆总产量的 80%[37]，呈右耳形状分布在中国地图上。这片区域既分布有大面积的漆树天然林，也分布有成片的漆树人工林，一向有"漆源之乡"之称，盛产的"建始漆""毛坝漆""平利漆"等，质量佳，色泽好，在国际贸易中，一贯享有很高的声誉。特别是秦巴地区，古时曾属于楚国势力范围，自然资源丰富，故楚国也是生漆资源的主要拥有国。丰饶的生漆资源造就了繁荣发达的漆器手工业和久负盛名的楚漆器，这种现象从大量的考古资料中得以印证。

图1-3　生漆采割[38]

世界范围内大概有 70 余属、600 多种漆树，中国有 15 属、59 种，但是只有一部分漆树可产漆，分别是生长在中国、日本和韩国的 *Rhus vernicifera* 漆树，中国和越南的 *Rhus succedanea* 漆树以及缅甸、泰国、柬埔寨和老挝的 *Melanorrhoea usitata* 漆树，后者是漆树中唯一一种不属于漆树属仍被用来采集生漆的树种[39]。

漆在中国被称为"生漆""大漆""国漆"等，在日本被称作"urushi"，在韩国被称为"ottchil"，在越南被称"són mài"，在缅甸被称为"thitsi"，在泰国被称为"rak"[40]。中国大漆主要是由漆酚（60%～70%）、水（20%～30%）、漆多糖（4%～10%）、糖蛋白（3%～5%）、漆酶（1.5%～2%）组成，还有一些油脂和微量的钙、钾、铝、镁、钠等金属元素[39,41]。

1. 漆酚

漆酚是生漆的主要成分，是由饱和漆酚、单烯漆酚、二烯漆酚和三烯漆酚等异构体组成[42]。它溶于多种有机溶剂，不溶于水。根据结构分析和漆酚同系物的合成证明，漆酚是具有长侧链的邻苯二酚取代物，侧链的位置、碳原子数目、不饱和程度因树种而异[39]。*Rhus vernicifera* 漆树的漆酚是 urushiol，主要是 3-十五烃基（不饱和度为 0～3）邻苯二酚的衍生物；*Rhus succedanea* 漆树的漆酚是 laccol，主要是 3-十七烃基（不饱和度为 0～3）邻苯二酚的衍生物，*Melanorrhoea usitata* 漆树的漆酚是 thitsiol，主要是 4-十七烃基（不饱和度为 0～3）邻苯二酚和少量 3-十七烃基（不饱和度为 0～3）邻苯二酚的衍生物[43]（表1-3）。漆酚是生漆固化成膜的基本反应物，构成漆膜的基本骨架，直接影响漆膜的光泽、附着力、韧性等性能。漆酚的含量是评定生漆质量的重要指标。

表 1-3　漆酚的成分及结构[43]

| 漆树 | *Rhus vernicifera* | *Rhus succedanea* | *Melanorrhoea usitata* |
|---|---|---|---|
| 主要产地 | 中国、日本、韩国 | 越南、中国 | 缅甸、泰国、柬埔寨、老挝 |
| 漆酚 | urushiol | laccol | thitsiol |
| 主要成分 | 3-十五烃基邻苯二酚 | 3-十七烃基邻苯二酚 | 4-十七烃基邻苯二酚、少量 3-十七烃基邻苯二酚；前两种漆酚的支链为直链，泰国漆的支链上含有苯环 |
| 化学结构 | 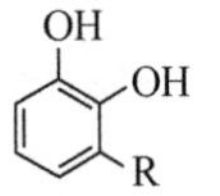 | 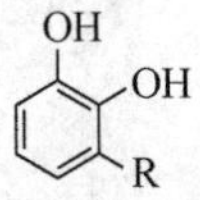 | 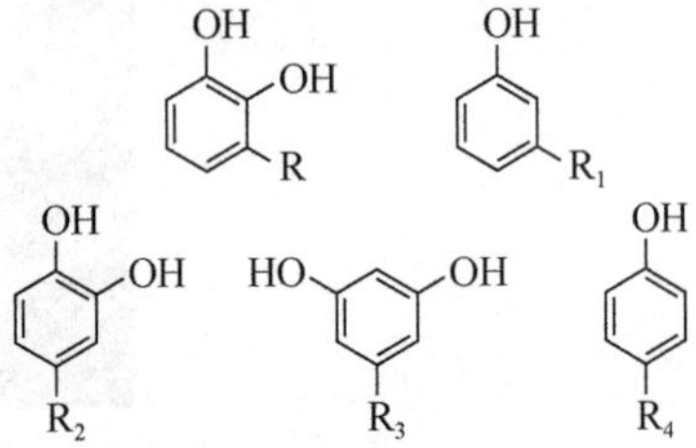 |
| 成分组成 | 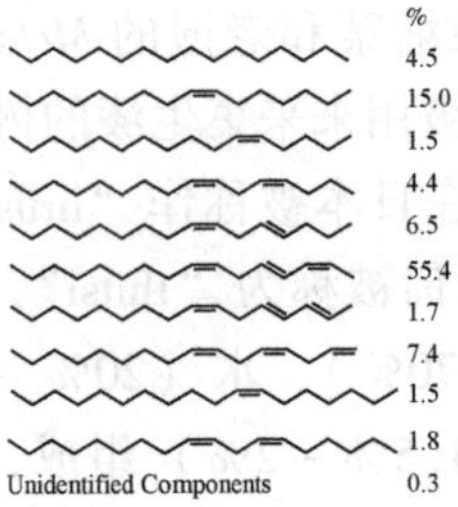 | 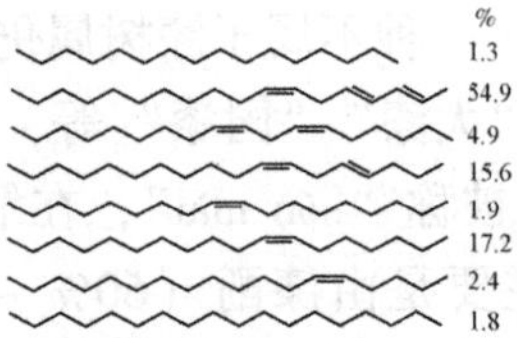 | 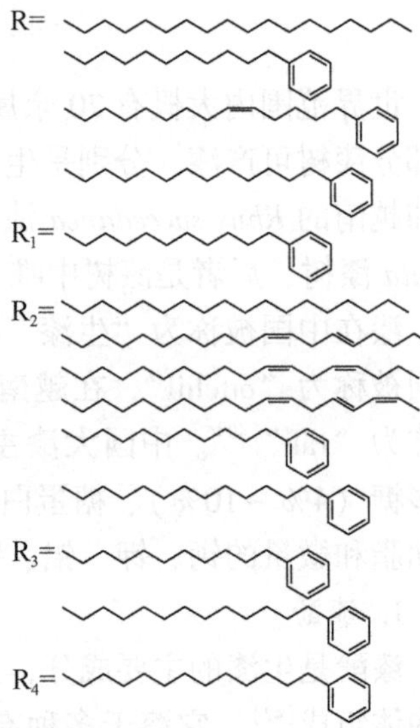 |

注：主要成分中烃基侧链的不饱和度为 0~3。

2. 漆酶

漆酶是一种含铜的氧化酶，可以催化漆酚发生氧化聚合化学反应固化成膜，1883 年在漆树中首次被发现[44]。*Rhus vernicifera* 漆树的大漆漆酶由大约 55% 的蛋白质、45% 的糖类以及 0.23% 的铜元素组成，每一个蛋白质分子中有 4 个铜离子（$Cu^{2+}$）[45]，铜离子对漆酶的活性起重要作用。与此同时，*Rhus succedanea* 漆树的大漆漆酶中每一个蛋白质分子中有 6 个铜离子，*Melanorrhoea usitata* 漆树的大漆漆酶中每一个蛋白质分子有 4~6 个铜离子[40]。

生漆成膜是由漆酶驱动，生漆中各组分之间相互作用的过程[39-40,46]（图 1-4）。首先，漆酶（En-Cu$^{2+}$）作用于漆酚而发生酶促氧化反应，漆酶被还原为 En-Cu$^+$，漆酚被氧化成漆酚醌自由基。然后漆酚醌自由基可能会发生两种非酶促反应：①自由基之间发生取代反应，生成联苯型二聚体，再被漆酶氧化成为二苯并呋喃类化合物；②漆酚醌自由基继续被漆酶氧化成漆酚醌，与漆酚的不饱和侧链发生加成反应，生成芳环–侧链二聚体。这个过程不断重复，直至生成漆酚多聚体。在有氧条件下，漆酚侧链双键能与氧反应形成氢过氧化物，生成非酶促自由基，引发自氧化反应，这个过程可与酶促氧化反应相耦合。漆酚多聚体形成以后，漆酚多聚体之间以及漆酚多聚体与多糖、糖蛋白之间可以发生超分子相互作用，聚集形成漆酚–多糖–糖蛋白超分子。存在于漆酚聚合链中的漆酚自由基也能继续相互作用，生成结构更加致密、性能更加稳定的超分子微相结构。简而言之，漆酶催化氧化漆酚使漆酚单体变为紧密堆积的漆酚高聚物的过程就是生漆固化成膜的过程。

生漆固化成膜的环境要求比较苛刻，只能在特定的环境下干燥。涂好生漆后的器物搁置在相对湿度为 70%、温度 20~25℃的干燥室内干燥，生漆慢慢发生了氧化反应，5~8h 后用手指轻轻触碰表面，如果没有留下指印就被称为指触干燥。其实此时涂膜并没有完全干燥，手指触摸稍用力，表面就会留下指印，此后，氧化反应继续进行，涂膜完全干燥后，达到实干阶段[39]。

### 3. 漆多糖

漆多糖是生漆中的树胶质部分，在生漆中的含量为 4%~10%。漆多糖是一种由葡萄糖醛酸（18%~30%）、半乳糖（65%~80%）及少量阿拉伯糖和鼠李糖通过糖苷键连接起来的酸性杂多糖[47]。它是优良的天然催化剂和稳定剂，使生漆中各种成分保持成为稳定而均匀的乳液，不仅如此，漆多糖对于干燥速度和漆膜的耐久性也起着重要作用，它可以在漆酚聚合物表面形成一层致密膜，阻止氧气渗透，从而保护漆酚聚合物，防止它在空气中降解。Rong Lu 等[40]利用 FTIR、凝胶渗透色谱（GPC）和 NMR 技术表征了湖北毛坝的生漆漆多糖的结构，它是一种以 1，3-β-半乳吡喃为主链，以 1，6-和 1，3-β-连接的半乳吡喃糖苷侧链，另外 4-O-甲基-β-D-葡萄糖醛酸、β-D-葡萄糖醛酸、α-l-阿拉伯糖和 α-l-鼠李糖存在于侧链末端的多糖，同时验证了漆多糖在漆液中呈"膨胀球"结构，提出一种多糖参与漆膜固化反应的机理：在漆液中以乳液状形式分散的漆酚和漆酶可能会渗透到膨胀的漆多糖中，在多糖中发生聚合和氧化，得到含有多糖的网状聚合物。

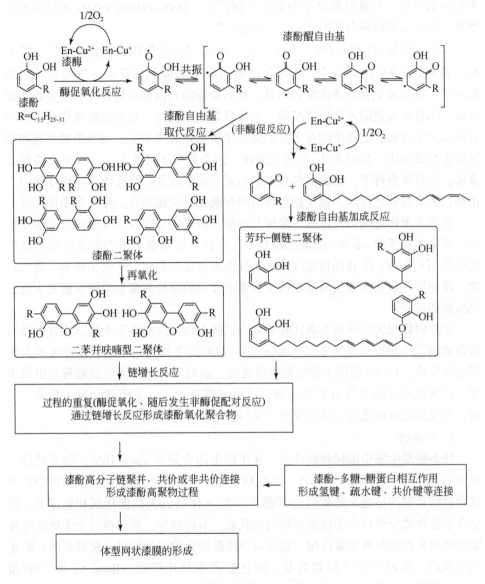

图 1-4　生漆固化成膜的过程[39-40,46]

## 4. 糖蛋白

糖蛋白是一种既不溶于水，也不溶于丙酮和其他有机溶剂的碳水化合物，由大约10%的糖和90%的蛋白质组成[40,42]，包括赖氨酸、精氨酸、天冬氨酸、苏氨酸、丝氨酸等氨基酸及岩藻糖、阿拉伯糖、甘露糖、葡萄糖等糖类化合物。糖蛋白可以参与生漆的乳化作用，有利于生漆液的稳定，也有利于漆酶的催化。

5. 水

水在生漆中也占了较大的比例，含量大概在20~40%。除了漆多糖可溶于水之外，漆酚、漆酶和糖蛋白都不溶于水，这些成分组合在一起就形成了油中水球状的乳液，呈乳白色或淡褐色[36]。水分越多，生漆的质量越差，髹涂过的漆膜在色泽、透明度等方面都较差，性硬且脆。在实际生活中，人们开始利用晒、蒸、煮等方法来去除生漆中的水分，俗称"晒漆"和"煮漆"[48]。当生漆中的水分含量只有3%~5%时，漆液就变成有透明度的深色，可以用来装饰器物的表面[16]。

6. 其他

生漆中还含有倍半萜类化合物以及α-长皮烯、α-塞得烯和α-腐殖质，具有挥发性，这是生漆气味的来源[40]。此外，生漆中还含有油分、微量的有机酸、烷烃、二黄烷酮以及钙、锰、镁、铝、钾、钠、硅等元素。

（二）干性油的物质组成和鉴别

天然干性油是三脂肪酸甘油酯、少量游离的脂肪酸的混合物，在空气中放置，表面会生成一层干燥而有韧性的薄膜，此现象称为干化。干性油的主要成分为三脂肪酸甘油酯，是由甘油（丙三醇）和脂肪酸通过酯化反应形成的（图1-5）。三脂肪酸甘油酯中的大部分脂肪酸是不饱和脂肪酸，含有很多不饱和的—C=C—，特别是共轭双键，与空气接触时，容易与氧气发生氧化交联反应，在分子内脂肪酸链或分子间的脂肪酸链形成醚键而交联成体型的大分子聚合物，进而形成油膜[49]。

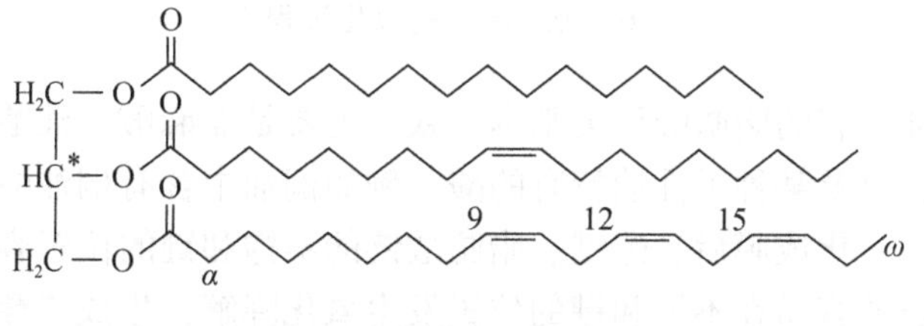

图1-5　三脂肪酸甘油酯的分子结构[50]（左侧为甘油结构，右侧为脂肪酸链，从上至下依次为棕榈酸链、油酸链、α-亚麻酸链）

干性油的干化过程非常复杂，取决于多种因素，包括温度、光照、氧气、抗氧化和促氧化化合物的平衡，以及催化剂的存在和数量，如（过渡）金属等。干性油干化的初始阶段是诱导期，包括不饱和脂肪酸的自氧化和广泛交联的形成，以及共轭不饱和度的形成。诱导期过后，油会吸收大量氧气，从而形成过氧化合物。氧化反应将发生在不饱和脂肪酸的双键上，并首先导致氢过氧化物或环过氧化物的形成，继续分解产生含有烷氧基自由基的化合物，如图 1-6（a）所示[51]（以亚油酸链为例）。含烷氧基自由基的化合物可发生图 1-6（b）提出的几种反应，形成含氧产物，如醇和不同的羰基化合物，或形成交联产物。

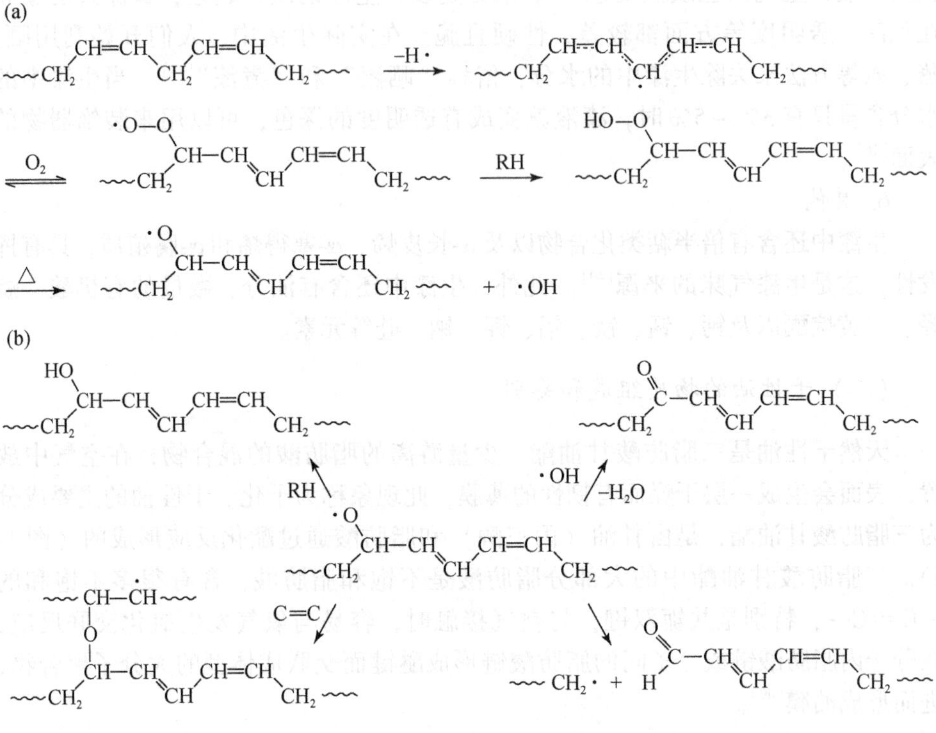

图 1-6　亚油酸链的氧化过程[50]

不同干性油含有的脂肪酸种类基本一致，主要是亚麻酸、油酸、亚油酸、棕榈酸和硬脂酸，以及某种干性油特有的酸，例如桐油中含有桐油酸，蓖麻籽油中含有蓖麻油酸，干化成膜后，酯键、脂肪酸链的不饱和键的位置容易发生化学反应，不饱和脂肪酸容易在不饱和键的位置发生氧化降解，生成二酸类物质，如辛二酸、壬二酸、癸二酸等，以壬二酸含量居多，分子结构式见表 1-4。但是不同干性油中脂肪酸的含量不同，紫苏籽油[52]和亚麻籽油[50]含量最高的脂肪酸是亚麻酸，罂粟籽油[50]、花生油[50]、芝麻油[53]和核桃油[54]中含量最高的脂肪酸是亚油酸，桐油[55]中含量最高的脂肪酸是桐油酸，蓖麻籽油[56]中含量最高的脂肪酸是蓖麻油酸，各种干性油的脂肪酸组成和含量见表 1-5。

**表 1-4　常见脂肪酸的化学结构式**[50]

| 脂肪酸 | 化学结构式 | 分子量($M_w$) |
|---|---|---|
| 辛二酸 | $HOOC—(CH_2)_6—COOH$ | 174 |
| 壬二酸 | $HOOC—(CH_2)_7—COOH$ | 188 |
| 癸二酸 | $HOOC—(CH_2)_8—COOH$ | 202 |
| 棕榈酸 | $HOOC—(CH_2)_{14}—CH_3$ | 256 |
| 硬脂酸 | $HOOC—(CH_2)_{16}—CH_3$ | 284 |
| 油酸 | $HOOC—(CH_2)_7—CH=CH(CH_2)_7—CH_3$ | 282 |
| 亚油酸 | $HOOC—(CH_2)_7CH=CH—CH_2—CH=CH—(CH_2)_4—CH_3$ | 280 |
| 亚麻酸 | $HOOC—(CH_2)_7—CH=CH—CH_2—CH=CH—CH_2—CH=CH—CH_2—CH_3$ | 278 |
| 桐油酸 | $HOOC—(CH_2)_7—CH=CH—CH=CH—CH=CH(CH_2)_4—CH_3$ | 292 |

**表 1-5　漆工艺中常见干性油的脂肪酸组成和含量**[50,52-56]

| 干性油 | 棕榈酸 | 硬脂酸 | 油酸 | 亚油酸 | 亚麻酸 | 桐油酸 | 蓖麻油酸 |
|---|---|---|---|---|---|---|---|
| 紫苏籽油 | 7 | 1 | 21 | 9 | 61 | — | — |
| 桐油 | 2 | 2 | 6 | 5 | — | 80 | — |
| 亚麻籽油 | 5 | 3 | 13 | 12 | 66 | — | — |
| 罂粟籽油 | 12 | 3 | 16 | 63 | 6 | — | — |
| 花生油 | 8 | 3 | 14 | 54 | 21 | — | — |
| 芝麻油 | 8 | 5 | 40 | 45 | 1 | — | — |
| 核桃油 | 6 | 3 | 17 | 64 | 10 | — | — |
| 蓖麻籽油 | 8 | 3 | 9 | 7 | — | — | 66 |

注："—"代表检测含量低于0.5%。

　　干性油的饱和脂肪酸不参与氧化聚合过程，如棕榈酸（P）和硬脂酸（S），在老化过程中含量基本保持不变，通常采用棕榈酸和硬脂酸的比值 P/S 来鉴别干性油的种类[57]。但其他有机成分如漆、鸡蛋、动物胶、蜡等也含有棕榈酸和硬脂酸，因此单独根据 P/S 来鉴别油料的种类是不太可靠的。而油膜在氧化降解过程中产生壬二酸（A）和甘油，将其与鸡蛋、动物胶、漆等区分开来，因此壬二酸和甘油可以作为干性油存在的有力证据，壬二酸和饱和脂肪酸（如棕榈酸）的比值 A/P 也可以与 P/S 结合来鉴别干性油的种类，Michael Schilling 等总结了几种常见干性油的 P/S 和 A/P 值[58]（表 1-6），但还有一些可能在中国古代使用的干性油没有涉及，如芝麻油、罂粟籽油、花生油等。

**表 1-6　几种常见干性油的 P/S 和 A/P 值**

| 干性油 | P/S | A/P |
| --- | --- | --- |
| 桐油 | 1 ~ 1.2 | 高 |
| 亚麻籽油 | 1.2 ~ 2.5 | 高 |
| 乌桕树油 | 约 3 | 高 |
| 紫苏籽油 | 2 ~ 4 | 高 |
| 蓖麻籽油 | 1.5 ~ 2 | 低 |

### (三) 蛋白质类胶结材料的物质组成和鉴别

蛋白质材料作为一种常见的胶结材料，在我国的有机质文物样品中应用广泛，是有机质文物的研究热点之一。文物胶结材料是指在文物中增强不同材料之间的黏结力和内聚力的材料，是彩绘陶器、泥塑、壁画、古建油饰彩画等文物的重要组成部分。常见的蛋白质类胶结材料包括动物胶、鸡蛋（蛋清和蛋黄）、血料等。蛋白质链是由氨基酸通过多肽链的脱水缩合反应形成的，可能有 50 ~ 2000 个氨基酸残基[50]。氨基酸合成蛋白质的过程如图 1-7 所示。

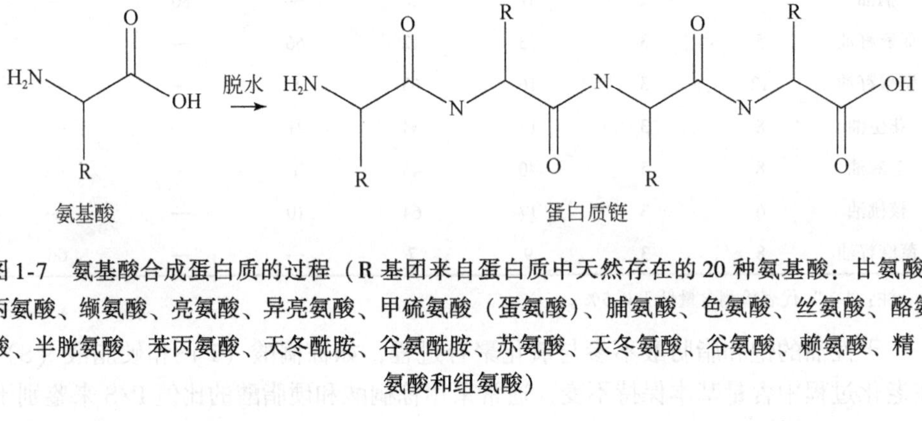

图 1-7　氨基酸合成蛋白质的过程（R 基团来自蛋白质中天然存在的 20 种氨基酸：甘氨酸、丙氨酸、缬氨酸、亮氨酸、异亮氨酸、甲硫氨酸（蛋氨酸）、脯氨酸、色氨酸、丝氨酸、酪氨酸、半胱氨酸、苯丙氨酸、天冬酰胺、谷氨酰胺、苏氨酸、天冬氨酸、谷氨酸、赖氨酸、精氨酸和组氨酸）

动物胶包括皮胶、骨胶、鱼鳔胶、鹿角胶，是通过动物骨骼、皮肤、软骨等组织煮沸而成，主要由变性和部分水解的胶原蛋白组成[59]。皮胶价格便宜，一般用来黏合木构件；鱼鳔胶以鱼脬制成，性软，粘连性好，优于皮胶；鹿角胶昂贵，不常见[16]。血料是指利用动物血制成的胶结糊状液体，有一定的黏结力，在建筑、漆工艺中常与石灰、砖灰等灰料搅拌成血料灰浆，应用在彩画地仗层、漆器漆灰层等方面[21]。古代血料一般指猪血，其他动物血，如牛羊血等经加工也可用作血料，但因牛羊是食草动物，血的黏结性远不如猪血。鸡蛋（全蛋、蛋清、蛋黄）在生活中较为普遍，成本较低，提炼技术简便，是中国工匠绘制壁画时常用的胶结材料之一[60]。Bonaduce 等[61]利用气相色谱质谱技术（GC/MS）发现秦兵马俑彩绘中的胶结材料为鸡蛋，胡文静等[62]利用酶联免疫技术（ELISA）进一步确定其为蛋清。魏书亚教授之前利用热裂解气相色谱质谱技术（Py-GC/MS）分析了青州香山西汉墓出土的陶俑彩绘[63]、明代大昭寺壁画[64]、东汉晋墨[65]等文物，发现都使用了动物胶作为胶结材料或添加剂。周文晖等[66]利用血色原晶实验对博格达汗宫柱子的彩绘材料进行了研究，发现彩绘地仗中加入了血料。

意大利比萨大学的 Bonaduce 和 Andreotti[67]列出了文献中几种蛋白质材料的裂解产物，发现即使使用了相同的衍生化试剂，同一种蛋白质材料的特征裂解产物也并不完全一致。但总体来说，某些蛋白质材料的特征裂解产物还是有规律可循，例如动物胶的特征裂解产物是吡咯及吡咯衍生物，蛋黄的特征裂解产物为脂肪酸（Chiavari 等[68]认为是硬脂酸、油酸；Bocchini 和 Traldi[69]认为是棕榈酸和硬脂酸）。王娜等[70]对动物胶、猪血、蛋清和蛋黄四种蛋白质材料进行了 Py-GC/MS 分析和裂解成分归类，认为蛋黄的裂解产物主要是脂肪酸，可与其他三种材料明显区分；再通过吡咯类、腈类、脯氨类及吲哚类四种裂解产物的含量分布鉴别动物胶、猪血和蛋清：动物胶的主要成分为吡咯类，猪血的主要成分为前三种，均约为 20%，蛋清中四种成分含量相差较小，分布较为均匀。盖蒂保护研究所 Schilling 等[58,71]为了快速鉴别漆器材料，经过长期的研究和经验积累，建立了 RAdICAL ESCAPE 系统，实现了对文物中大漆、油料、蛋白质、树脂、淀粉等有机物的快速识别与分类。Schilling 等[58]认为可以通过胆固醇类和血的特征裂解产物来鉴别文物样品中的血料。

可以看出，血料、蛋清的特征裂解产物仍存在争议，而动物胶和蛋黄的特征裂解产物比较容易判断，分别是吡咯类化合物和脂肪酸。但是，除了蛋黄，油、蜡、漆等很多有机材料中都含有大量的脂肪酸，因此无法仅仅根据脂肪酸来鉴别文物样品中的蛋黄，本书拟通过对几种蛋白质材料的含氮裂解成分进行分类比较，实现鉴别的目的。另外，动物胶种类并不单一，包括皮胶、骨角、鱼鳔胶、鹿角胶，是用动物的皮、骨、筋等组织结构中含有的胶原用温水抽提制得[16]。因此，鉴别不同种类的动物胶也是本章的内容之一。

（四）其他髹漆材料的物质组成和鉴别

古代漆工艺中的常见添加剂除了干性油、蛋白质材料外，还有植物胶、松香等天然树脂，黏土、骨灰等灰料，以及朱砂、雌黄、炭黑、铁黑等颜料。

1. 天然树脂

天然树脂是由植物分泌出来、不溶于水、具有黏性的产品，是一种复杂的混合物，主要成分可归为萜类。萜类化合物是异戊二烯或异戊烷以各种方式连接而成的一种天然化合物，是五碳数（$C_5$）的倍数，分为单萜类（$C_{10}$）、倍半萜类（$C_{15}$）、二萜类（$C_{20}$）和三萜类（$C_{30}$）[50]。

植物胶来源于植物的种子和树胶，是一种天然树脂，包括阿拉伯胶、桃胶、黄芪胶等[72]，具有多种用途。从 11 世纪开始，艺术家们通过将天然树脂（如檀香、乳香、松香）与干性油混合来涂抹油画，以保护绘画并提高色彩的饱和度。树脂也被用作涂料的添加剂，以改变结合介质的性质，还可以作为颜料的成分（如树脂铜）以及用作黏结剂。孙延忠等[73]利用 GC/MS 技术发现广西花山岩画中使用的植物性胶结材料可能取自某植物汁液。樊娟等[74]运用系统微量化学分析法、剖面染色试验和紫外荧光观察等方法对彬县大佛彩绘胶结物进行分析，发现所用胶结物有动物胶、干性油、虫胶和树胶。

### 2. 灰料

明朝黄大成著《髹饰录》中记载明代漆工制作漆灰时添加的灰料常为角灰、骨灰、瓷灰、蛤灰、砖灰、砥灰，并以角灰、骨灰为佳，瓷灰、蛤灰次之，砖灰、砥灰最差。《中国传统工艺》将古代漆工艺中所用的灰料分为三种[18]：煅烧灰、碾制灰和天然灰。煅烧灰指角灰、骨灰、蛤灰，是鹿角、兽骨、贝壳等煅烧后的灰；碾制灰指瓷灰、砖灰、砥灰等，是瓷块、砖瓦块、砥石、大理石等碎块碾磨后的灰；天然灰指河沙、黄土、高岭土等过筛后形成的灰，河沙宜作第一次粗灰，黄土和高岭土宜作第三次细灰。对于灰料成分的研究，现代科学技术手段主要包括扫描电子显微镜能谱技术、拉曼光谱技术和 X 射线衍射技术，湖北九连墩楚墓出土漆器的漆灰的无机成分经鉴定是石英（$SiO_2$）和羟基磷灰石[$Ca_5(PO_4)_3(OH)$]，推断灰料是黏土和骨灰[75]；北京老山汉墓出土的一批漆器的漆灰的无机元素经鉴定主要是 Si 和 Al，还有其他一些含量较高的元素，如 Fe、Ca、K 等，推断是黏土类矿物[76]；宋代一件剔犀漆器的漆灰的无机成分为羟基磷灰石，推断灰料是骨灰[30]；清代符望阁的雕漆漆器的漆灰的无机成分是石英（$SiO_2$）、钠长石[$Na(AlSi_3O_8)$]、钾长石（$KAlSi_3O_8$）、伊利石（$KAl_2[(SiAl)_4O_{10}]\cdot(OH)_2\cdot nH_2O$)和方解石（$CaCO_3$），推断灰料是黏土，并通过热重分析判断黏土经过烧制[31]。结合历史文献记载和现代科技分析结果，可知黏土和骨灰是古代漆工艺中经常使用的灰料，其他灰料还未见到，需要更多的古代样品来探索和考证。

### 3. 颜料

中国古代漆器的表层常有红、黑、黄、蓝、绿、白等颜色的色漆绘制的纹饰，其中尤以红、黑两种颜色最为常见。生漆或干性油中加入朱砂（HgS）或赤铁矿（$Fe_2O_3$）可以调制朱漆，添加炭黑（C）或铁黑可调制黑漆，添加雌黄（$As_2S_3$）可调制黄漆，添加铅白（$2PbCO_3\cdot Pb(OH)_2$）可调制白漆，可以根据铅氧化物（$Pb_3O_4$ 或 $2PbO\cdot PbO_2$）添加的量来调制黄色至红色漆[20,77,78]。《髹饰录》记载"如天蓝、雪白、桃红，则漆不相应也。古人用画多用油"[2]14，表明较重的颜色是用漆和颜料调出来的，较淡的颜色是很难用漆调出来的，古人多用油来调色。王世襄先生推断[2]"战国、西汉漆器上的彩绘，并不只限用漆……可以漆、油并施，可能在两千年前就有此方法"。因此，漆器文物的纹饰到底用的是漆绘还是油绘，需要现代的科技手段进行验证。

朱砂是古代漆工艺中经常使用的红色颜料，已经拥有几千年的历史。7000年前的河姆渡遗址出土的朱漆木碗上所用的红色颜料、良渚遗址木器红色涂料中的颜料、湖北曾侯乙墓出土的皮甲胄红色漆膜的颜料均为朱砂。除了漆工艺，朱砂在陶器、纺织品涂色、化妆用品、宗教用品、玉器装饰、壁画、彩墨、书画等领域的应用也非常悠久和丰富[79]。

炭黑，古代称为"炱"或"烟炱"，常由松树或油燃烧形成，又称为"松烟""油烟"，可用于制造墨汁或调配黑漆。三国时曹植有诗云："墨出青松烟，笔出狡兔翰"，到了公元3世纪的晋代，松烟炭黑的应用已经十分广泛。唐代时，我国开始在空气不足的情况下将油点燃，使油不完全燃烧，烟黑沉积在容器内，加以收集，以此制取优质炭黑。河南葛陵战国楚墓出土的漆器经X射线荧光分析及扫描电子显微镜能谱分析，发现黑色漆层采用炭黑作为显色剂[19]；湖南长沙马王堆汉墓出土的漆棺和漆器中的黑色漆层的颜料也是炭黑；浙江温州出土的几件宋代漆器的黑色漆层的显色成分也可能为炭黑[80]。

含铁物质也经常用作黑色漆层的显色物质，铁元素通常是以铁浆沫、铁粉或铁锈水的形式加入漆中的，常伴随着米醋一起加入，形成铁离子和亚铁离子，分别与漆酚反应生成漆酚铁盐（图1-8）和漆酚亚铁盐（图1-9）。

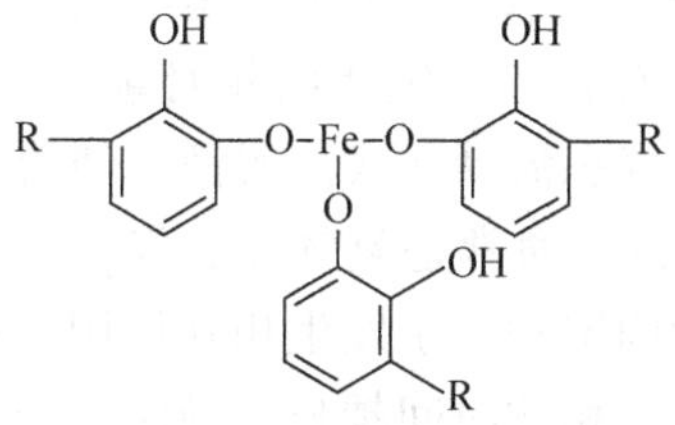

图1-8 漆酚铁盐的化学结构 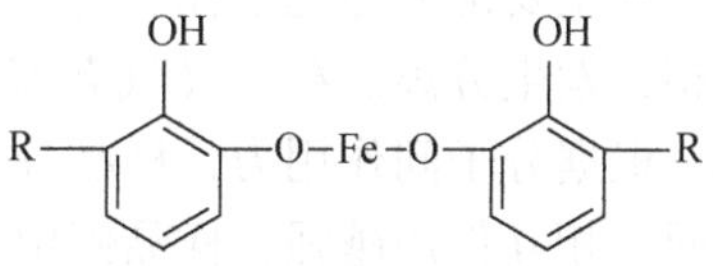　　图1-9 漆酚亚铁盐的化学结构

## 四、古代髹漆材料的分析方法

过去几十年，现代测试技术已广泛用于漆膜的研究，热裂解气相色谱质谱技术、红外光谱技术经常被用来鉴定漆膜中的大漆、有机添加剂等有机成分；扫描电子显微镜能谱技术、X射线衍射技术、拉曼光谱技术等被用来鉴定漆膜中的灰料和颜料等无机成分。现代科学技术手段在漆膜材料的鉴定分析、髹漆工艺研究

等方面取得了一定的成果。

（一）热裂解气相色谱质谱法

热裂解气相色谱质谱（Py-GC/MS）技术是一种鉴定漆膜等难溶解的高分子聚合物的有力手段。Py-GC/MS 仪器包括三部分：热裂解仪、气相色谱仪和质谱仪。首先，将样品自动或手动置入热解仪中，然后进行热降解，生成较小的挥发性混合物。入口气流（氦气或氦气）通过注射器将混合物冲入气相色谱仪的色谱柱中。然后根据混合物的极性差异和在色谱柱上的吸附情况，在色谱柱上进行分离。最后，色谱仪的流动相气体氦气将分离的混合物冲入质谱仪，通过离子源、质量分析器、检测器等器件检测混合物。Py-GC/MS 已成为表征难溶于溶剂的聚合物材料、研究树脂劣化和分析挥发性添加剂的快速、方便和有用的工具[81]。

1. 仪器组成及功能

当样品被放入以氦气或氮气作为载气的反应堆堆芯/熔炉中时，会发生热解过程。裂解炉主要有三种分析模式，即单击（single-shot）、逸出气体分析（EGA）和双击（double-shot）。单击法是最简单的热裂解方法，只有一次加热完成热分解，其温度在 50～1000℃ 之间变化。热分解后，样品被裂解成更小的气体分子，并被引入气相色谱仪[81]。它可以一次分析样品中的所有成分。双击法可对挥发性和非挥发性物质进行分离分析。在该模式下，样品首先在低温下逐渐加热并释放出挥发性气体，而后引入气相色谱仪中；剩余样品移回热裂解反应室，等待反应器芯上升到高温，然后再被热解，类似于单击行为[82]。

气相色谱法是一种用于分离气态混合物的技术，分离依据是不同气体与色谱柱内的固体（气-固色谱）或液体（气-液色谱）固定相的相对亲和力的差异。气相色谱法的主要部分是色谱柱。它有一个气态流动相或洗脱液，使溶质或样品通过固定相，发生分离。载气（气态流动相），通常是氦气或氮气，将样品输送至固定相。根据分子间作用力，样品分子和固定相分子发生相互作用，相互作用的强度不同。相互作用越强，样品停留在固定相的时间越长，确保混合物的成功分离[83]。

质谱是一种测量分子离子的质荷比的分析技术。质谱仪一般由离子源、质量分析器和检测器组成。首先，样品分子被离子源电离成气相离子，然后在磁场或电场作用下输送到质量分析器。其次，质量分析器根据它们在电磁场中的质荷比对离子进行分类。最后，检测器将离子转换成电信号，以谱图的形式显示在软件中。需要注意的是，质谱仪的三个主要部分是在真空系统中工作的。仪器压力高时，气体密度高，离子间碰撞概率大。碰撞会使离子偏离正常运动轨道。只有在低压下，离子才会有足够的平均自由程，它们之间才不会发生碰撞，保证了离子束的良好聚焦，从而确保了质谱仪的高灵敏度和高分辨率。

2. Py-GC/MS 技术对古代漆器的分析

由于漆膜是一种不溶性的聚合物，很难用 GPC、HPLC 这些处理可溶性物的方法来分析。一些固相物质的研究方法，如利用 X 射线电子能谱来分析漆膜结构，但是这些技术既耗时，又消耗大量的样品，且需要进行一些预处理而改变分子的结构。

1995 年，Niimura 等[84]首先成功将热裂解气相色谱质谱技术（Py-GC/MS）应用到漆膜分析领域。首先将漆酚、植物胶和从同一漆液中分离出来的糖蛋白作为对照，来研究漆膜的裂解行为。随后，他们用 Py-GC/MS 先后对 urushiol、laccol[85] 和 thitsiol[86] 漆膜进行了表征，并对其进行了烯烃、烷烃、烯基酚、烷基苯和烯基苯的检测。

漆膜的裂解机理如图 1-10[87]所示。反应 1 是漆酚单体氧化生成二聚体的过程，反应 2 是漆酚的酚羟基和侧链上的双键继续氧化聚合生成高聚物的过程，在第一节第三部分已有详细描述。在漆膜经过高温裂解室时，高聚物中发生氧化聚合的部位容易受到热能的影响，发生反应 3、反应 4、反应 5 的裂解过程。因苯环的 $\alpha$-位、$\beta$-位和烯烃中双键的 $\alpha$-位、$\beta$-位易受热裂解的影响[88]，破坏原本的烷基邻苯二酚结构和烷基结构，生成烷烃、烯烃（反应 3）和烃基苯（反应 4）。另外，高聚物还会发生反应 5 的裂解过程，生成邻苯二酚类化合物，这是漆膜的特征裂解化合物，用来定性大漆。反应 5 的裂解产物为加了甲基化试剂后生成的邻苯二甲醚类物质。

热裂解气相色谱质谱技术灵敏度高，对样品的前处理方法简单，以最少的样品消耗得到尽可能多的信息，符合对文物样品无损或微损的要求，在古代有机材料分析方面得到了越来越多的应用。然而，漆酚中的酚羟基、干性油和蛋白质中的羧基具有较大的极性，而色谱柱的极性较低，分析结果容易不准确，色谱的再现性比较低。因此，最好在热裂解前对样品进行衍生化实验，加入甲基化试剂，将羟基转化为甲基化衍生物，以提高挥发性[89]。漆器材料分析中常见的衍生化试剂包括四甲基氢氧化铵（TMAH）、三甲基氢氧化亚砜（TMSH）、N-甲基-N-（叔丁基二甲基硅烷基）三氟乙酰胺（MTBSTFA），（间-三氟甲基苯基）三甲基氢氧化铵（TFTMAH）[90]。衍生化过程会将裂解产物的羧基甲基化，以甲基代替活性氢，生成的衍生物与原来化合物相比，极性大为下降，减少了氢键束缚。因此，所形成的甲基化衍生物更容易挥发。由于含活性氢的反应位点数目减少，化合物的稳定性也得以加强。甲基化化合物极性减弱，被测能力增强，热稳定性提高。甲基衍生化热裂解气相色谱质谱（THM-Py-GC/MS）技术提高了漆器材料分析的准确度和扩大了检测范围。

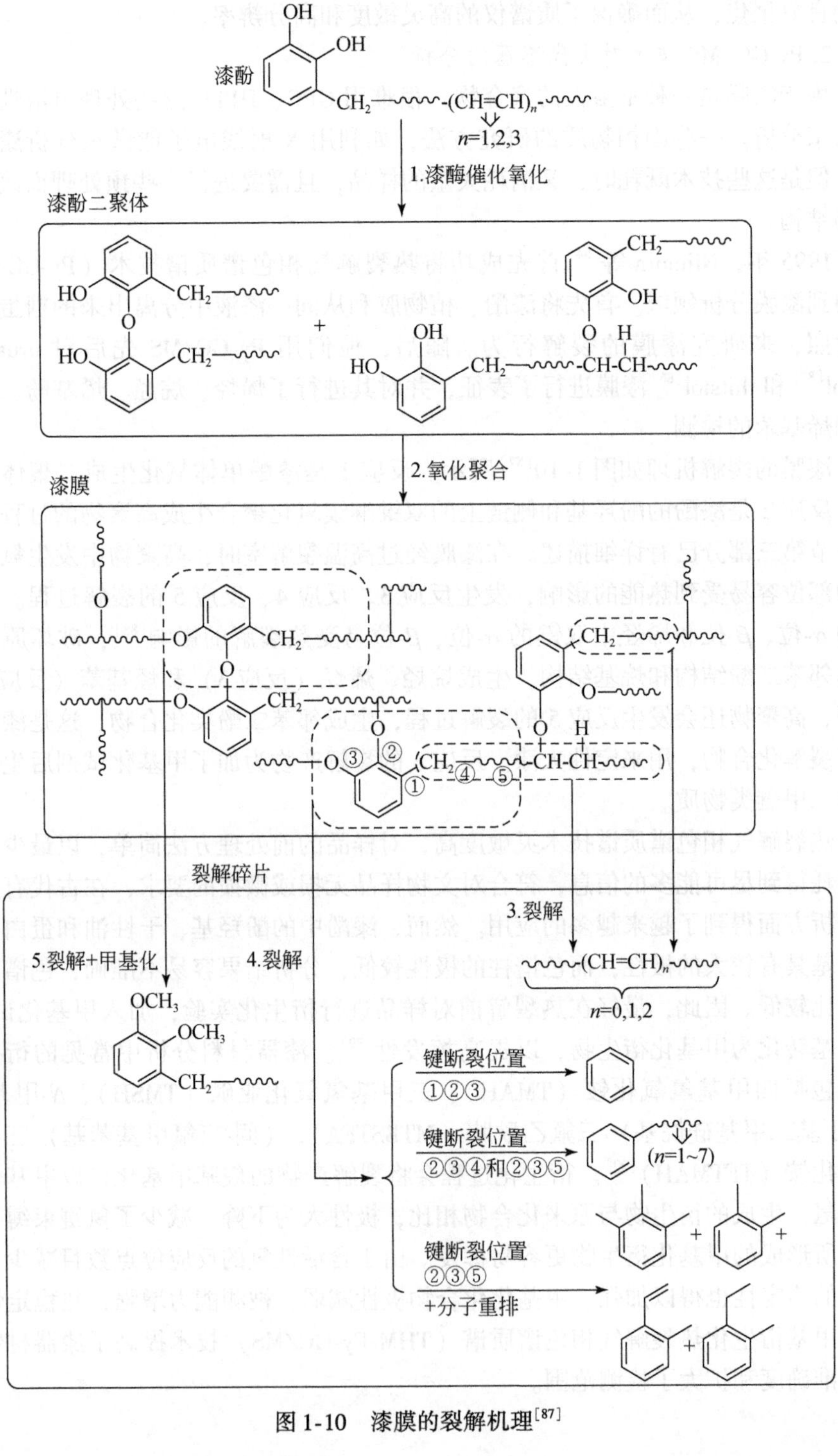

图 1-10　漆膜的裂解机理[87]

（二）近红外光谱法

光谱，是一个泛指的概念，它是各个波长电磁辐射的集合体，所有光谱都是以电子辐射的形式表现出来的。红外光谱的波长在 $0.78 \sim 1000\mu m$。红外光谱又称分子振动-转动光谱，在电磁辐射中特定的波长段，反映了分子选择性吸收某些波长的红外辐射后，发生振动和转动能级跃迁的信息，可以根据物质对红外光的吸收特征来确定其化学结构[91]。根据波长的不同，可以将红外光谱划分为三个区域：近红外光谱（$0.78 \sim 2.5\mu m$）、中红外光谱（$2.5 \sim 50\mu m$）、远红外光谱（$50 \sim 1000\mu m$）。

近红外光谱（near infrared spectrum，NIR）主要用来定性和定量分析有机物，它的主要光谱信息来源于—CH、—NH、—OH、—SH 和—PH 等含氢基团的倍频与合频吸收，因此绝大多数的有机物质在近红外光谱区域都有相应的吸收带[92]。近红外光谱技术最早在 20 世纪 30 年代便得到了认可，但由于其光谱的严重重叠性和不连续性，近红外光谱的解读一直困难重重，直到 20 世纪 80 年代计算机技术和化学计量学迅速发展，人们才重新认识到近红外光谱技术的重要作用。化学计量学能有效地提取近红外光谱信息，解决背景干扰问题，将光谱测量技术与化学计量学完美地结合。并且由于近红外光谱在测样技术上所独有的优点，近红外光谱技术成为 20 世纪 90 年代以来发展最快、应用最广的光谱分析技术。目前，近红外光谱技术由于其高效、准确、无损、无污染、低成本和同时多组分检测等特点，广泛应用于石油、化学、医药、农业、食品等诸多领域。

1. 化学计量学在近红外光谱上的应用

近红外光谱由于其峰形特点，无法通过简单的峰位置和峰强度达到定性和定量分析的目的。因此，近红外光谱是一种间接分析技术，需通过化学计量学方法将光谱数据与目标性能之间建立关联，从而对未知样品进行分析。化学计量学是化学领域的一个分支，是将计算机技术、数学和统计学应用到化学中的一门新兴交叉学科。在红外光谱中，化学计量学的应用主要包括光谱预处理、波段选择和建模三方面，通过大量样品数据所建立的模型，可以对未知样品进行预测分析。

常用的化学计量学方法主要有主成分分析（principal component analysis，PCA）、偏最小二乘法（partial least square，PLS）、人工神经网络（artificial neural network，ANN）、支持向量机（support vector machine，SVM）和遗传算法（genetic algorithm，GA），各算法均有其特有的优点与局限性，研究人员可根据具体实验选择合适的算法。主成分分析法是对复杂数据建立多元性模型的一种数据分析方法。它在尽可能保留原有信息的基础上，将高维空间中的样本映射到较低维的主成分空间中，使数据矩阵简化，降低维数，寻找少数几个由原始变量线性组合的主成分，以揭示数据结构特征，提取化学信息[93]。偏最小二乘法在分析化学、物理化学和医药化学等许多化学领域得到了广泛的应用。主要原因有两个：一是与多元线性回归、主成分回归等方法比较，虽然求得的模型的残差平方和差别不大，但预报残差平方和（PRESS）较小，因而具有较高的预报稳定性；二是偏最小二乘法比较合适用于处理变量多而样本数又少的问题，是一种高效抽提信息的方法。

基于化学计量学方法的发展和近红外光谱仪器制造水平的提高，近红外光谱定量方法的研究发展迅猛，已被广泛应用于农业、石油化工、医药、食品、纺织等相关领域。但近红外光谱定量模型的建立会受到多种因素的影响，避开客观因素不谈，一些主观因素也会在一定程度上影响模型的预测结果。如黄林森等在测定大米中各种营养成分时，便通过 6 种光谱预处理方法和 3 种建模方法分别建立了定量模型。比较各模型预测结果，最终寻找到最佳的光谱预处理方法和化学计量学算法[94]。

2. 近红外光谱结合化学计量学在文化遗产领域的应用

最近几年，近红外光谱技术开始进入文化遗产领域，但国内学者们主要利用的是近红外光谱的模式识别，而对于近红外光谱的定量分析较少关注，如谷岸等使用近红外光谱结合判别分析、主成分分析等化学计量学算法建立了软玉产地类别和印泥材料的马氏距离模型，成功地鉴定了软玉的产地和书画的印泥[95,96]。谷岸还通过近红外光谱结合偏最小二乘法建立了纸张老化程度的模型，并提出增加样品多样性可以优化模型，是提高文物样品检测准确性的方法[97]。首都师范大学的马明宇等测量了不同产地及品种的 89 个木材的近红外光谱，并使用反向传播人工神经网络和广义回归神经网络建立了树种的近红外识别模型[98]。仅有部分国外学者尝试使用近红外光谱定量分析文物样品，如 Cséfalvayová 等曾使用傅里叶变换红外光谱和近红外光谱对纸质文物进行了定量分析，通过多元回归遗传算法成功建立了一种新方法，来测定纸质文物中的明胶含量[99]。目前在文物领域，近红外光谱与化学计量学相结合的无损检测技术的研究和应用还处于起步阶段，发表的研究成果的数量还比较有限，但是研究范围比较广泛，涉及玉石、木材、纸张、印泥等众多领域，大部分研究都取得了开创性的成果，这些研究成果表明该技术在文物保护与研究领域有着广阔的研究和应用前景。

（三）无机材料检测技术

漆工艺中常见的无机添加材料是灰料和颜料，灰料主要有角灰、骨灰、蛤灰、砖灰、瓷灰、砥灰、河沙、黄土、高岭土等，颜料主要有朱砂、赤铁矿、炭黑、雌黄、铅白等天然矿物。许多无损检测方法都可以应用到无机材料的检测分析上，如扫描电子显微镜能谱技术、X 射线衍射分析、拉曼光谱等。

扫描电子显微镜能谱技术（SEM-EDS）从原理上讲就是利用聚焦得非常细

的高能电子束在试样上扫描，激发出各种物理信息。扫描电子显微镜和能谱仪通过对这些信息的接收、放大和显示成像，进而获得样品表面的形貌特征，以及样品表面元素成分及含量的谱图和数据[100]。

X射线衍射技术（XRD）的基本原理是将具有一定波长的X射线照射到结晶性物质上时，X射线因在结晶内遇到规则排列的原子或离子而发生散射，散射的X射线在某些方向上相位得到加强，从而显示与结晶结构相对应的特有的衍射现象。波长λ可用已知的X射线衍射角测定，进而求得面间隔，即结晶内原子或离子的规则排列状态。将求出的衍射X射线强度和面间隔与已知的表对照，即可确定样品结晶的物质结构[101]。

拉曼光谱（RM）与红外光谱一样，都是由分子的振动和转动引起的，但红外光谱是吸收光谱，拉曼光谱是散射光谱。光照射到物质上发生弹性散射和非弹性散射，统称为拉曼效应。拉曼效应起源于分子振动（和点阵振动）与转动，因此从拉曼光谱中可以得到分子振动能级（点阵振动能级）与转动能级结构的信息。拉曼光谱分析技术是以拉曼效应为基础建立起来的分子结构表征技术，其信号来源于分子的振动和能量的传导。由于不同的物质具有不同的特征光谱，因此可以通过分析特征光谱来定性分析特定的物质。与色谱技术相比，拉曼光谱由于原位、无损的分析特性非常适用于珍贵的文物样品。

学界普遍结合拉曼光谱、扫描电子显微镜能谱、X射线衍射等技术来检测髹漆材料，各种检测结果相辅相成，可以准确地鉴定出漆膜中添加的无机材料，如石英等填料和朱砂、雌黄等颜料，对髹漆工艺中无机成分的检测分析起到极大的促进作用。

# 第二节 应用Py-GC/MS对有机髹漆材料的定性研究

## 一、大漆的种类确定

漆树在中国分布很广，本书收集了两种生漆，分别是湖北省毛坝乡的生漆和贵州省大方县的生漆。其中，毛坝生漆产于湖北恩施土家族苗族自治州利川市，毛坝是名冠全球的坝漆之乡，生漆的漆酚含量高、漆膜厚度好、黏度大、光亮度好、燥性好，坝漆也被称为漆中之王。大方生漆产于贵州毕节市大方县，漆酚含量高、黑度大、黏度大、干燥快，用大方生漆制作的大方漆器一度与仁怀茅台酒和玉屏箫笛并称"贵州三宝"。

将新鲜的毛坝漆和大方漆在载玻片上均匀地涂抹一薄层，使之自然老化。半个月后，两种漆均已老化成膜，取载玻片上的两个干燥漆膜作为样品，编号为MB001和DF001。继续老化16个月，取载玻片上的漆膜样品，编号为MB002、

DF002，采用 Frontier PY-3030D 和 Shimadzu GC/MS-QP2010Ultra 仪器对它们做热裂解气相色谱质谱实验分析，确定中国生漆的裂解产物。

　　MB001 的总离子色谱（TIC）图和裂解结果见图 1-11 和表 1-7 所示，裂解产物包括 3-十五-8-烯基邻苯二酚（#24）、3-十五烷基邻苯二酚（#25）、3-十七-10-烯基邻苯二酚（#28）、3-十七烷基邻苯二酚（#29）的甲基化产物，它们是漆酚的特征裂解产物，对应的质谱图见图 1-12。除了这四种特征裂解产物之外，还检测到了短链的邻苯二酚（#7，#12，#16，#17，#18，#20）的甲基化产物、烷烃和烯烃（#6，#10，#11，#15）与烷基苯（#1，#3，#4，#5，#8，#13）。

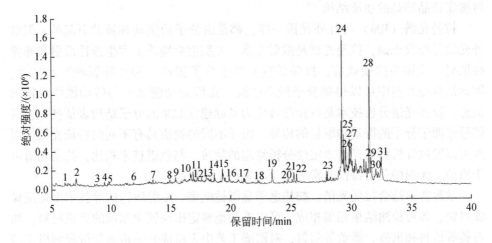

图 1-11　MB001 的总离子色谱图

表 1-7　MB001 的 Py-GC/MS 的分析裂解结果

| 编号 | 保留时间 | 主要离子峰（$m/z$） | 裂解产物 |
| --- | --- | --- | --- |
| 1 | 6.16 | 91,106 | 乙苯 |
| 2 | 7.09 | 77,91,104,105,106 | 邻二甲苯 |
| 3 | 8.79 | 91,120 | 丙苯 |
| 4 | 9.46 | 91,105,120 | (1-甲基乙基)-苯 |
| 5 | 9.88 | 91,117 | 环丙基苯 |
| 6 | 12.09 | 55,70,83,97,131 | 1-壬烯 |
| 7 | 13.51 | 77,91,109,137,152 | 3-甲基邻苯二酚(2ME) |
| 8 | 14.93 | 91,105,131,162 | 己苯 |
| 9 | 15.43 | 77,91,105,121,149,164 | 3-羟基苯丙酮(ME) |

续表

| 编号 | 保留时间 | 主要离子峰($m/z$) | 裂解产物 |
|---|---|---|---|
| 10 | 16.65 | 55,67,81,96,109,166 | 环十二烯 |
| 11 | 16.87 | 55,69,83,97,196 | 1-十四烯 |
| 12 | 17.23 | 136,152,192 | 3-丁基邻苯二酚(2ME) |
| 13 | 17.99 | 91,105,190 | 辛苯 |
| 14 | 18.63 | 75,91,121,129,136,151,206 | 未知 |
| 15 | 19.31 | 55,67,81,96,109,166,222 | 反-1,9-十六二烯 |
| 16 | 19.97 | 91,121,136,151,222 | 3-己基邻苯二酚(2ME) |
| 17 | 21.19 | 91,121,136,151,236 | 3-庚基邻苯二酚(2ME) |
| 18 | 22.35 | 91,121,136,151,250 | 3-辛基邻苯二酚(2ME) |
| 19 | 23.42 | 74,87,143,227,270 | 棕榈酸(ME) |
| 20 | 24.76 | 91,121,136,151,278 | 3-癸基邻苯二酚(2ME) |
| 21 | 25.24 | 137,250 | 油酸(ME) |
| 22 | 25.48 | 74,87,143,255,298 | 硬脂酸(ME) |
| 23 | 27.93 | 91,121,136,151,199,229,342 | 未知 |
| 24 | 29.21 | 91,121,136,151,346 | 3-十五-8-烯基邻苯二酚(2ME) |
| 25 | 29.36 | 91,121,136,151,348 | 3-十五烷基邻苯二酚(2ME) |
| 26 | 29.54 | 91,121,136,151,342 | 3-十五三烯基邻苯二酚(2ME) |
| 27 | 29.99 | 91,121,136,151,344 | 3-十五二烯基邻苯二酚(2ME) |
| 28 | 31.43 | 91,121,136,151,374 | 3-十七-10-烯基邻苯二酚(2ME) |
| 29 | 31.63 | 91,121,136,151,376 | 3-十七烷基邻苯二酚(2ME) |
| 30 | 32.02 | 55,67,91,121,136,151,372 | 未知 |
| 31 | 32.45 | 55,67,91,121,136,151,372 | 未知 |

注：ME. 脂肪酸被甲基化试剂酯化成相应的酯（methyl ester）或苯环上的 1 个羟基被甲基化试剂取代成相应的醚（methyl ether），是一种甲基化产物；2ME. 苯环上的 2 个羟基被甲基化试剂取代成相应的醚（dimethyl ether），是一种甲基化产物。

在高温条件下，甲基化后的漆酚会裂解成短链邻苯二酚（2ME）（$m/z$ 151）、短链苯酚（ME）（$m/z$ 122）、烷烃（$m/z$ 57）和烯烃、烷基苯（$m/z$ 91），部分裂解产物的选择离子色谱图见图 1-13，裂解产物见表 1-8。可以看出，在短链的邻苯二酚（2ME）中，3-庚基邻苯二酚（2ME）的含量最高；在短链的苯酚（ME）中，3-庚基苯酚（ME）和 3-壬基苯酚（ME）的含量最高；在烷烃和烯烃中，十五烷和十四烯的含量最高，庚烷和庚烯、十五烷和十五烯次之；在烷基苯中，甲苯的含量最高，乙苯和辛苯次之。短链邻苯二酚、烷烃、烯烃、烷基苯的相对含量与文献中中国漆的裂解行为一致[102]。

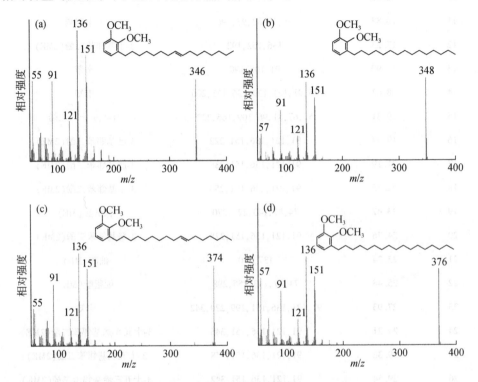

图1-12　MB001特征裂解产物的质谱图和对应的分子结构式：（a）3-十五-8-烯基邻苯二酚（2ME）；（b）3-十五烷基邻苯二酚（2ME）；（c）3-十七-10-烯基邻苯二酚（2ME）；（d）3-十七烷基邻苯二酚（2ME）

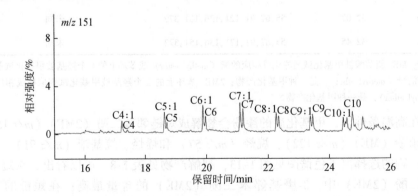

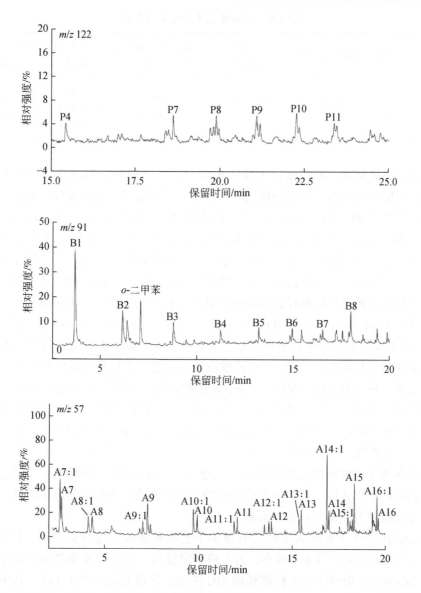

图 1-13 MB001 *m/z* 151、122、91、57 的选择离子色谱：C4∶1 ~ C10∶1 为 3-丁烯基邻苯二酚（2ME）~3-癸烯基邻苯二酚（2ME）；C4 ~ C10 为 3-丁基邻苯二酚（2ME）~3-癸基邻苯二酚（2ME）；P4 ~ P11 为 3-丁基苯酚（ME）~3-十一烷苯酚（ME）；B1 ~ B8 为甲苯 ~ 辛苯；A7∶1 ~ A16∶1 为庚烯 ~ 十六烯；A7 ~ A16 为庚烷 ~ 十六烷

表 1-8　MB001 的甲基化裂解产物

| 烯烃（$m/z$ 55） | 烷烃（$m/z$ 57） | 苯系物（$m/z$ 91） | 苯酚甲基化物（$m/z$ 122） | 邻苯二酚甲基化物 | |
| --- | --- | --- | --- | --- | --- |
| | | | | 短链（$m/z$ 151） | 长链 |
| A7 : 1 ~ A16 : 1；A14 : 1 最多 | A7 ~ A16；A15 最多 | B1 ~ B12；含量依次降低 | P4 ~ P10；P2>P3>P1>P7 | C5 ~ C10；（C5）>C7>C6≈C8>C9 | C15，C17；C15>C17 |

但是长链邻苯二酚与短链苯酚的相对含量与文献中中国漆的裂解行为不一致，在 MB001 漆膜中同时检测到了 15 个碳原子的邻苯二酚（#24 ~ #27）和 17 个碳原子的邻苯二酚（#28，#29），以及在短链苯酚（ME）中，3-庚基苯酚（ME）和 3-壬基苯酚（ME）的含量相当。从表 1-7 可知，中国生漆中含 3-十五碳基邻苯二酚相对较高，并且含有少量的 3-十七碳基邻苯二酚。下一部分将与老化 16 个月的漆膜 MB002 比较，探究中国生漆老化前后漆膜中的成分变化和含量，可以更准确地将标准样品的研究结果应用到古代漆器样品的分析中。

从图 1-11 和表 1-7 中可以看出 C15 : 1 的含量远远高于 C15，这是因为 urushiol 漆酚中 3-十五烯基邻苯二酚的含量为 18%，而 3-十五烷基邻苯二酚的含量为 4.5%（表 1-3）。另外，C=C 键位于 8 号碳和 9 号碳之间的烯基邻苯二酚含量最多，在实验温度（600℃）下，α 位的碳原子（7 号碳）与 C=C 键之间的键受热易断裂，产生 3-庚基邻苯二酚（C7）；同理，C17 : 1 中最高含量的烯基邻苯二酚中的 C=C 键位于 10 号碳和 11 号碳之间，9 号碳原子与 C=C 键之间的键受热易断裂，产生 3-壬基邻苯二酚（C9）[103]。

在两种生漆中还检测到了棕榈酸（#20）、油酸（#21）和硬脂酸（#22），这两种物质的检出表明生漆中也含有脂肪酸，因此不能仅依据检测出棕榈酸、硬脂酸等脂肪酸就判断漆中添加了油料。

MB001 中 3-十五碳基邻苯二酚和 3-十七碳基邻苯二酚含量较高，使得 5 ~ 27min 内裂解产物的峰非常矮小，为了清晰完整地呈现生漆漆膜的裂解结果，本书将 MB001 和 MB002 两个标准样的 TIC 图做了分段处理（图 1-14），其中图 1-14（a）为 5 ~ 27min 的总离子流色谱图，图 1-14（b）为 27 ~ 35min 的总离子流色谱图。5 ~ 27min 是短链烃基邻苯二酚、烃基苯酚、烷烃和烯烃、烷基苯的出峰时间，在老化 16 个月的漆膜的裂解产物，每组物质的同系物中，相对含量基本不发生变化，选择离子色谱图见图 1-15。29 ~ 33min 之间是长链邻苯二酚出峰的位置，从图 1-15（b）可以看出随着老化时间的延长，长链邻苯二酚的含量越来越低，MB002 中的 3-十七碳基邻苯二酚达到了最低检出限。3-十七烷基邻苯二酚是越南漆的漆酚 laccol 的主要成分，是判定古代漆器上使用的生漆是否是越南

漆的重要依据。虽然在老化 15 天的毛坝生漆（中国漆）中也检测到 3-十七烷基
邻苯二酚，但是随着老化时间的延长，3-十七烷基邻苯二酚趋于消失。另外，在
MB002 漆膜中还检测到了 8-（2，3-二甲氧基苯基）辛酸，这是 3-辛基邻苯二酚
的氧化产物，因为在长时间的老化中，漆酚上的侧链容易被氧化，形成具有相同
碳原子数的羧酸，从而产生了这种物质。DF001 和 DF002 的漆膜的裂解产物及相
对含量与 MB001、MB002 类似，因此不再详细列出。

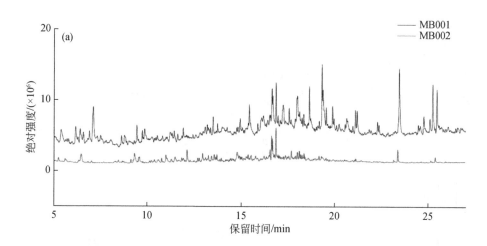

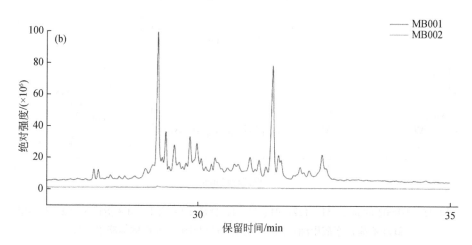

图 1-14 MB001、MB002 的总离子色谱图：（a）5～27min；（b）27～35min

为了直观地呈现漆膜中漆酚老化前后的含量变化，表 1-9 列出四个漆膜的裂
解产物的比值。其中，C15∶1/C15 是观测老化前后不饱和漆酚与饱和漆酚的相

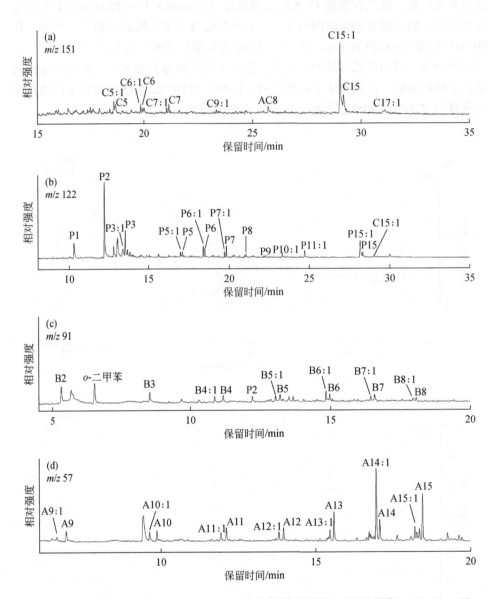

图1-15　MB002 的 *m/z* 151、122、91、57 的选择离子色谱图；AC8 指代 8-（2，3-二甲氧基苯基）辛酸甲酯；图中其他缩略语与图 1-16 中的缩略语一致

对变化；AC8/C15 代表漆酚的氧化产物与饱和漆酚的比例，目的是观测老化前后漆酚的氧化程度；P/C15 代表饱和脂肪酸与饱和漆酚的比例，目的是观测老化前后油料与漆酚的相对变化；P/S 代表棕榈酸/硬脂酸，目的是确定漆的 P/S 值。

由表 1-9 可知，不饱和漆酚的含量大于饱和漆酚的含量。随着生漆的老化，与裂解产物的比值相关的结论如下：

第一，漆酚的总体含量降低，不饱和漆酚在漆酚中的比例减小，饱和漆酚的比例增大。

第二，少量的漆酚会被氧化，形成羧酸类物质，且随着老化时间的延长，氧化产物的含量越高。

第三，脂肪酸的含量相对升高，漆酚的含量相对降低。

第四，生漆老化前后，漆中的棕榈酸和硬脂酸的比值不变，这是因为棕榈酸和硬脂酸是饱和脂肪酸，含量比值相对稳定，基本不随时间改变。

正如上文所说，棕榈酸、油酸、硬脂酸等脂肪酸在生漆标样中被检出，因此不能仅依靠检测出脂肪酸就判断添加了油料。油包括植物油和动物油，根据油脂的不饱和程度，植物油分为干性油、半干性油和不干性油。油的主要成分为三脂肪酸甘油酯，是由甘油（丙三醇）和脂肪酸通过酯化反应形成的。干性油中三脂肪酸甘油酯中的大部分脂肪酸是不饱和脂肪酸，在老化过程中极易发生碳碳双键的断裂，生成二酸，典型代表是油酸发生氧化反应变成壬二酸，因此可以根据二酸类物质，尤其是壬二酸来判断古代样品中是否含有干性油。

**表 1-9　两种生漆老化前后漆膜的部分裂解产物的比值**

| 样品 | C15：1/C15 | AC8/C15 | P/C15 | P/S |
|---|---|---|---|---|
| MB001（15 天） | 5.99 | 0.00 | 0.74 | 2.15 |
| MB002（16 个月） | 4.49 | 0.32 | 9.58 | 2.15 |
| DF001（15 天） | 8.96 | 0.00 | 0.65 | 1.30 |
| DF002（16 个月） | 3.41 | 0.54 | 5.51 | 1.30 |

一般来说，干性油中的饱和脂肪酸不随时间发生变化，可以根据两个相邻饱和脂肪酸——棕榈酸（P）和硬脂酸（S）的比值来判断干性油的种类。生漆中的棕榈酸、油酸、硬脂酸等脂肪酸是否影响油料种类的判定呢？古代漆工艺中通常使用的油类是紫苏籽油、亚麻籽油、桐油等干性油[49]，将大漆和古代四种常用油料制成油漆膜，来确认生漆脂肪酸是否影响油料种类的判定。

本书选取了四种油料：紫苏籽油、桐油、熟桐油和亚麻籽油，四种油料与毛坝漆以 1∶5（质量比）混合均匀，分别涂刷在载玻片上，放置于室内，使其自然老化。老化成膜后，取微量油漆膜做热裂解气相色谱质谱分析，观测不同的油漆膜中 P/S 值。表 1-10 列出了分别添加紫苏籽油、桐油、熟桐油和亚麻籽油的油漆膜的四组裂解产物的比值，本书中四组油漆膜的 P/S 测定值与文献中记载的四种纯油料的标准值一致，表明漆中棕榈酸和硬脂酸的含量不影响漆中油料的判别，因此可以用古代漆膜样品的 P/S 值来判断漆膜中添加的油料种类。

表1-10　四种油漆膜的 P/S 值

| P/S 值 | 漆+紫苏籽油 | 漆+桐油 | 漆+熟桐油 | 漆+亚麻籽油 |
|---|---|---|---|---|
| P/S 测定值 | 2.51 | 1.03 | 1.05 | 1.23 |
| P/S 标准值[58] | 2-4 | 1~1.2 | 1~1.2 | 1.2~2.5 |

## 二、蛋白质类添加材料

选用六种蛋白质材料（蛋清、蛋黄、猪血、骨角、皮胶和鱼鳔胶），四甲基氢氧化铵（TMAH）在线衍生化的 Py-GC/MS 技术以及 RAdICAL ESCAPE 系统对它们进行成分识别和材料鉴别。将六种蛋白质材料涂抹于载玻片上，并在室温环境下进行老化，将老化后的蛋白质材料作为参考样品。

六种蛋白质材料的总离子色谱图见图 1-16。图中标记的物质为主要裂解成分，以 Py、FA、Pr、I、A、B、C 等字母进行区分，对应的化合物列于表 1-11。

表1-11　六种蛋白质材料的主要裂解产物及其主要离子峰

| 峰标记 | 主要离子峰(m/z) | 裂解产物 |
|---|---|---|
| Py1 | **81**,80,53 | 1-甲基-1H-吡咯 |
| Py2 | **67**,66,52 | 吡咯 |
| Py3 | 80,**81**,53 | 3-甲基-1H-吡咯 |
| Py4 | 113,56,58,**85** | 1-甲基吡咯烷-2,5-二酮 |
| Py5 | 108,**139**,53,80 | 1-甲基吡咯-2-羧酸甲酯 |
| Py6 | 168,70 | 哌嗪二酮1(脯氨酸–丙氨酸) |
| Py7 | **186**,93,65,130 | 二吡咯二酮(羟脯氨酸–羟脯氨酸) |
| Py8 | 111,83,70,**154**,55,98 | 哌嗪二酮2(脯氨酸–甘氨酸) |
| Py9 | 70,**194**,154,96,110 | 哌嗪二酮3(脯氨酸–脯氨酸) |
| Py10 | 70,86,170,56,**210** | 哌嗪二酮4(脯氨酸–羟脯氨酸) |
| FA16 | 74,87,143,185,227,**270** | 棕榈酸甲酯 |
| FA18:1 | 55,69,74,83,87,222,**264** | 油酸甲酯 |
| FA18 | 74,87,143,199,255,**298** | 硬脂酸甲酯 |
| Pr8 | 127,**142**,56,57 | 蛋白质–未知裂解产物8 |
| A1 | 84,82,**85** | 1-甲基-L-脯氨酸甲酯 |
| A2 | 114,82 | 羟脯氨酸 |
| A3 | **98**,70 | 1-甲基-5-氧-L-脯氨酸甲酯 |

续表

| 峰标记 | 主要离子峰($m/z$) | 裂解产物 |
|---|---|---|
| A4 | **128**,82,59 | $N$-甲氧羰基-D-脯氨酸甲酯 |
| I1 | 144,**145**,77 | 1,3-二甲基-1$H$-吲哚 |
| B5 | **128**,127 | 血-未知裂解产物5 |
| B6 | **128**,127 | 血-未知裂解产物6 |
| B7 | 91,127,**218** | 血-未知裂解产物7 |
| B9 | 139,70,167,91,**258** | 血-未知裂解产物9 |
| C1 | 55,81,91,105,147,**368** | 胆固醇-3,5-二烯 |
| C2 | 368,**400**,353,81,107,145 | $(3.\beta)$-3-甲氧基-胆甾-5-烯 |
| C3 | 57,81,105,**386**,145,368 | 胆固醇 |
| — | **91**,65 | 甲苯 |
| — | 110,**140**,79,95,80 | 磷酸三甲酯 |
| — | **183**,58,127,109,140,151,71 | 蛋黄 RI = 1420 |

注：主要离子峰强度从强到弱排列，加粗数字为分子离子峰。

## （一）动物胶的裂解行为及识别

骨胶和皮胶的裂解成分相似，主要包括吡咯类（Py）、脂肪酸甲酯（FA）、蛋白质未知裂解物（Pr）、少量的脯氨酸类（A）和甲苯。除了这些物质，鱼鳔胶的裂解产物还包括胆固醇类（C），可以作为鱼鳔胶与骨胶、皮胶的区分特点。

动物胶的特征裂解成分是吡咯类化合物：1-甲基-1$H$-吡咯（Py1）、吡咯（Py2）、3-甲基-1$H$-吡咯（Py3）、1-甲基吡咯烷-2,5-二酮（Py4）、1-甲基吡咯-2-羧酸甲酯（Py5）、哌嗪二酮类（Py6，Py8～Py10）和二吡咯二酮（Py7），质谱图及相关结构式见图1-17。二吡咯二酮及哌嗪二酮类化合物在吡咯类组分中含量较高，它们是胶原蛋白中的羟脯氨酸、甘氨酸、脯氨酸、丙氨酸等形成的二肽环化或重排后的产物[104]，二吡咯二酮来源于二肽（羟脯氨酸-羟脯氨酸）。哌嗪二酮类化合物具有相同的基峰（$m/z$ 70），对应的选择离子色谱图见图1-18，Py6来源于二肽（脯氨酸-丙氨酸），Py8来源于二肽（脯氨酸-甘氨酸），又称六氢-吡嗪并［1,2-$a$］吡嗪-1,4-二酮，Py9来源于二肽（脯氨酸-脯氨酸），Py10来源于二肽（脯氨酸-羟脯氨酸），哌嗪二酮类化合物的形成机理见图1-19。它们仅在动物胶的裂解产物中出现，因此可以将二吡咯二酮（$m/z$ 186）和哌嗪二酮类化合物（$m/z$ 70）与吡咯（$m/z$ 67）一起作为动物胶的标记化合物。

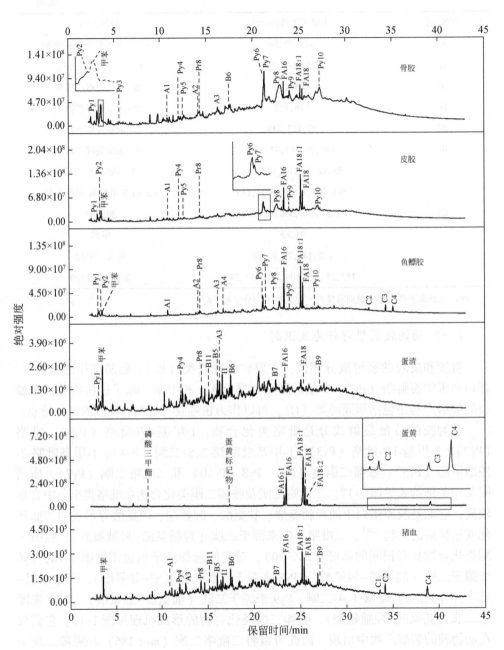

图 1-16  六种蛋白质材料的总离子色谱图（Py：吡咯类，Pr：蛋白质未知裂解物，FA：脂肪酸甲酯，I：吲哚类，A：脯氨酸类，B：血未知裂解物，C：胆固醇类）（见彩图）

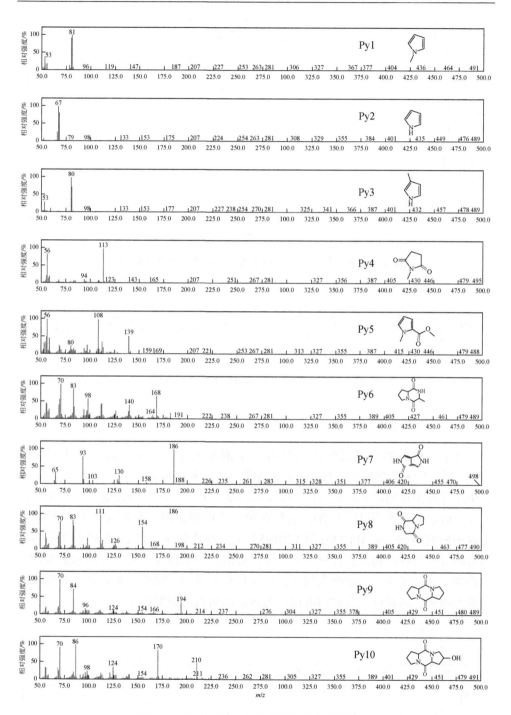

图 1-17 吡咯类裂解产物的质谱图及其结构式

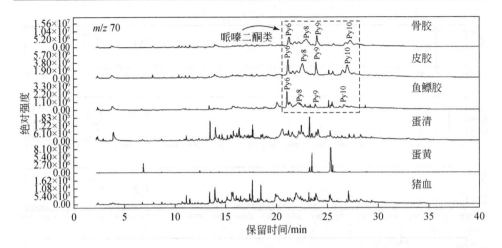

图 1-18　动物胶的哌嗪二酮类裂解产物的选择离子色谱图

图 1-19　哌嗪二酮类化合物的形成机理[59]

## （二）蛋清、蛋黄和猪血的裂解行为及识别

蛋清与猪血的含氮裂解产物具有一定的相似性，主要包括血未知裂解物（B）、蛋白质未知裂解物（Pr）、脯氨酸类（A）和吲哚类（I），不同点在于猪血中还含有少量的胆固醇类（C）以及脂肪酸（FA）。血未知裂解产物和蛋白质未知裂解物的质谱图见图 1-20，它们在色谱图中的识别依据是 AMDIS 软件和盖蒂保护研究所的 ESCAPE1461REV2019KJ 化合物数据库。表 1-12 列出了蛋清和猪血的含氮裂解产物及其含量占比。可以看出，与动物胶不同，蛋清和猪血的裂解产物中含有极少量的吡咯类物质，但是含有大量的吲哚类、血未知裂解物和脯氨酸类物质，因此可以将它们可以作为蛋清和猪血的识别物质。

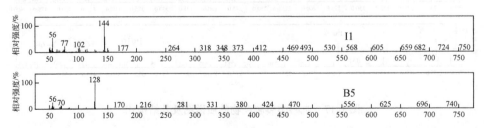

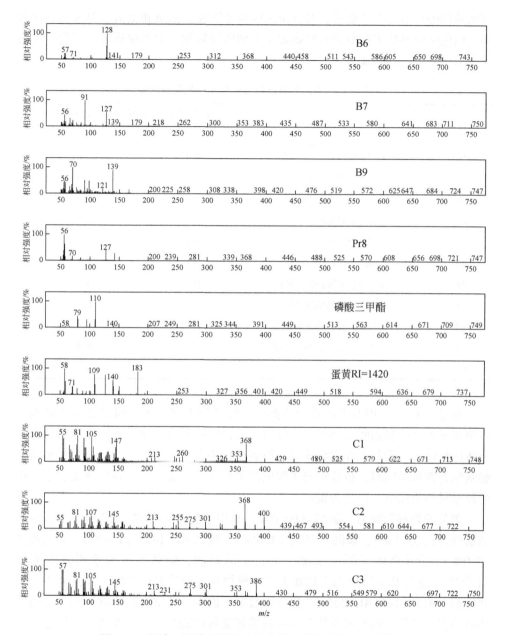

图 1-20 蛋清、蛋黄和猪血的部分特征裂解化合物的质谱图

在之前的文献中，吲哚类物质被认为是蛋清的特征裂解产物[67,105]，但是本书发现蛋清和猪血的裂解产物都包括吲哚类物质（1,3-二甲基-1$H$-吲哚），因此不能仅根据吲哚类裂解产物来判定胶结材料是蛋清。文献中通过吡咯类、腈类、

脯氨酸和吲哚类裂解产物的相对含量来区别动物胶、猪血和蛋清。但考虑到热裂解气相色谱质谱技术在复杂有机物定量方面的局限性，本书拟通过特征化合物的确定来区分蛋清和猪血。

表 1-12　蛋清和猪血中含氮裂解产物及其含量

| 峰标记 | 化合物 | 在所有裂解产物中的含量占比峰面积/% | |
| --- | --- | --- | --- |
| | | 蛋清 | 猪血 |
| Py4 | 1-甲基吡咯烷-2，5-二酮 | 8.1 | 5.0 |
| I1 | 1，3-二甲基-1*H*-吲哚 | 10.4 | 4.9 |
| B5 | 血–未知裂解产物 5 | 9.1 | 8.4 |
| B6 | 血–未知裂解产物 6 | 13.1 | 6.5 |
| B7 | 血–未知裂解产物 7 | 5.8 | 4.1 |
| B9 | 血–未知裂解产物 9 | — | 1.8 |
| Pr8 | 蛋白质–未知裂解产物 8 | 10.1 | 4.8 |
| A1 | 1-甲基-L-脯氨酸甲酯 | — | 0.6 |
| A3 | 1-甲基-5-氧-L-脯氨酸甲酯 | 16.2 | 5.6 |
| C2 | (3.*β*) -3-甲氧基-胆甾-5-烯 | — | 6.6 |
| C3 | 胆固醇 | — | 9.0 |

通过表 1-12 可以看出蛋清和猪血在裂解产物上最大的不同之处在于猪血中检测到了大量的胆固醇类物质，可以将是否检出胆固醇类物质来区分胶结材料是蛋清还是猪血。即如果在文物样品的裂解产物中发现了吲哚类、血未知裂解物和脯氨酸类物质的同时，也检测到了胆固醇类物质的存在，可以判定该文物中使用的胶结材料为猪血，反之为蛋清。

蛋黄的裂解产物为脂肪酸（90.0%，其中不饱和脂肪酸占比 54.3%，饱和脂肪酸占比 35.7%），磷酸三甲酯（1.6%），蛋黄 RI＝1420（1.4%），胆固醇类（7.0%），其中磷酸三甲酯来源于蛋黄中的磷脂，脂肪酸来源于蛋黄中的油脂[70,106]。蛋黄 RI＝1420 与上述血未知裂解物和蛋白质裂解产物一样，由 AMDIS 软件和 ESCAPE1461REV2019KJ 化合物数据库识别，其质谱图见图 1-20，是蛋黄独有的裂解产物，因此可以作为蛋黄的特征裂解产物之一。另外磷酸三甲酯也只在蛋黄的裂解产物中发现，可以作为蛋黄的特征裂解产物之一。

因此，可以根据上述分析在文物样品中进行鉴别和区分蛋清、蛋黄和猪血。如果在文物样品的裂解产物中发现了吲哚类、血未知裂解物和脯氨酸类化合物的同时，发现了胆固醇类化合物，同时没有检出磷酸三甲酯、蛋黄 RI＝1420，可以确定胶结材料是猪血；如果只发现了吲哚类、血未知裂解物和脯氨酸类化合物，没有胆固醇类化合物、磷酸三甲酯、蛋黄 RI = 1420，可以确定胶结材料是蛋清；如果发现了磷酸三甲酯、蛋黄 RI = 1420 和胆固醇类化合物，没有发现吲哚类、血未知裂解物和脯氨酸类化合物，可以确定胶结材料是蛋黄；如果同时发现了磷酸三甲酯、蛋黄 RI = 1420、胆固醇类化合物以及吲哚类、血未知裂解物和脯氨酸类化合物，可以确定胶结材料是全蛋，即同时使用了蛋清和蛋黄，但也不排除同时使用了猪血的可能性。

　　通过上述分析可以看出，除了骨胶和皮胶难以区分，鱼鳔胶、蛋清、蛋黄和猪血是可以通过 THM-Py-GC/MS 技术进行识别和区分的，它们的特征裂解产物见表 1-13。骨胶和皮胶具有相似的特征裂解产物，即吡咯类化合物，特别是吡咯（$m/z$ 67）、二吡咯二酮（$m/z$ 186）和哌嗪二酮类化合物（$m/z$ 70），鱼鳔胶的特征裂解产物除了上述吡咯类化合物之外，还包括胆固醇类化合物（$m/z$ 368）；蛋清的特征裂解产物是吲哚类（$m/z$ 117）、血未知裂解物和脯氨酸类化合物，猪血的特征裂解化合物除了上述化合物之外，还包括胆固醇类化合物（$m/z$ 368）；蛋黄的特征裂解化合物是磷酸三甲酯、蛋黄 RI = 1420 和胆固醇类化合物（$m/z$ 368）。如果同时检测到吲哚类（$m/z$ 117）、血未知裂解物、脯氨酸类化合物、磷酸三甲酯、蛋黄 RI = 1420 和胆固醇类化合物（$m/z$ 368），可以推断胶结材料为全蛋。

表 1-13　六种蛋白质材料的特征裂解产物及识别

| 蛋白质材料 | 特征裂解产物 | | | | | | |
|---|---|---|---|---|---|---|---|
| | 吡咯类 | 吲哚类 | 血未知裂解物 | 脯氨酸类 | 胆固醇类 | 磷酸三甲酯 | 蛋黄 RI = 1420 |
| 骨胶 | √ | | | | | | |
| 皮胶 | √ | | | | | | |
| 鱼鳔胶 | √ | | | | √ | | |
| 蛋清 | | √ | √ | √ | | | |
| 蛋黄 | | | | | √ | √ | √ |
| 全蛋 | | √ | √ | √ | √ | √ | √ |

　　当在文物样品的裂解产物中发现了大量的吡咯类化合物，特别是吡咯（$m/z$ 67）、二吡咯二酮（$m/z$ 186）和哌嗪二酮类化合物（$m/z$ 70），则胶结材料为动物胶（骨胶或皮胶）；如果裂解产物还包括胆固醇类化合物（$m/z$ 368），则胶结材料为鱼鳔胶。

　　当在文物样品的裂解产物中发现了大量的吲哚类（$m/z$ 117）、血未知裂解物和脯氨酸类化合物，则胶结材料为蛋清；如果裂解产物还包括胆固醇类化合物（$m/z$ 368），则胶结材料为猪血。

当在文物样品的裂解产物中发现了磷酸三甲酯、蛋黄 RI = 1420 和胆固醇类化合物 (*m/z* 368)，则胶结材料为蛋黄；如果裂解产物还包括吲哚类 (*m/z* 117)、血未知裂解物和脯氨酸类化合物，则胶结材料应该为全蛋，即蛋清和蛋黄没有被剥离，但不排除同时使用猪血的可能性。

　　本书还使用了主成分分析法对六种蛋白质类胶结材料的裂解产物的数据进行处理，变量为六种蛋白质类胶结材料的特征裂解产物 (Py1 ~ Py10、Pr8、A1 ~ A4、I1、B5 ~ B9、B11、C1 ~ C4、磷酸三甲酯和蛋黄标记物)，共 28 个变量。另外 6 组样品集共收集了 36 个样品数据 (其中骨胶、皮胶、鱼鳔胶、蛋清、蛋黄、猪血各 6 个)，若某样品中含有某个变量成分，则数据为 1，若不含有该变量，则数据为 0，6 组样品集的数据见附件表 1，通过比较不同蛋白质类胶结材料中含有的特征裂解产物的种类来评估样本之间的相似度。主成分分析是一种非常强大的模式识别技术，是首选的多变量方法，它可以将 *n* 维模式中包含的冗余信息减少到两个或三个变量 (主成分)，而方差损失有限[107]。

　　从主成分的载荷图 [图 1-21 (b)] 可以看出，1 号主成分 (PC1) 占了 47.0% 贡献百分比，2 号主成分 (PC2) 占了 14.7% 贡献百分比，28 个特征裂解产物中有 15 种与 1 号主成分 (PC1) 具有高度相关性，包括 Py1 ~ Py3、Py5 ~ Py10、A2 ~ A4、B5、B6、磷酸三甲酯，因此由 PC1 区分的样品集的差异主要体现为是否含有这 15 种物质。剩余 13 种物质与 2 号主成分 (PC2) 具有较高的相关性，因此在 PC2 上表现出差异的样品集主要与这 13 种物质相关。图 1-21 (a) 中显示了样本在 PC1 和 PC2 两种主成分上的得分图，可以看出骨胶/皮胶、鱼鳔胶、猪血/蛋清、蛋黄之间具有一定的差异性，与上述结论一致。

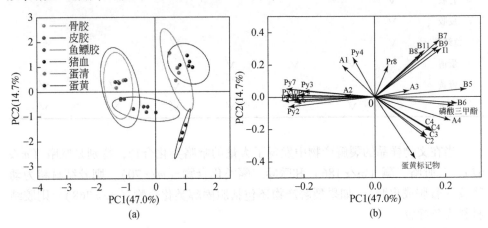

图 1-21　六种蛋白质类胶结材料的特征裂解产物的主成分得分图 (a) 和
载荷图 (b) (见彩图)

### 三、天然树脂

#### (一) 安息香

安息香为安息香属安息香科植物 *Styrax benzoin* Dryand 和 *Styrax tonkinensis Craib ex Hartwich* 的干燥树脂，前者通常分布在印度尼西亚的苏门答腊和爪哇地区，后者主要分布在泰国、越南和老挝[108]。本书收集了老挝、印度尼西亚和泰国的安息香胶，将其研磨成粉末，采用 THM-Py-GC/MS 对它们进行分析，总离子色谱图（图1-22）显示了它们在成分上的异同之处。表1-14列出了与图1-22对应的热裂解化合物。

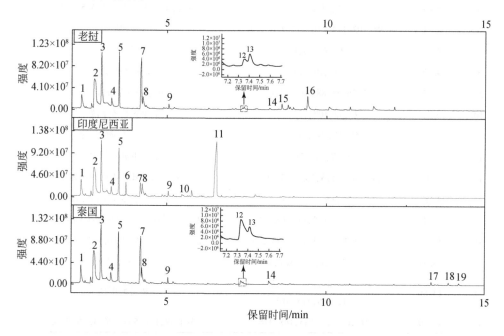

图1-22　老挝、印度尼西亚和泰国安息香的总离子色谱图

老挝和泰国的安息香均释放出苯甲酸甲酯（#7）、3，4-二甲氧基苯甲醛（#12）、1,2-二甲氧基-4-丙烯基苯（#13）和3,4-二甲氧基苯甲酸甲酯（#14），苯甲酸甲酯是其热解产物中含量最丰富的组分。GC 色谱柱在 8~15min 内流出的物质造成了它们的差异：1,2-二甲氧基-4-（3-甲氧基-1-丙烯基）苯是老挝安息香在这个阶段的主要热裂解成分之一，而泰国安息香还裂解出了一些松香酸衍生物。印度尼西亚安息香与上述两种安息香有比较明显的区别，主要在于3-苯基-2-丙烯酸甲酯（#11）、4-甲氧基苯甲醛（#10），特别是3-苯基-2-丙烯酸甲酯是含

量最大的热裂解物质，其次是苯甲酸甲酯（#7）。3-苯基-2-丙烯酸又称肉桂酸，苯甲酸甲酯又称安息香酸，它们是安息香的主要成分，因此在色谱图中，它们是主要的热裂解产物。

表 1-14　三种安息香的主要裂解化合物

| 峰号 | 保留时间/min | 主要离子峰($m/z$) | 主要裂解化合物 |
|---|---|---|---|
| 1 | 2.31 | 45,59,74 | 甲氧基乙酸甲酯 |
| 2 | 2.71 | 58,59 | $N,N$-二甲基甲胺 |
| 3 | 2.94 | 45,56,70,88,102,116,131 | 异噁唑烷-5-羧酸甲酯 |
| 4 | 3.25 | 58,86,130 | $N,N$-二乙基-$N'$-甲基-1,2-乙二胺 |
| 5 | 3.48 | 44,57,86,128 | 六氢-1,3,5-三甲基-1,3,5-三嗪 |
| 6 | 3.71 | 91,103,115,116,117,118,119 | 环丙基苯 |
| 7 | 4.17 | 51,77,105,136 | 苯甲酸甲酯 |
| 8 | 4.22 | 59,70,115 | 甲基化试剂成分1 |
| 9 | 5.05 | 42,56,71,88,98,116,130 | 甲基化试剂成分2 |
| 10 | 5.47 | 77,92,107,135,136 | 4-甲氧基苯甲醛 |
| 11 | 6.53 | 52,77,103,131,162 | 3-苯基-2-丙烯酸甲酯 |
| 12 | 7.32 | 51,77,95,151,166 | 3,4-二甲氧基苯甲醛 |
| 13 | 7.40 | 91,103,107,115,135,147,163,178 | 1,2-二甲氧基-4-丙烯基苯 |
| 14 | 8.21 | 79,137,165,196 | 3,4-二甲氧基苯甲酸甲酯 |
| 15 | 8.60 | 77,91,145,165,177,193,208 | 1,2-二甲氧基-4-(3-甲氧基-1-丙烯基)苯 |
| 16 | 9.40 | 77,91,145,165,177,193,208 | 1,2-二甲氧基-4-(3-甲氧基-1-丙烯基)苯 |
| 17 | 13.31 | 91,105,241,257,301,316 | 异海松酸甲酯 |
| 18 | 13.86 | 91,105,121,136,185,213,<br>241,256,273,316 | 松香酸甲酯 |
| 19 | 14.19 | 91,105,121,135,148,316 | 松香-8,13(15)-二烯-18-酸甲酯 |

## （二）松香树脂

　　将松香研磨成粉末，采用 THM-Py-GC/MS 对其进行分析，总离子色谱图见图 1-23，对应的裂解化合物见表 1-15。色谱柱在 2～5min 流出的物质主要是甲基化试剂的裂解产物，松香的主要裂解产物集中在 10～15min，包括海松酸甲酯、顺式璎柏酸甲酯、异海松酸甲酯、脱氢松香酸甲酯、松香酸甲酯和 15-甲氧基脱氢松香酸甲酯。

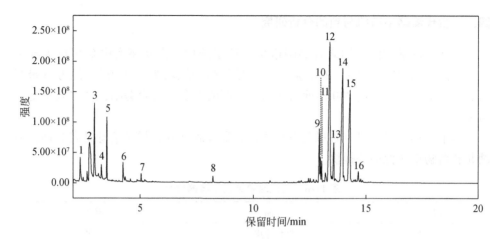

图 1-23 松香树脂的总离子色谱图

**表 1-15 松香树脂的主要裂解化合物**

| 峰号 | 保留时间/min | 主要离子峰($m/z$) | 裂解化合物 |
|---|---|---|---|
| 1 | 2.33 | 45,59,74 | 甲氧基乙酸甲酯 |
| 2 | 2.72 | 42,58,117 | 甲基化试剂成分 |
| 3 | 2.95 | 45,56,70,88,102,116,131 | 异噁唑烷-5-羧酸甲酯 |
| 4 | 3.25 | 58,86,130 | $N,N$-二乙基-$N'$-甲基-1,2-乙二胺 |
| 5 | 3.50 | 44,57,86,128 | 六氢-1,3,5-三甲基-1,3,5-三嗪 |
| 6 | 4.23 | 42,58,70,115 | 甲基化试剂成分 |
| 7 | 5.04 | 42,71,88,98,116,130 | 甲基化试剂成分 |
| 8 | 8.20 | 41,91,105,145,160,220 | 未知化合物 |
| 9 | 12.92 | 91,121,180,213,257,316 | 海松酸甲酯 |
| 10 | 12.97 | 79,93,121,175,242,257,301,316 | 顺式璎柏酸甲酯 |
| 11 | 13.03 | 79,91,121,133,180,242,257,301,316 | 海松酸甲酯 |
| 12 | 13.37 | 79,91,105,121,241,257,301,316 | 异海松酸甲酯 |
| 13 | 13.57 | 239,299,314 | 脱氢松香酸甲酯 |
| 14 | 13.98 | 91,105,121,136,185,213,241,256,316 | 松香酸甲酯 |
| 15 | 14.30 | 91,105,121,136,148,181,241,256,316 | 松香酸甲酯 |
| 16 | 14.65 | 43,73,269,314,329 | 15-甲氧基脱氢松香酸甲酯 |

#### 四、对古代漆器中有机材料的分析研究

九连墩古墓群位于湖北省枣阳市吴店镇赵湖村，由 9 座大中墓葬封土堆组成，由南往北依次编号 1～9 号墓。1、2 号墓的等级均为"大夫"，经考古研究断定两座墓葬为公元前 300 年前后战国中晚期的夫妻异穴合葬墓，墓主人是楚国高级贵族[109]。

本书收集到了 2 件九连墩楚墓出土的漆器漆膜残片，样品信息见表 1-16，由湖北省博物馆文保中心提供。

表 1-16　九连墩墓地出土漆器样品

| 编号 | 样品 | 器物 |
| --- | --- | --- |
| JLD001 | 红色漆皮 | 耳杯 |
| JLD002 | 黑色漆皮 | 耳杯 |

漆器中的材料包括有机材料和无机材料。漆本身就是一种有机成分，从漆树上采集生漆后，漆工会对生漆进行精炼处理，在大漆中加入油、淀粉、猪血等有机物来提高漆膜的物理性能。漆工也会在漆器的灰层中添加灰料，不仅可以修饰平整胎体，还可以减少漆的用量。因此，对髹漆所涉及的彩绘层、底漆层、底灰层中的材料进行分析研究，可以从漆器制作材料方面揭示古代的髹漆工艺。

利用热辅助水解甲基化热裂解气相色谱质谱技术对 2 件漆膜样品进行有机材料分析，实验参数与第二节一致。

JLD001 号耳杯残片样品的总离子色谱图、检测结果分别见图 1-24 和表 1-17，其中 26 号峰为 3-庚基邻苯二酚，33 号峰是 3-十五烯基邻苯二酚，34 号峰为 3-十五烷基邻苯二酚，它们都是中国漆漆酚的特征裂解产物。五组裂解产物的选择离子色谱见图 1-25。在邻苯二酚同系物中，3-十五碳基邻苯二酚的含量最高，3-庚基邻苯二酚在短链邻苯二酚（C6～C10）中含量最高；3-庚基苯酚在短链苯酚（C4～C8）中含量最高；在烷基苯同系物中，甲苯到辛苯的含量依次降低；在烷烃同系物中，十五烷含量最高，其次为十三烷、十四烷；在烯烃同系物中，十四烯含量最高，与生漆标样的裂解结果一致。另外，在该文物样品中，也检测到 8-（2,3-二甲氧基苯基）辛酸，与老化 16 个月后的生漆中的氧化产物一致，这是生漆漆酚老化后的产物。这些数据与生漆的裂解产物的结果一致，证明该耳杯所涂抹的生漆为中国漆。

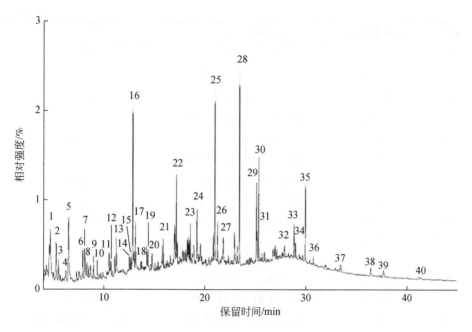

图 1-24　JLD001 号样品的总离子色谱图

表 1-17　JLD001 号样品的裂解产物、保留时间和主要裂解碎片的质荷比

| 编号 | 保留时间/min | 主要离子峰(m/z) | 裂解产物 |
| --- | --- | --- | --- |
| 1 | 4.65 | 45,65,91 | 甲苯 |
| 2 | 5.23 | 41,55,69,83,112 | 1-辛烯 |
| 3 | 5.46 | 43,57,71,85,114 | 辛烷 |
| 4 | 6.23 | 41,58,74,85,110 | 戊酸(ME) |
| 5 | 6.50 | 42,58,117 | 甘氨酸 |
| 6 | 7.91 | 42,56,72,131 | 丙氨酸 |
| 7 | 8.08 | 41,55,69,83,126 | 1-壬烯 |
| 8 | 8.31 | 43,57,71,85,128 | 壬烷 |
| 9 | 8.98 | 43,55,67,74,87,124 | 己酸(ME) |
| 10 | 9.37 | 41,58,79,95,110 | 磷酸(3ME) |
| 11 | 10.52 | 41,55,70,83,97,140 | 1-癸烯 |
| 12 | 10.71 | 43,57,71,85,99,142 | 癸烷 |
| 13 | 11.24 | 41,43,55,67,74,87,113 | 庚酸(ME) |
| 14 | 12.53 | 41,55,70,83,97,154 | 1-十一烯 |
| 15 | 12.67 | 43,57,71,85,99,156 | 十一烷 |

续表

| 编号 | 保留时间/min | 主要离子峰(m/z) | 裂解产物 |
|---|---|---|---|
| 16 | 12.86 | 42,44,57,89,132 | 未知 |
| 17 | 13.12 | 41,55,74,87,101,127 | 辛酸(ME) |
| 18 | 13.75 | 41,91,105,178 | 戊基苯 |
| 19 | 14.36 | 43,57,71,85,98,116,170 | 十二烷 |
| 20 | 14.75 | 41,55,74,87,129 | 壬酸(ME) |
| 21 | 15.87 | 43,57,71,85,99,141,184 | 十三烷 |
| 22 | 17.16 | 41,55,69,83,97,128,196 | 1-十四烯 |
| 23 | 18.56 | 43,57,71,85,99,127,212 | 十五烷 |
| 24 | 19.20 | 41,55,74,111,152,185 | 壬二酸(2ME) |
| 25 | 20.98 | 83,168,183,198 | 卡达烯 |
| 26 | 21.27 | 121,136,151,236 | 3-庚基邻苯二酚(2ME) |
| 27 | 21.79 | 71,95,137,169,201 | 未知化合物 |
| 28 | 23.38 | 43,74,87,143,227,270 | 棕榈酸(ME) |
| 29 | 25.11 | 41,55,69,97,180,222,264 | 顺-9-十八碳烯酸(ME) |
| 30 | 25.32 | 43,74,87,143,255,298 | 硬脂酸(ME) |
| 31 | 25.67 | 41,91,136,151,294 | 8-(2,3-二甲氧基苯基)辛酸(ME) |
| 32 | 27.87 | 55,69,137,155,187,201 | 未知化合物 |
| 33 | 28.81 | 41,91,121,136,151,346 | 3-十五碳-8-烯基邻苯二酚(2ME) |
| 34 | 28.95 | 41,91,121,136,151,348 | 3-十五烷基邻苯二酚(2ME) |
| 35 | 29.94 | 43,57,71,85,113,127,239,310 | 二十二烷 |
| 36 | 30.73 | 41,55,74,87,382 | 二十四烷酸(ME) |
| 37 | 33.40 | 43,55,74,87,410 | 二十六烷酸(ME) |
| 38 | 36.38 | 43,107,145,301,368,400 | 3-乙氧基-3β-5-胆甾烯 |
| 39 | 37.67 | 43,105,275,301,368,386 | 胆固醇衍生物 |
| 40 | 41.21 | 43,105,145,299,384 | 4-胆甾烯-3-酮 |

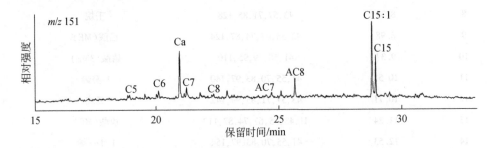

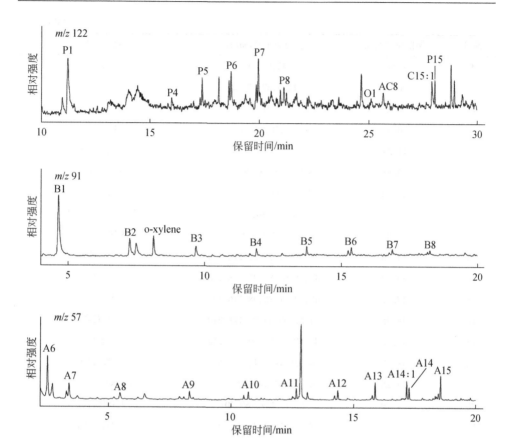

图 1-25 JLD001 的 m/z 151、122、91、57 的选择离子色谱图

JLD002 号耳杯残片样品的总离子色谱图、检测结果见图 1-26、表 1-18，生漆漆酚的五组裂解产物的相对含量与 JLD001 号耳杯残片一致。JLD002 生漆漆酚特征裂解产物和五组裂解产物的相对含量与 JLD001 相似，表明 JLD002 号耳杯表面涂抹的生漆与 JLD001 相同。与 JLD001 号耳杯不同的是，JLD002 号耳杯样品检测到了松香树脂的一系列裂解产物，如脱氢松香酸（#29）、松香酸（#30）、3-羟基脱氢松香酸（#31），因此可以判定 JLD002 号耳杯中添加了松香树脂。

表 1-18　JLD002 号样品的裂解产物、保留时间和主要裂解碎片的质荷比

| 编号 | 保留时间/min | 主要离子峰(m/z) | 裂解产物 |
| --- | --- | --- | --- |
| 1 | 5.23 | 41,55,69,83,112 | 1-辛烯 |
| 2 | 5.46 | 43,57,71,85,114 | 辛烷 |
| 3 | 6.01 | 58,116 | N,N-二甲基甲胺 |

续表

| 编号 | 保留时间/min | 主要离子峰(m/z) | 裂解产物 |
|---|---|---|---|
| 4 | 6.50 | 42,58,117 | 甘氨酸 |
| 5 | 8.08 | 41,55,69,83,126 | 1-壬烯 |
| 6 | 8.31 | 43,57,71,85,128 | 壬烷 |
| 7 | 10.52 | 41,55,70,83,97,140 | 1-癸烯 |
| 8 | 11.24 | 41,43,55,67,74,87,113 | 庚酸(ME) |
| 9 | 12.53 | 41,55,70,83,97,154 | 1-十一烯 |
| 10 | 13.12 | 41,55,74,87,101,127 | 辛酸(ME) |
| 11 | 13.74 | 42,58,102,161 | 甘氨酸(胶,蛋白质) |
| 12 | 14.80 | 42,55,128,140 | 未知化合物 |
| 13 | 14.36 | 43,57,71,85,98,116,170 | 十二烷 |
| 14 | 16.97 | 41,55,69,83,97,128,196 | 1-十四烯 |
| 15 | 17.17 | 43,57,71,85,98,116,198 | 十四烷 |
| 16 | 18.35 | 41,55,69,83,97,128,210 | 1-十五烯 |
| 17 | 18.56 | 43,57,71,85,99,127,212 | 十五烷 |
| 18 | 19.20 | 41,55,74,111,152,185 | 壬二酸(2ME) |
| 19 | 21.26 | 43,74,87,143,199,242 | 十四烷酸(ME) |
| 20 | 21.79 | 71,95,137,169,201 | 未知化合物 |
| 21 | 22.36 | 43,74,87,143,199,256 | 十五烷酸(ME) |
| 22 | 23.18 | 41,55,74,96,194,236,248 | 十六烷醇 |
| 23 | 23.38 | 43,74,87,143,227,270 | 棕榈酸(ME) |
| 24 | 24.35 | 43,74,87,143,199,284 | 十七烷酸(ME) |
| 25 | 25.11 | 41,55,69,97,180,222,296 | 顺-9-十八碳烯酸(ME) |
| 26 | 25.32 | 43,74,87,143,255,298 | 硬脂酸(ME) |
| 27 | 25.92 | 41,55,67,95,175,220,294 | 顺,顺-9,12-十八碳烯酸(ME) |
| 28 | 27.33 | 55,69,137,157,169,185,201 | 未知化合物 |
| 29 | 27.50 | 91,115,129,239,255,299,314 | 脱氢松香酸(ME) |
| 30 | 27.91 | 91,121,185,213,241,256,316 | 松香酸(ME) |
| 31 | 28.38 | 91,115,207,237,267,312,342 | 3-羟基脱氢松香酸(ME) |
| 32 | 28.81 | 41,91,121,136,151,346 | 3-十五碳-8-烯基邻苯二酚(2ME) |
| 33 | 28.95 | 41,91,121,136,151,348 | 3-十五烷基邻苯二酚(2ME) |
| 34 | 29.94 | 43,57,71,85,113,127,239,310 | 二十二烷 |
| 35 | 30.73 | 41,55,74,87,382 | 二十四烷酸(ME) |

续表

| 编号 | 保留时间/min | 主要离子峰(m/z) | 裂解产物 |
|------|------------|-----------------|---------|
| 36 | 32.00 | 61,81,121,191,341,367,411 | 角鲨烯 |
| 37 | 33.40 | 43,55,74,87,410 | 二十六烷酸(ME) |

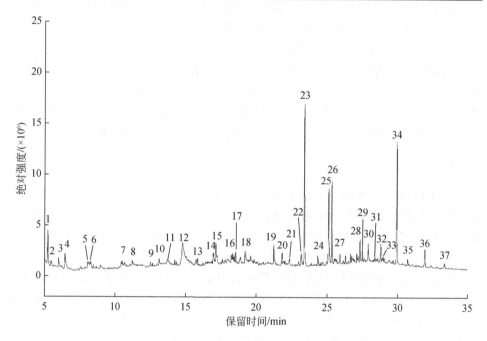

图1-26　JLD002号样品的总离子色谱图

两件漆器样品中还检测到了大量的棕榈酸和硬脂酸等一元饱和脂肪酸,以及壬二酸,这是油酸、亚麻酸、亚油酸等不饱和脂肪酸的老化产物。

JLD001样品中壬二酸含量较高,不饱和脂肪酸(表1-17中#29,顺-9-十八碳烯酸)含量也较高,可以推断这该件漆器在髹制漆膜的过程中添加了干性油。

JLD002样品中也检测到了壬二酸,含量较低,但是样品中存在较多的不饱和脂肪酸(表1-18中#25,顺-9-十八碳烯酸;#27,顺,顺-9,12-十八碳烯酸),推断该件漆器在制作过程中可能也添加了干性油。

## 第三节　应用红外光谱定量分析古代漆膜中漆和油的比例

标准样品所用实验材料为湖北毛坝产的生漆和四川绵阳产的桐油。古代漆膜样品分别来自汉代、秦代和东周三个不同的时代,同一时代的样品出土地点相同,依次为江西省南昌市、陕西省临潼区和河南省新蔡县。

## 一、实验过程

### （一）样品制备

使用电子天平精确称取一定质量的桐油与生漆，将其按照质量比 0/100、5/95、10/90、20/80、30/70、40/60、50/50 混合于烧杯中，搅拌均匀，分别涂刷至载玻片上，编号依次为 T0、T5、T10、T20、T30、T40、T50，置于室内阴凉干燥处固化成膜。成膜后的油/漆混合样品继续放置于室内环境下自然老化，自然老化 14 个月后，取出样品放置于紫外老化箱中进行紫外老化，将油/漆混合样品老化至红外光谱不再发生变化的稳定状态，作为本书的标准样品，再分别使用衰减全反射傅里叶变换红外光谱（ATR-FTIR）和 NIR 进行定量分析。

### （二）实验方法及实验条件

ATR-FTIR：美国 Thermo Fisher 公司 IN10 显微红外光谱仪，中红外 MCT/A 检测器，配合单次反射 ATR 附件对样品进行分析测试。ATR 附件材质为锗，折射率为 1.5，红外光谱扫描范围为 4000～650 cm$^{-1}$，分辨率为 8 cm$^{-1}$，每次采样前均采集 ATR 空槽作为背景光谱，背景扫描次数和样品扫描次数均为 64 次。

使用显微红外光谱仪配合 ATR 附件对样品进行分析，每次样品测试前使用乙醇清洗 ATR 附件晶体，待晶体干燥后再进行测试。测试时每次使用手术刀刮取约 5mm×5mm 漆膜置于检测室中，各样品均在不同位置采集三张谱图，根据红外光谱图的特征，选择用于定量的特征吸收峰。光谱纵坐标归一化，采用切线法测量峰面积[111]，并记录数据，光谱数据的采集和预处理均使用显微红外光谱仪自带的 OMNIC 软件。最后将所得峰面积数据输入 Origin 软件中，使用线性拟合工具得到油含量与特征吸收峰面积的线性关系，通过决定系数 $R^2$ 和残差平方和判断线性拟合程度。

NIR：美国 Analytical Spectral Devices 公司便携式近红外光谱仪，型号 TerraSpec4 HI-RES，波长范围 350～2500nm，分辨率 3nm@700nm，6nm@1400/2100，扫描速率为 100ms。近红外光谱测试使用 RS3 光谱采集软件，建立模型使用化学计量学软件 TQ Analyst。

使用近红外光谱仪的漫反射模式分别对紫外老化至稳定状态的标准样品进行测试分析，测试前先预热与校准仪器，并且每隔 10 分钟再次校准光谱仪。采用专业探头采集近红外光谱，测试时各比例标准样品均在不同位置采集 5 张谱图，随机选择 4 张谱图作为定量模型的校正集，1 张谱图作为验证集，用于验证模型的稳定性和准确性。共获得 28 个校正集，7 个验证集，选择最佳的数据预处理方法和谱段范围，通过 TQ Analyst 软件构建稳定的定量分析模型。

使用与标准样品相同的方法和仪器分别采集各个古代漆膜的近红外光谱数据，每个古代漆膜样品均在不同位置采集 3 张谱图。将所得光谱数据全部输入定量模型中，通过使用标准样品建立的定量模型，计算古代漆器制作时所添加的干性油量。

## （三）NIR 数据预处理

近红外光谱与形成尖锐特征吸收峰的中红外光谱不同，它的整个光谱区域谱峰较宽且重叠严重，特征性较弱难以解读。并且所得到的原始光谱中，不仅包含样品的光谱信息，也不可避免地会受到噪声、光谱漂移和光程差等因素的影响，这些因素会在一定程度上影响校正模型的性能和对未知样品的预测。因此，为了提高校正模型的预测能力和稳定性，在开始建模前需要对近红外光谱数据进行预处理，主要通过选择特定谱段、散射效应校正、导数处理和平滑处理等方法来消除或尽量减少影响因素[112]。

## （四）模型建立与评估

由于光谱或其他变量之间的共线性关系，简单的单变量标定技术不能用于近红外光谱的定量分析。在近红外光谱中每个数据点都携带了多种组分的信息，样品中各组分的有效信息可能遍布近红外光谱区的多个波段，该谱区的光谱复杂、谱峰重叠、谱带较宽、干扰信息多，实施分析的难度较大，因此对近红外光谱的分析必须结合化学计量学方法，预先建立光谱与待测量之间的数学模型[113]。基于潜在变量的主成分回归（principal component regression，PCR）或偏最小二乘回归（partial least-squares regression，PLSR）等模型构建技术，具有从完整光谱中提取相关有效信息的内在能力。其中 PLSR 是一种多因变量对多自变量的回归建模方法，在目前的近红外光谱分析中使用较多且效果较好。它能有效地将因子分析和回归分析相结合，在成分提取的基础上，选取主成分时增强了对因变量影响的解释而避免了一定的盲目性，因此所建模型更加稳健，可以较好地解决许多以往用普通多元回归无法解决的问题。

在建模过程中，采用不同的因子数，也会对模型的预测能力产生较大影响。在校正集相同的情况下，因子数取得太少，会导致模型提取的光谱信息不全面，降低模型预测能力。反之，因子数取得太多，便会增加模型的复杂程度，并且会出现过拟合现象，也会降低模型的预测能力。因此，选择合适的因子数将有助于提高模型的预测能力。

应用 TQ analyst 软件，采用最优的预处理方法和光谱区域，划分校正集和验证集。使用 PLSR 方法对校正集建立交叉检验模型，即采用留一法进行内部交叉验证（leave-one-out cross-validation），确定模型的主成分数，并利用模型的验证集作为外部验证。评价指标采用校正均方差（root mean square error of calibration，RMSEC）、预测均方差（root mean squared error of prediction，RMSEP）、交叉验证均方差（root mean square error of cross validation，RMSECV）和相关系数 $R$（correlation coefficient），它们的计算公式如下：

$$\text{RMSEC/RMSEP/RMSECV} = \sqrt{\frac{\sum_{i=1}^{n} (\widehat{C_i} - C_i)^2}{n}} \tag{1}$$

$$R_c / R_p / R_v = \sqrt{1 - \frac{\sum_{i=1}^{n} (\widehat{C_i} - C_i)^2}{\sum_{i=1}^{n} (C_i - \bar{C})^2}} \tag{2}$$

式中，$C_i$ 是样品实际值；$\widehat{C_i}$ 是 NIR 预测值；$\bar{C}$ 是平均值；$n$ 是校正集样品数。相关系数 $R$ 越接近 1，RMSEC、RMSEP 和 RMSECV 越接近 0，模型的稳定性越高，预测能力越强。

## 二、建立定量模型

### （一）ATR-FTIR 定量分析

室内环境自然老化 14 个月后，各比例油/漆混合样品的 ATR-FTIR 光谱如图 1-27 所示，此时的样品未达到稳定状态。其中 3392cm⁻¹ 处为酚羟基的振动吸收峰，因氢键效应使 O—H 伸缩振动谱带变宽；2924cm⁻¹ 与 2854cm⁻¹ 处为亚甲基（—CH₂—）的伸缩振动吸收峰，1740cm⁻¹ 处只存在于添加油的漆膜中，为甘油三酯结构中羰基（—C＝O）的伸缩振动吸收峰，1618cm⁻¹、1595cm⁻¹ 及 1459cm⁻¹ 处为漆酚苯环骨架 C＝C 伸缩振动峰，1267cm⁻¹、1160cm⁻¹ 及 1093cm⁻¹ 处为酯基（C—O—C）的伸缩振动吸收峰，1207cm⁻¹ 处为 C—O 的伸缩振动峰，989cm⁻¹ 为共轭双键（＝C—H）的伸缩振动吸收峰，725cm⁻¹ 处为—（CH₂）—的吸收峰。

不同比例的油/漆混合样品 ATR-FTIR 光谱图显示，随着混合物中油的加入，在 1740cm⁻¹ 处会出现羰基（—C＝O）的特征吸收峰，并且特征峰强度会随着油含量的增加而增加。与此同时，代表苯环骨架的 C＝C 特征吸收峰强度会随着油含量的增加而降低。

结合油/漆混合样品的 ATR-FTIR 光谱图，对油进行定量分析时，选择 1740cm⁻¹ 处的特征吸收峰作为定量峰。使用切线法和 OMNIC 软件测量各比例油/漆混合样品特征吸收峰的峰面积，使用 Origin 软件，以峰面积值作为 $Y$ 轴，油百分含量作为 $X$ 轴建立标准曲线，见图 1-28。

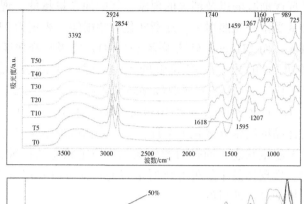

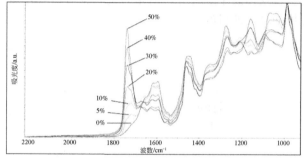

图 1-27 各比例油/漆混合样品 ATR-FTIR 平均光谱（见彩图）

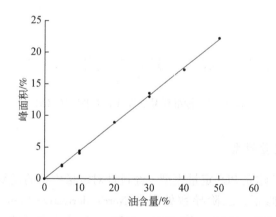

图 1-28 特征吸收峰面积与油含量关系

拟合结果显示，1740cm$^{-1}$吸收峰面积与油含量在 0%～50% 范围内线性关系较好，标准曲线的相关系数 $R^2$ 为 0.99903，残差平方和为 1.0004，这一结果符合朗伯-比尔定律。

标准样品（紫外老化 3 个月）的 ATR-FTIR 光谱结果如图 1-29 所示。经紫外老化的油/漆混合样品，3391cm$^{-1}$处的酚羟基吸收峰和 2930cm$^{-1}$、2859cm$^{-1}$的亚甲基吸收峰均呈现逐渐减弱以及消失的现象，其中油含量越低，现象越明显。这是由于大量酚羟基受紫外光照射后，逐渐转化为漆酚醌，表现为 3391 cm⁻¹ 处的吸收峰强度逐渐减弱，而 1715 cm⁻¹ 处漆酚醌（C═O）的吸收峰强度逐渐升高[114]。同时，由于老化时间的延长，烷烃中的 C—C 键发生断裂，故 2930 cm⁻¹ 和 2859 cm⁻¹ 处的亚甲基（—CH₂—）吸收峰逐渐减弱以至消失，此过程同时也生成了 1163 cm⁻¹ 处的 C—C 振动吸收峰和 1059 cm⁻¹ 处芳醚 Ar—O—C 的振动吸收峰。在此基础上，对样品继续紫外老化 1 个月，红外光谱峰形不再发生变化，表明各样品已经被老化至稳定状态。通过对紫外老化达稳定状态的标准样品 ATR-FTIR 光谱的分析测定，发现样品中红外光谱所呈现的特征吸收峰定量特征均不明显，无法达到定量分析油含量的目的。

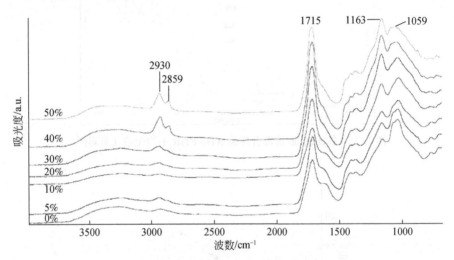

图 1-29　标准样品 ATR-FTIR 平均光谱图

（二）PLS 定量模型

采用标准样品建立 PLS 定量模型，经过针对定量模型的反复调试与比对，本书采用多元信号修正、二阶导数处理和 Norris derivative filter 平滑方式，选择 1425～1465 nm、1660～1722 nm 和 2095～2138 nm 三个光谱区域，取得了最好的建模效果，原始近红外光谱图和预处理后的近红外光谱图见图 1-30。图 1-31 为 RMSECV 随 PLS 建模因子数的变化图，从图中可知，当 PLS 建模因子数为 2 时 RMSECV 最低，因此因子数 2 为最佳建模因子数。

采用最佳预处理方法、最佳建模因子数和偏最小二乘回归方程建立了 PLS 定量模型，使用 7 个验证集样品和内部交叉验证检验模型的稳定性和预测效果，结果见图 1-32。模型校正集相关系数 $R_c$ 为 0.9968，RMSEC 为 1.41，验证集相关系

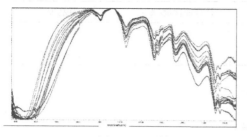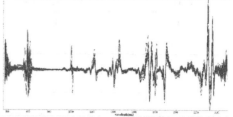

图 1-30　原始近红外光谱图和预处理后的近红外光谱图

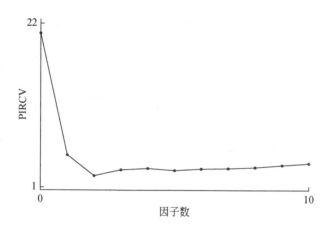

图 1-31　PLS 建模因子数对 RMSECV 的影响

数 $R_p$ 为 0.9976，RMSEP 为 1.21，交叉验证相关系数 $R_v$ 为 0.9903，RMSECV 为 2.46，PLS 定量模型的相关系数 $R_c$、$R_p$ 和 $R_v$ 均在 0.99 以上；实际值与预测值结果如表 1-19 所示，油含量的预测偏差分别为 0.2%、−1.2%、1.4%、−0.2%、−2.4%、1.0% 和 −0.2%，预测偏差均较低。以上结果表明油含量的实际值与预测值之间具有较好的线性关系，定量模型的相关系数很高，预测效果较好。

表 1-19　标准样品实际含油量与计算量比较

| 样品编号 | 实际油含量/% | 计算油含量/% | 误差/% |
| --- | --- | --- | --- |
| T0 | 0 | 0.2 | 0.2 |
| T5 | 5 | 3.8 | −1.2 |
| T10 | 10 | 11.4 | 1.4 |
| T20 | 20 | 19.8 | −0.2 |
| T30 | 30 | 27.6 | −2.4 |

续表

| 样品编号 | 实际油含量/% | 计算油含量/% | 误差/% |
|---|---|---|---|
| T40 | 40 | 41.0 | 1.0 |
| T50 | 50 | 49.8 | −0.2 |

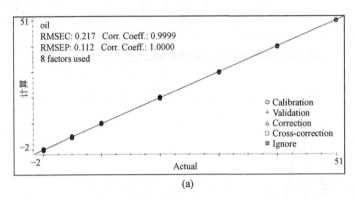

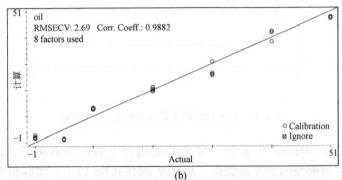

图 1-32　PLS 定量模型（a）和内部交叉验证（b）（见彩图）

### 三、古代漆膜定量分析

本节所有古代漆膜均已经过 Py-GC/MS 分析，确认所有古代样品均为油和漆的混合物。将古代漆膜近红外光谱数据输入 TQ analyst 软件，使用 PLS 定量模型计算古代漆膜制作时的干性油添加量，结果见表 1-20。

通过标准样品近红外光谱数据建立了 PLS 定量模型，模型计算结果显示，所有古代漆膜样品均含有干性油，相对标准偏差（RSD）均在合理误差范围内。其中，汉代出土的两个漆膜样品在制作时所添加的油含量平均值分别为 10.9% 和 14%，秦代的三个漆膜样品添加油的含量为 15% ~ 20%，东周的两个漆膜样品油含量均为11%左右。

**表1-20　PLS定量模型计算结果**

| 年代 | 出土地 | 样品编号 | 计算油含量/% | 油含量平均值/% | 相对标准偏差/% |
|---|---|---|---|---|---|
| 汉 | 江西南昌 | Y-1 | 10.9 | 10.9 | 5.0 |
| | | | 10.4 | | |
| | | | 11.5 | | |
| | | Y-3 | 12.2 | 14 | 11.1 |
| | | | 14.9 | | |
| | | | 14.9 | | |
| 秦 | 陕西临潼 | Q-1 | 15.0 | 15.1 | 1.8 |
| | | | 15.4 | | |
| | | | 14.9 | | |
| | | Q-2 | 20.2 | 19.7 | 2.6 |
| | | | 19.8 | | |
| | | | 19.2 | | |
| | | Q-3 | 20.5 | 20.5 | 0.3 |
| | | | 20.5 | | |
| | | | 20.6 | | |
| 东周 | 河南新蔡 | G-1 | 13.3 | 11.9 | 11.0 |
| | | | 11.7 | | |
| | | | 10.7 | | |
| | | G-2 | 11.2 | 11.1 | 5.0 |
| | | | 11.6 | | |
| | | | 10.5 | | |

根据计算结果可知，同一地区出土的漆器，所使用的油/漆比例是基本相同的，但是不同地区或不同时代之间的"油漆"技术存在明显差异，漆器制作时会使用不同的油/漆比例。

# 第四节　结　　论

热裂解气相色谱质谱技术是研究有机质文物和有机残留物有效的科技手段。利用在线甲基化水解裂解气相色谱质谱（THM-Py-GC/MS）技术对古代漆器中的大漆、干性油、蛋白质类胶结材料（胶、皮胶、鱼鳔胶、蛋清、蛋黄、猪血）、树脂（安息香、松香）等髹漆材料进行分析，总结了每类材料的特征裂解产物，实现了对古代常见髹漆材料的分析和识别，并成功地将定性方法应用到古代漆器文物的分析。对于难以区分的蛋白质类胶结材料，利用主成分分析法对它们进行了分类，建立了六种蛋白质类胶结材料的识别模型，为科技考古和后续文物保护工作提供科技支撑。

红外光谱是一种简单、快速、无损的分析技术，能对漆膜进行有效的定性和定量分析。本书分别使用 ATR-FTIR 和 NIR 对中国古代的"油漆"技术进行了探索性的研究，结果表明 ATR-FTIR 能对老化程度较轻的漆膜进行定量分析，而对于老化严重的漆膜，该方法将不再适用。在进一步的近红外光谱分析中，通过光谱学结合化学计量学（PLS）建立了定量模型，经外部验证和内部交叉验证，获得了稳定的、预测性良好的 PLS 定量模型。使用近红外光谱对古代漆膜进行了分析，结果表明古代漆膜为漆和油的混合物，并且通过近红外光谱建立的 PLS 定量模型计算了古代漆器制作时的油/漆比例。这一结果表明近红外光谱结合化学计量学是一种定量分析漆膜的有效手段，本书为解读中国古代的"油漆"技术提供了一定的参考价值，为定量分析古代漆膜提供了一种新思路。

## 参 考 文 献

［1］ Zhai K, Sun G, Zheng Y, et al. The earliest lacquerwares of China were discovered at Jingtoushan site in the Yangtze River Delta ［J］. Archaeometry, 2021, 64 (1): 218-226.

［2］ 王世襄. 髹饰录解说 ［M］. 北京: 生活·读书·新知三联书店, 2013.

［3］ 张荣. 古代漆器 ［M］. 北京: 文物出版社, 2005.

［4］ 张飞龙. 中国漆工艺的传承与发展研究 ［J］. 中国生漆, 2007, (2): 12-33, 37.

［5］ 王世襄. 中国古代漆器 ［M］. 北京: 生活·读书·新知三联书店, 2013.

［6］ Wu M, Zhang B, Jiang L, et al. Natural lacquer was used as a coating and an adhesive 8000 years ago, by early humans at Kuahuqiao, determined by ELISA ［J］. Journal of Archaeological Science, 2018, 100: 80-87.

［7］ 中国新闻网. 浙江井头山遗址两件出土木器被确定为中国最早漆器 ［DB/OL］. http://www. chinanews. com/cul/2021/07-07/9514728. shtml.

［8］ 历史小店. 跨湖桥出土一件文物, 打破了河姆渡器木碗是国内"漆祖"的错误 ［DB/OL］. http://art. ifeng. com/2019/0212/3468565. shtml.

［9］ Wei S, Song G, He Y. The identification of binding agent used in late Shang Dynasty turquoise-inlayed bronze objects excavated in Anyang ［J］. Journal of Archaeological Science, 2015, 59: 211-218.

［10］ 秦俑彩绘保护技术研究课题组. 秦始皇兵马俑漆底彩绘保护技术研究 ［J］. 中国生漆, 2005, 24 (1): 7-16.

［11］ 洪石. 战国秦汉漆器研究 ［M］. 北京: 文物出版社, 2006.

［12］ 李涛、杨益民、王昌隧, 等. 司马金龙墓出土木板漆画屏风残片的初步分析 ［J］. 文

物保护与考古科学，2009，21（3）：23-28.

[13] 郭恒枫. 浅析宋代民间日用漆器 [J]. 中国生漆，2015，34（2）：19-22.

[14] 陈绍棣. 明代油漆名匠介绍——兼及明代油漆技术的发展 [J]. 中国生漆，1982，（2）：39-43.

[15] 潘天波. 现代漆艺美学 [M]. 桂林：广西师范大学出版社，2012：68-70.

[16] 长北. 髹饰录析解 [M]. 南京：江苏凤凰美术出版社，2017.

[17] 杨和永. 大漆施工经验 [M]. 北京：化学工业出版社，1986.

[18] 路甬祥. 中国传统工艺全集 [M]. 郑州：大象出版社，2004：109-110.

[19] Wei S, Pintus V, Pitthard V, et al. Analytical characterization of lacquer objects excavated from a Chu tomb in China [J]. Journal of Archeological Science, 2011, 38: 2667-2674.

[20] Sung M, Jung J, Lu R, et al. Study of historical Chinese lacquer culture and technology- Analysis of Chinese Qin- Han dynasty lacquerware [J]. Journal of Cultural Heritage, 2016, 21: 889-803.

[21] 张坤，张秉坚，方世强. 中国传统血料灰浆的应用历史和科学性 [J]. 文物保护与考古科学，2013，25（2）：94-102.

[22] 张连生，单德林. 漆器制作技法 [M]. 北京：北京工艺美术出版社，1994：60-72.

[23] 王世襄. 清代匠作则例汇编：建筑 漆作 油作 [M]. 北京：中国书店，2008：260-269.

[24] 丘光明. 中国历代度量衡考 [M]. 北京：科学出版社，1992：512-513.

[25] 刘荣才. 生漆施工常识——2. 生漆和坯油的配比 [J]. 中国生漆，1984，（4）：45-49.

[26] 陈元生，解玉林，卢衡，等. 史前漆膜的分析鉴定技术研究 [J].1995，7（2）：12-20.

[27] Ma X, Shi Y, Khanjian H, et al. Characterization of early imperial lacquerware from the Luozhuang Han tomb, China [J]. Archaeometry, 2015, 59 (1): 121-132.

[28] Karpova E, Nefedov A, Mamatyuk V, et al. Multi- analytical approach (SEM- EDS, FTIR, Py- GC/MS) to characterize the lacquer objects from Xiongnu burial complex (Noin- Ula, Mongolia) [J]. Microchemical Journal, 2017, 130: 336-344.

[29] Heginbotham A, Chang J, Khanjian H, et al. Some observations on the composition of Chinese lacquer [J]. Studies in Conservation, 2016, 61: 28-37.

[30] Hao X, Schilling M, Wang X, et al. Use of THM- PY- GC/MS technique to characterize complex, multilayered Chinese lacquer [J]. Journal of Analytical and Applied Pyrolysis, 2019, 140: 339-348.

[31] Wang N, Zhang T, Min J, et al., 2018. Analytical investigation into materials and technique: carved lacquer decorated panel from Fuwangge in the forbidden city of Qianlong period, qing dynasty [J]. Journal of Archaeological Science: Report, 2018, 17: 529-537.

[32] 郑佳宝，单伟芳. 古代漆器的红外光谱 [J]. 复旦学报（自然科学版），1992，31（3）：345-349.

[33] Körber U, Schilling M, Dias C, et al. Simplified Chinese lacquer techniques and Nanban style decoration on Luso- Asian objects from the late sixteenth or early seventeenth centuries [J].

Studies in Conservation, 2016, 61 (sup3): 68-84.

[34] Honda T, Lu R, Yamabuki M, et al. Investigation of Ryukyu lacquerwares by pyrolysis- gas chromatography/mass spectrometry [J]. Journal of Analytical and Applied Pyrolysis, 2015, 113: 41-45.

[35] 孙红燕, 龚德才, 黄文川, 等. 长沙风篷岭汉代漆器制作工艺中淀粉胶黏剂的分析 [J]. 文物保护与考古科学, 2011, 23 (4): 52-58.

[36] 董艳鹤, 王成章, 宫坤, 等. 漆树资源的化学成分及其综合利用研究进展 [J]. 林产化学与工业, 2009, 29 (10): 225-232.

[37] 张飞龙, 张武桥, 魏朔南. 中国漆树资源研究及精细化应用 [J]. 中国生漆, 2007, 26 (2): 36-50.

[38] https://www. sohu. com/a/255363246_162618.

[39] 宫腰哲雄. 传统生漆技术中的化学 [J]. 中国生漆, 2010, 29 (2): 27-31.

[40] Lu R, Miyakoshi T. Lacquer Chemistry and Applications [M]. Kidlington: Elsevier, 2015.

[41] 赵喜萍, 魏朔南. 中国生漆化学成分研究 [J]. 中国野生植物资源, 2007, 26 (6): 1-4.

[42] Kumanotani J. Urushi (oriental lacquer) — a natural aesthetic durable and future- promising coating [J]. Progress in Organic Coatings, 1995, 26 (2-4): 163-195.

[43] Niimura N, Miyakoshi T, Onodera J, et al. Identification of ancient lacquer film using two-stage pyrolysis- gas chromatography/mass spectrometry [J]. Archaeometry, 2010, 41 (1): 137-149.

[44] Yoshida H. Chemistry of lacquer (urushi) [J]. Part I. Journal of the Chemical Society, 1883, 43: 472-486.

[45] Reinhammar B. Purification and properties of laccase and stellacyanin from *Rhus vernicifera* [J]. Biochimica et Biophysica. Acta, 1970, 205 (1): 35-47.

[46] 张飞龙. 生漆成膜的分子机理 [J]. 中国生漆, 2012, 31 (1): 13-20.

[47] 陈育涛, 黄婕. 生漆多糖生物学功能研究进展 [J]. 中国生漆, 2012, 31 (1): 23-24, 47.

[48] 谭光厚. 生漆的利用与检验 [J]. 中国生漆, 2005, 24 (2): 44-48.

[49] 和玲, 聂麦茜, Giuseppe C. 热裂解气相色质谱应用于古代壁画中油类黏合剂的分析 [J]. 西安交通大学学报, 2006, 40 (10): 1134-1138.

[50] Wei S. A study of natural organic binding media used in artworks and of their aging behaviour by GC/FID and GC/MS [D]. Vienna: Technical University of Vienna, 2007.

[51] Lazzari M, Chiantore O. Drying and oxidative degradation of linseed oil [J]. Polymer Degradation & Stability, 1999, 65 (2): 303-313.

[52] 谢慧, 覃茂范, 白欣莹, 等. 紫苏籽油提取及其脂肪酸组成分析 [J]. 怀化学院学报, 2017, 36 (11): 74-76.

[53] 汪丽萍, 郝希成, 张蕊. 芝麻油脂肪酸成分标准物质的研制 [J]. 中国油脂, 2011, (5): 52-54.

［54］朱振宝，刘梦颖，易建华，等.不同产地核桃油理化性质、脂肪酸组成及氧化稳定性比较研究［J］.中国油脂，2015，（3）：120-123.

［55］郑国灿，王晶，刘毅，等.桐油脂肪酸组分 GC-MS 分析及产地特征研究［J］.中国林副特产，2014，（6）：14-16.

［56］曾娟，郭佩佩，欧阳勇，等.海南蓖麻籽中脂肪酸的组成分析［J］.海南大学学报（自然科学版），2009，27（3）：259-260.

［57］Mills J. The Gas Chromatographic Examination of Paint Media. Part I：Fatty Acid Composition and identification of dried oil films［J］.Studies in Conservation，1966，11：92-107.

［58］Schilling M R，Heginbotham A，van Keulen H et al. Beyond the basics：a systematic approach for comprehensive analysis of organic materials in Asian lacquers［J］.Studies in Conservation，2016，61：sup3，3-27.

［59］Orsini S，Parlanti F，Bonaduce I. Analytical pyrolysis of proteins in samples from artistic and archaeological objects［J］.Journal of Analytical and Applied Pyrolysis，2017，124：643-657.

［60］宋玉兰.古代壁画胶结材料研究综述［J］.文物鉴定与鉴赏，2019，161（14）：86-87.

［61］Bonaduce I，Blaensdorf C，Dietemann P，et al. The binding media of the polychromy of Qin Shihuang's Terracotta Army［J］.Journal of Cultural Heritage，2008，9（1）：103-108.

［62］Hu W，Zhang K，Zhang H，et al. Analysis of polychromy binder on Qin Shihuang's Terracotta Warriors by immunofluorescence microscopy［J］.Journal of Cultural Heritage，2015，16（2）：244-248.

［63］Wei S，Ma Q，Schreiner M. Scientific investigation of the paint and adhesive materials used in the Western Han dynasty polychromy terracotta army，Qingzhou，China［J］.Journal of Archaeological Science，2012，39（5）：1628-1633.

［64］Wei S，Schreiner M，Guo H，et al. Scientific investigation of the materials in a Chinese Ming Dynasty Wall Painting［J］.International Journal of Conservation Science，2010，1（2）：99-112.

［65］Wei S，Fang X，Yang J，et al. Identification of the materials used in an Eastern Jin Chinese ink stick［J］.Journal of Cultural Heritage，2012，13（4）：522-526.

［66］周文晖，王丽琴，樊晓蕾，等.博格达汗宫古建柱子油饰制作工艺及材料研究［J］.内蒙古大学学报：（自然科学版），2010，41（5）：522-526.

［67］Bonaduce I，Andreotti A. Py- GC/MS of Organic Paint Binders［M］//Colombini M P，Modugno F. Organic Mass Spectrometry in Art and Archaeology. United Kingdom，Chichester：John Wiley & Sons，Ltd，2009：303-326.

［68］Chiavari G，Bocchini P，Galletti G C. Rapid identification of binding media in paintings using simultaneous pyrolysis methylation gas chromatography［J］.Science & Technology for Cultural Heritage，1992，1：153-158.

［69］Bocchini P，Traldi P. Organic mass spectrometry in our cultural heritage［J］.Journal of Mass Spectrometry，1998，33：1053-1062.

[70] 王娜, 谷岸, 闵俊嵘, 等. 文物中常用蛋白质类胶结材料的热裂解-气相色谱/质谱识别 [J]. 分析化学, 2020, 48 (1): 90-96.

[71] 和玲, 容波, 任萌, 等. 盖蒂保护研究所的亚洲漆快速识别方法 [J]. 文物保护与考古科学, 2020, 32 (3): 125-128.

[72] 何秋菊. 现代仪器分析在彩绘文物胶结物鉴定中的应用研究 [J]. 中国胶粘剂, 2007, 16 (3): 19-22.

[73] 孙延忠, 王志良, 魏书亚. 广西宁明花山岩画颜料胶结材料分析研究 [J]. 文物保护与考古科学, 2012, (2): 38-43.

[74] 樊娟, 贺林, 克里斯蒂娜·蒂美, 等. 彬县大佛寺石窟彩绘保护研究 [J]. 敦煌研究, 1996, (1): 140-188.

[75] Jin P, Hu Y, Ke Z. Characterization of lacquer films from the middle and late Chinese warring states period 476-221BC [J]. Microscopy Research & Technique, 2017, 80: 1344-1350.

[76] 何秋菊, 赵瑞廷. 北京老山汉墓出土漆器残片的髹漆工艺研究 [J]. 文物, 2013, (10): 85-91.

[77] Snyder D M. An overview of oriental lacquer: art and chemistry of the original high-tech coating [J]. Journal of Chemical Education, 2009, 66 (12): 977-980.

[78] Garner H. Technical studies of oriental lacquer [J]. Studiesin Conservation, 1963, 8 (3): 84-98.

[79] 周国信. 中国辰砂及其发展史 [J]. 敦煌研究, 2010, 120 (2): 51-59.

[80] 李晓远, 伍显军, 温巧燕, 等. 六件宋代温州漆器成分结构及工艺剖析 [J]. 文物保护与考古科学, 2018, 30 (4): 44-52.

[81] Ma X, Lu R, Miyakoshi T. Application of Pyrolysis Gas Chromatography/Mass Spectrometry in Lacquer Research: A Review [J]. Polymers, 2014, 6 (1): 132-144.

[82] Frontier Lab. The manual of Thermal cracking analysis equipment for polymer compounds.

[83] Bruno T. A review of capillary and packed column gas chromatographs [J]. Separation and Purification Methods, 2000, 29 (1): 27-61.

[84] Niimura N, Miyakoshi T, Onodera J, et al. Thermal degradation of the lacquer film by pyrolysis gas chromatography mass spectrometry [J]. The Chemical Society of Japan, 1995, 9: 724-729.

[85] Niimura N, Miyakoshi T, Onodera J, et al. Characterization of *Rhus vernicifera* and *Rhus succedanea* lacquer films and their pyrolysis mechanisms studied using two-stage pyrolysis-gas chromatography/mass spectrometry [J]. Journal of Analytical & Applied Pyrolysis, 1996, 37 (2): 199-209.

[86] Niimura N, Miyakoshi T, Onodera J, et al. Structural studies of *Melanorrhoea usitate* lacquer film using two-stage pyrolysis/gas chromatography/mass spectrometry [J]. Rapid Communications in Mass Spectrometry, 1996, 10: 1719-1724.

[87] Wang N, Liu J, He L, et al. Characterization of Chinese lacquer in historical artwork by on-line methylation pyrolysis-gas chromatography/mass spectrometry [J]. Analytical Letters,

2014, 47 (15): 2488-2507.

[88] Lu R, Ma X, Kamiya Y, et al. Identification of Ryukyu lacquerware by pyrolysis-gas chromatography/mass spectrometry [J]. Journal of Analytical & Applied Pyrolysis, 2007, 80 (1): 101-110.

[89] Domenech-Carbo M T. Novel analytical methods for characterising binding media and protective coatings in artworks [J]. Analytica Chimica Acta, 2008, 621: 109-139.

[90] Pitthard V, Griesser M, Stanek S, et al. Study of complex organic binding media systems on artworks applying GC-MS analysis: selected examples from the Kunsthistorisches Museum, Vienna [J]. Macromol Symp, 2006, 238 (1): 37-45.

[91] Smith B C. Fundamentals of Fourier transform infrared spectroscopy [M]. Boca Raton: CRC press, 2011: 30-215.

[92] Cen H, He Y. Theory and application of near infrared reflectance spectroscopy in determination of food quality [J]. Trends in Food Science & Technology, 2007, 18 (2): 72-83.

[93] 卢小泉, 陈晶, 周喜斌. 化学计量学研究方法 [M]. 北京: 科学出版社, 2013.

[94] 黄林森, 刘冬, 覃统佳, 等. 近红外定量模型快速测定大米的营养成分 [J]. 现代食品科技, 2019, 35 (8): 1-9.

[95] 谷岸, 沈伟. 近红外光谱结合化学计量学无损鉴定书画印泥研究 [J]. 文物保护与考古科学, 2013, (2): 59-64.

[96] 谷岸, 罗涵, 杨晓丹. 近红外光谱结合化学计量学无损鉴定软玉产地的可行性研究 [J]. 文物保护与考古科学, 2015, (3): 78-83.

[97] 谷岸. 近红外光谱结合化学计量学无损检测新技术在文物保护中的应用与展望 [J]. 中国文物科学研究, 2019, (1): 72-76.

[98] 马明宇, 王桂芸. 黄安民. 人工神经网络结合近红外光谱用于木材树种识别 [J]. 光谱学与光谱分析, 2012, 32 (9): 2377-2381.

[99] Cséfalvayová L, Pelikan M, Kralj Cigić I, et al. Use of genetic algorithms with multivariate regression for determination of gelatine in historic papers based on FT-IR and NIR spectral data [J]. Talanta, 2010, 82 (5): 1784-1790.

[100] 任红艳, 张婷婷, 张娟妮, 等. 无损检测技术在漆器分析中的应用 [J]. 中国生漆, 2017, 36 (1): 43-47.

[101] 李庆臻. 科学技术方法大辞典 [M]. 北京: 科学出版社, 1999.

[102] Le Hô A, Regert M, Marescot O, et al. Molecular criteria for discriminating museum Asian lacquerware from different vegetal origins by pyrolysis gas chromatography/mass spectrometry [J]. Analytica Chimica Acta, 2012, 710 (13): 9-16.

[103] Tamburini D, Bonaduce I, Colombini M P. Characterization and identification of urushiol using *in situ* pyrolysis/silylation-gas chromatography-mass spectrometry [J]. Journal of Analytical and Applied Pyrolysis, 2015, 111: 33-40.

[104] Kurata S, Ichikawa K. Identification of natural leather microstrips by pyrolysis gas chromatography/mass spectrometry [J]. Analytical Chemistry, 2008, 57 (7): 563-569.

［105］ Feller R L. Accelerated Ageing, Photochemical and Thermal Aspects ［M］. Los Angeles: The Getty Conservation Institute, 1994.

［106］ Campos A M, Ricardo F, Alves E, et al. Lipidomic investigation of eggs' yolk: changes in lipid profile of eggs from different conditions ［J］. Food Research International, 2016, 89: 177-185.

［107］ Colombini M P, Gautier G. GC/MS in the characterisation of protein paint binders ［M］ // Colombini M P, Modugno F. Organic Mass Spectrometry in Art and Archaeology. United Kingdom, Chichester: John Wiley & Sons, Ltd, 2009.

［108］ 中国药典委员会. 中华人民共和国药典 ［M］. 北京: 中国医药科技出版社, 2015: 148.

［109］ 湖北省博物馆. 九连墩——长江中游的楚国贵族大墓 ［M］. 北京: 文物出版社, 2007.

［110］ 彭文世, 刘高魁. 矿物红外光谱图集 ［M］. 北京: 科学出版社, 1982.

［111］ 翁诗甫, 徐怡庄. 傅里叶变换红外光谱分析 ［M］. 北京: 化学工业出版社, 2016.

［112］ Blanco M, Coello J, Iturriaga H, et al. NIR calibration in non-linear systems: different PLS approaches and artificial neural networks ［J］. Chemometrics and Intelligent Laboratory Systems, 2000, 50 (1): 75-82.

［113］ Ziegel E R. The elements of statistical learning ［J］. Technometrics, 2010, 45 (3): 267-268.

［114］ Obataya E, Umemura K, Norimoto M, et al. Viscoelastic properties of Japanese lacquer film ［J］. Journal of Applied Polymer Science, 1999, 73 (9): 1727-1732.

# 第二章 纸质文物

造纸术是中国的四大发明之一，也是中国影响世界的重大发明之一。目前考古发现最早的手工纸是西汉时期绘有地图的纸碎片，但其是否为纸一直存在争议，而东汉时期蔡伦造纸有明确史书记载，证实我国至迟在东汉时期已有手工纸的使用。传统手工纸是植物纤维原料经机械、化学等作用后分散，再与水配成浆液后流经多孔模具帘（竹帘、草帘），植物纤维在模具帘表面形成湿的薄层，靠纤维间氢键缔合作用结合，干燥后形成具有一定强度的片状物，用作书写、包装和印刷等用途的材料[1]。古代手工纸的发明和发展形成了现今重要的纸质文物。两千多年的造纸历史，给我们留下古籍、档案、书画、纸币及票据等珍贵且不可再生的纸质文物，为我国古代科学技术和文明的研究提供了丰富的原始资料。但是，随着岁月流逝，历代传世或出土的各类纸质文物由于内部因素（纸张成分、酸碱度、添加剂、金属离子等）和外部因素（战争、火灾、水灾、温度、湿度、光照、有害气体、昆虫、微生物、机械磨损）共同作用而发生变质和损坏[2]。因此，对纸质文物进行分析和保护研究的工作显得极其重要，也是目前国内外关注的热点问题。

纸质文物保护修复方法的选择与纸张本身材质、制作工艺、保存状况及劣变原因等问题密切相关[3]。目前，纸质文物的研究方法除了文献分析方法以外，一些现代科技手段也逐渐应用于纸质文物研究中，主要是对造纸纤维原料、纸张加工工艺以及纸张上书写或印刷材料如颜料、染料等，采用 Herzberg 染色法、光学显微镜观察、扫描电子显微镜能谱分析、显微激光拉曼光谱、X 射线衍射及红外光谱等方法进行分析和研究[4]。这些方法可以很好地分析纸质文物的材料结构和成分信息，但不能明确地鉴别纸质文物中的化学成分，显微激光拉曼光谱比较适用于纸张上无机颜料的分析，对纸张本身中所含的化学成分无法进行准确的鉴别；扫描电子显微镜能谱仪只是分析纸张中化学元素成分，对纸张中有机化合物难以做到准确鉴别；红外光谱只能分析样品中化学基团的特征峰分布情况，进而推测某种物质的存在，并不能完全鉴别样品中具体化学成分。

纸张本身是一种有机材料，利用化学成分分析，可对纸质文物进行以下几方面的研究：①造纸植物纤维原料种类区分。每种植物有其特殊化合物，纸张主要是由植物纤维原料制造而成，植物原料在经过蒸煮、漂白和打浆等造纸工艺后可能仍保留其特征化合物，利用这些特征化合物可对纸质文物纤维类型进行鉴别。它是对传统 Herzberg 染色法的补充，两种方法可以互相验证，得出准确的鉴别结果，另外，当纸质文物样品老化严重，纤维严重老化断裂，无法利用纤维的形态特征进行区分时，可尝试用化学成分分析的方法对其特征化合物进行鉴别来确定纤维类别。②关于纸质文物上墨类别、墨中胶结物及添加剂等信息鉴别。由于分析方法的限制，除了应用拉曼光谱技术对纸质文物上黑色颜料如炭黑分析外，关于纸质文物上墨类型、墨中胶结物及添加剂的相关报道和研究较少，仅有少数关于出土古墨的分析研究，应用化学成分分析的方法可对纸质文物上书写或者印刷的墨成分进行鉴别，进而识别墨的种类（如油烟墨和松烟墨）、胶结物的种类（如动物胶、蛋清及蛋黄等）以及添加剂（冰片、樟脑等）信息。③蜡笺纸工艺分析。蜡笺纸，是传统中国手工纸中极其重要的一类纸张，是对桑皮纸、构皮纸、宣纸等手工纸进行加工（加填、施蜡和染色等）而成的一种名贵的纸张，具有表面光滑、抗水性强、易于书写和防虫作用等优势，它是造纸技术成熟后的产物，可代表当时造纸技艺的最高水平。唐代蜡笺纸盛行，明清时期是其发展的高峰时期，现存很多皇帝诏书和书法作品都是在蜡笺纸上书写[5]。因此，蜡笺纸文物是纸质文物保护中非常重要的一部分。关于蜡笺纸上施蜡情况、染料类型及施胶工艺等分析较少，而利用化学成分分析的方法可对蜡笺纸材料及工艺进行研究和鉴别。总之，利用化学成分分析的方法对纸质文物材料及工艺等方面进行科学的认知，一方面有益于古代造纸、制墨等工艺技术的认知；另一方面有助于纸质文物更好的保护和修复，如根据纸质文物修复原则，应尽量使用相同类型材料进行修复，防止材料差异而对纸质文物造成二次伤害。

热裂解气相色谱质谱（Py-GC/MS）是一种分析有机物的有力手段，可对混合有机物中的化学成分进行准确的鉴别。另外，这种方法操作简单、快速、需要样品量少，无需样品前处理，符合纸质文物无损或微损分析的要求。结合传统纸质文物纤维鉴别方法（Herzberg 染色法），应用 Py-GC/MS 对多种未加工造纸原料、常见传统手工纸及不同时期的纸质文物进行分析和研究，归纳总结不同类型造纸植物原料的特征化合物，将作为纸质文物纤维原料鉴别的重要参考数据。

# 第一节　传统手工纸材料与工艺

## 一、造纸原料种类

纸张主要由植物纤维构成。常见的造纸植物原料包含麻类、木本韧皮（楮皮、桑皮、藤皮、结香皮、青檀皮等）、竹类、草类以及其他种类的植物。这些原料的共同特点是纤维素含量较高，适合造纸。文献中关于造纸植物纤维及种属关系归纳和总结如图 2-1 所示，造纸原料基本上可分为两大类，即韧皮纤维和茎秆纤维。韧皮纤维可细分为草本和木本两种。草本类有一年生麻类植物；木本类

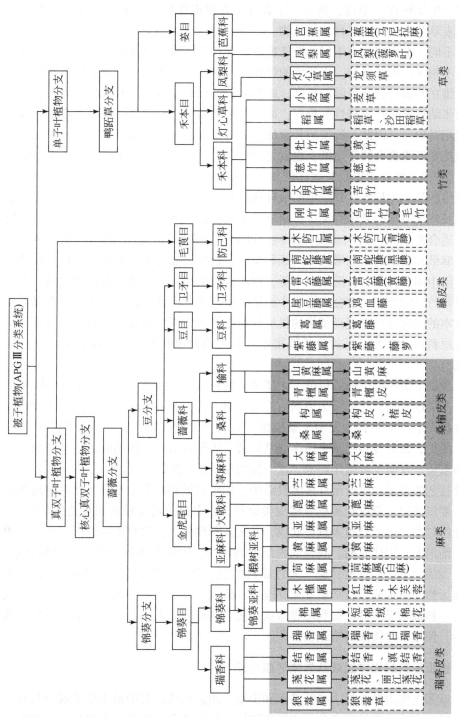

图2-1 常用造纸原料及种属关系[6]

有多年生如楮皮、桑皮、藤皮、结香皮、青檀皮等植物。茎秆纤维有一年生稻草、麦草及多年生的各种竹类植物。

不同纤维原料具有不同的性能特点，导致不同植物原料所制造手工纸的特点也各不相同，质量各异。在造纸的过程中，舂捣、打浆等工艺会使纤维断裂，但长纤维在断裂后仍有足够的长度，纤维的长宽比大，相互之间交织效果好，制成的纸张结构紧密且机械性能较好；而短纤维断裂后，长度变得更小，纸张的机械性能相对较差。因此，纤维的长宽比是影响纸张性能的重要因素。一般来说，长纤维比短纤维更有利于造纸，也就是说纤维的长宽比越大，所制成的纸张性能越好。《中国造纸技术史稿》里详细叙述了不同原料长度、宽度及长宽比，其中麻类纤维的长宽比最大，是造纸的最佳选择材料。目前为止，我国考古发现的早期西汉及东汉时期的纸张大部分都是麻类原料所造，可见古人智慧；除了麻类原料非常适合造纸外，其次是皮类原料，再次是竹类原料，最差的是草类原料。因此，麻纸和皮纸的性能常优于竹纸和草纸。较麻类和皮类原料而言，竹类纤维较短，但中国竹材丰富，造纸成本低，因此，竹纸在我国古纸中占很大比例。古人为改善竹纸的性能，常会在竹浆中添加一些麻类或皮类等长纤维原料，在降低生产成本的同时尽可能提高纸张的机械性能，如拉力强度和紧度。另外，也有将麻纤维原料掺入皮类原料的造纸纸浆中，利用两种原料的优势来制造质量更佳的纸张。

我国早期古纸，如灞桥纸、中颜纸、悬泉纸、金关纸、玉门关纸和马圈湾纸等，主要以麻类植物纤维为原料。东汉中期，蔡伦对造纸技术进行革新和推广，并且扩充了造纸原料，发明了蔡侯纸。魏晋南北朝时期，除了麻和构皮原料以外，桑皮、藤纤维和稻草也用作造纸原料。唐朝时期，我国的政治、经济和文化空前繁荣，发明了雕版印刷术，这一发明使得纸张的需求量增大，进一步促进了造纸技艺的发展，生产出许多名贵纸张，如硬黄纸和各类笺纸等。此时的造纸原料主要以楮皮、桑皮和藤皮等树皮类原料，也有沉香皮及栈香树皮造纸的记载，到晚唐时期，由于野藤大量被砍伐，又无人管理栽培，原料供不应求，藤纸到明代逐渐消失。宋代时期，我国的竹纸发展较快，宋后期市场上绝大部分是竹纸，多数无漂白工序，色黄易脆，为竹原料本色。到了元明时期，使用"熟料"生产及天然漂白工艺，竹纸质量大有改进。清代竹纸仍占主导地位，另外，在清代草类原料被用于造纸，如利用青檀皮和稻草制造的宣纸闻名于世。清末后机制纸出现，使用木浆类原料造纸较多[7]。

## 二、造纸原料的化学组成及显微形貌特征

纸张主要由纤维素、半纤维素和少量木质素构成，其中最主要的成分是纤维素，纸张主要是靠纤维素分子之间氢键缔合作用结合。植物造纸原料中除纤维素

外，还含有一些其他化学成分，如灰分、果胶质、木质素、蛋白质、半纤维素和色素等，如表 2-1 所示。纤维素、半纤维素、木质素、脂蜡质、灰分、水溶物、果胶质是各类造纸植物原料共有的化学成分，差异是不同种类原料的这些化学成分的比例不同。除了共有的化学成分外，不同种类植物中有特定的三萜类物质，这些特殊物质可作为纤维原料鉴别的另一个依据，可与纤维形貌特征鉴别方法相互补充和验证。

**表 2-1　常用造纸原料主要成分表（%）**

| 原料 | 纤维素 | 半纤维素 | 木质素 | 果胶 | 脂蜡质 | 水溶物 | 灰分 |
|---|---|---|---|---|---|---|---|
| 大麻 | 69.51 | | 4.03 | 2.06 | | | 2.85 |
| 亚麻 | 65.71 | 15.51 | 7.46 | 1.61 | 1.78 | 5.2 | 0.78 |
| 苎麻 | 71 | 14.13 | 14 | 5.51 | 1.5 | 6.45 | |
| 楮皮 | 39.08 | 14.08 | 14.32 | 9.46 | 7.49 | 7.47 | 2.7 |
| 桑皮 | 54.81 | | 8.74 | 8.84 | | | 4.4 |
| 青檀皮 | 40.02 | | 10.31 | 5.6 | | | 4.79 |
| 毛竹 | 45.5 | | 30.67 | 0.72 | | | 1.1 |
| 慈竹 | 44.35 | | 31.28 | 0.87 | | | 1.2 |
| 稻草 | 36.2 | | 14.05 | 0.21 | | | 15.5 |

一般采用国标方法检测植物原料的化学成分及其含量（纤维素、半纤维素、木质素、脂蜡质、灰分、水溶物、果胶质），如《苎麻化学成分定量分析方法》（GB/T 5889—1986），《造纸原料水分和灰分测定》（GB/T 2677—1993），《造纸原料综纤维素含量的测定》（GB/T 2677.10—1995），《酸溶木质素的测定》（GB/T 10337—1989），《酸不溶木质素测定》（GB/T 2677—1994）。

两千多年的造纸技术促进了造纸原料从麻、树皮、竹子、草类到木浆等原料的不断发展和扩充。目前，造纸原料类别的鉴定主要依据形态学上植物纤维形貌特征来鉴别纸张原料的种类。为了纤维的形态特征能够更清晰地在显微镜下呈现，常会选用染色试剂对纤维进行处理。由于不同原料中化学成分如纤维素、半纤维素及木质素等含量及比例各不相同，在 Herzberg 试剂作用后纤维会呈现不同的颜色[8]，另外，不同植物纤维形貌特征存在差异，这是纸张纤维鉴别的重要依据。中国制浆造纸研究院曾对植物纤维显微特征进行了广泛的采集和整理，由王菊华主编的《中国造纸原料纤维特性及显微图谱》是造纸原料纤维特征识别的重要参考书。对常见几种造纸原料的纤维特征归纳总结如表 2-2 所示。

**表 2-2　常见几种造纸原料的纤维特征**

| 原料 | 长/mm | 宽/μm | 纤维形态特征 |
|---|---|---|---|
| 苎麻 | 100 | 30 | 较长，宽度不一，两头渐尖，端部呈钝圆形，有明显的横节纹、胞腔及纵向条纹 |
| 大麻 | 16 | 18 | 红棕色，纤维短细，尖端呈钝圆形，有明显的横节纹、胞腔及纵向条纹，胞腔小但比亚麻大且连续 |
| 亚麻 | 14 | 18 | 玫瑰红色，表面平滑，中段均匀，两端逐渐变细，有明显的横节纹、极小的胞腔 |
| 黄麻 | 2 | 17 | 黄色，表面木质化较高，宽度不一，有明显横节纹，细胞壁较厚，胞腔小 |
| 红麻 | 2~3 | 17~19 | 酒红色，两端尖削，有明显横节纹，胞腔大小不一 |
| 桑皮 | 12 | 12~14 | 熟紫红色，生黄绿色，有横节纹，有胶质膜，蜡状物，很少有草酸钙晶体 |
| 构皮 | 5~7 | 15~17 | 棕红色，与桑皮相似，有横节纹，有胶衣，胞腔明显，草酸钙晶体较多 |
| 三桠皮 | 3 | 9~18 | 与构皮、桑皮相似，中段明显较宽，两端变细，有横节纹，胶衣不如桑皮明显 |
| 雁皮 | 4 | 9 | 纤维常有扭曲现象，有横节纹，端部分枝如鹿角状，或收缩成球形，胞腔宽窄不匀，胶质膜没构皮明显，纤维壁薄不平滑，少数纤维腔内有胶状物，杂细胞较多 |
| 檀皮 | 3.5 | 12 | 紫红/蓝色，与雁皮相似，纤维壁上有稀疏横节纹，胞腔明显。纤维两端尖尖，也有分枝或球状的端部，薄壁细胞多呈三角形或方形，无晶型物及胶衣 |
| 狼毒草 | 5~6 | 10 | 有横节纹，可见胞腔，纤维两端尖削，杂细胞较多，体积较小 |
| 竹 | 1.5~2 | 15~18 | 纤维僵硬很少弯曲，壁厚纹孔稀少有明显的节状加厚，腔径小，常出现纵向条纹 |
| 稻草 | 1 | 9 | 有横节纹，胞腔小，无杆状薄壁细胞，表皮细胞锯齿端不甚尖削，不定形细胞较多 |
| 龙须草 | 2 | 10 | 1/3有横节纹，杂细胞少，主要表皮细胞呈齿峰较短秃的锯齿状 |
| 棉 | 10~40 | 12~38 | 酒红色，纤维壁光滑，没有纹孔，胞腔大且明显，胞腔中还经常有若干原生质体，纤维有扭曲现象，纤维纯净，无杂细胞，初生壁主要是蜡和果胶质 |

## 三、造纸工艺

明代宋应星在《天工开物·杀青》中以图文并茂的方式详细地记录了传统手工纸的制作工艺，如图 2-2 所示，主要造纸工艺包括切料、洗涤、浸灰水（浸沤）、蒸煮、舂捣、打浆、抄纸、晒纸和揭纸等。造纸用植物原料中最主要的杂质是果胶和木质素。果胶会使纤维粗硬成束，舂捣时不易分丝帚化。古代常用沤制（生物发酵法）来脱胶。木质素对造纸影响很大，它的存在会严重降低纸的强度和寿命，木质素本身容易氧化形成色素，使纸张易泛黄、老化变脆。造纸过程中常用碱性溶液（草木灰、石灰）蒸煮造纸用植物原料，使木质素尽可能去除。为了抄得质量较佳的纸张，如纸张表面平滑、润墨性好、既美观又能长久保存，在造纸过程中或成纸后会对纸张进行加工工艺处理，如施胶、加填涂布、染色、施蜡及砑光等。从目前对古纸可分析内容方面考虑，下面主要从中国古代抄纸方式、施胶、纸药加填、染色及施蜡等工艺方面进行概述。

图 2-2　古代造纸工艺流程图

### （一）抄纸方式

目前学者认为中国传统造纸技术有两种体系：一为抄纸法造纸；二为浇纸法造纸。两种造纸技术要点差异很大，且有不同的源流和分布区域。抄纸法造纸使用较多，其工艺流程是：剥料→浸泡→浆灰→蒸料→清洗→打浆→加纸药→抄纸→压榨→晾纸→分纸。浇纸法造纸的工艺流程是：剥料→清洗→煮料→捶打→捣浆→浇纸→晾纸→揭纸，这种工艺在云南的傣族、西藏和四川的藏族以及新疆的维吾尔族等地区仍然存在。比较这两种造纸工艺特点，可以看出抄纸法用活动式竹帘或草帘抄纸，有加纸药和压榨工艺，而浇纸法用固定帘模（布帘）抄纸，不加纸药，也没有压榨工艺。由于两种造纸工艺的差别，从纸张的外表即可揭示造纸工艺，如与抄纸法相比，浇纸法制造的纸主要有以下特征：浇纸法采用布帘造纸，纸的表面没有明显的帘纹，仅有织纹或织纹的纹理不明显；也没有压榨过程，因此造出的纸表面粗糙，纸张较松弛；另外，纸料浇在布帘上面，纤维分布不均匀，导致纸张厚薄不匀，一般较厚。利用以上这些特征，可将浇纸法制造的纸张和抄纸法制造的纸张在技术上进行区分[9]。

### （二）施胶工艺

文物中的胶结材料依据其化学成分可划分为蛋白质类、脂类（油脂和类脂）和糖类（碳水化合物）等。常见的文物蛋白质类胶料包括动物胶、鸡蛋和牛奶等，脂类包括干性油、动物油脂、蜡、天然树脂等，糖类则主要包括淀粉、蜂蜜、植物胶（如阿拉伯树胶、桃胶、黄芪胶等）[10]。纸张施胶是将胶黏剂施于纸张上，以改善纸张外观和性能，按施胶工艺不同可以分为纸内施胶和表面施胶。在造纸过程中，植物纤维经一系列的物理、化学处理后，纤维逐渐细化，与水搅拌形成浆液，浇纸法可直接利用浆液成纸；而对于抄纸法来讲，浆液中会加"纸药"，关于"纸药"工艺概述会在下文详细叙述，此外，浆液中也会加入适当的其他胶类物质，早期使用的是植物淀粉剂，将它渗入纸浆中搅拌均匀，再捞纸抄造，这便是纸内施胶。另一施胶方法是将施胶剂用刷子均匀地逐张刷在纸面上，再以光滑石头研光，为表面施胶。纸张施胶所用胶黏剂在不同历史时期、不同地区也有所发展和改变，常用施胶剂包含淀粉、动物胶和植物胶。由于淀粉的高分子中含有极性羟基键，它能与纤维素分子中的极性羟基键产生氢键缔合作用，能够提高纸张强度，填补纤维间的毛细孔，并且增加了纸张对水透过性的抵抗能力，同时改善了纤维在浆液中的悬浮性能，使得捞出纸张更加紧密和均匀，同时具有抗水性。纸张经过施胶后，表面更加平整光滑，不起毛，纸张的紧度、强度、抗水性更好，有时为提高纸张辟虫蠹性能，还会在胶料中加入花椒、白矾、熏陆香末等材料[11]。

纸质文物中胶类物质分析比较多的是利用 Herzberg 分析淀粉胶，而其他类胶分析比较少，国外相对较多一些。通过染色后颜色来判别胶结材料类型：分别是Hertzberg（淀粉测试）、Graff's（动物胶测试）、Raspail（松香树脂测试）和Alizarina S（明矾测试）。淀粉遇到 Hertzberg（碘–氯化锌）试剂会变蓝色；Graff's 是用 $CaSO_4$、$NaOH$ 和 $C_2H_5OH$ 混合的试剂，用该试剂测试纸张，若有明胶存在，纸张会变成紫色；Raspail 是蔗糖、$H_2SO_4$ 混合的试剂，用该试剂测试纸张，若有松香树脂存在，纸张会在几秒钟内变成红色；Alizarina S 是 $NaOH$ 和 $CH_3COOH$ 的混合试剂，用该试剂测试纸张，若有明矾存在，纸张会变成紫色[12]。除了通过化学试剂染色后的颜色来判别胶的类型外，也可以利用 Py-GC/MS、红外光谱技术来鉴定纸质文物中的胶结物。

### （三）"纸药"工艺

纸药，即植物黏液，是把猕猴桃藤、黄蜀葵根、槿叶、野葡萄、榆皮、仙人掌、沙松树根等植物的茎、叶或根，经过水浸、揉搓、锤捣等简单工序加工调制而成的黏性液体。在大多数传统抄纸工艺中，使用植物黏液是必不可少的一个环节，麻、树皮或竹篁等造纸原料经过沤、煮、漂洗、春捣等一系列工序加工成纸料，将纸料放入盛有清水的纸槽，兑成浓度适宜的纸浆，再兑入适量植物黏液，即可抄造。植物黏液最初是用来替代淀粉剂增加纸浆中纤维的悬浮度，主要有两方面的作用：一是作为"悬浮汁"，纸药与纸浆混合，能使纸浆中的纤维悬浮，均匀分散，这样抄造出来的纸张就比较均匀；二是作为"滑汁"，能防止抄造出来的纸页间相互粘连，湿纸容易揭开而不破。从古至今，已经发现并被利用的植物已多达 30 余种，其中比较重要的植物种类可参见表 2-3[13]。最早记载应用纸药的文献见于南宋人周密（1232—1298）的《癸辛杂识》："凡撩纸，必用黄蜀葵梗叶，新捣，方可撩，无则不可揭。如无黄葵，则用杨桃藤、槿叶、野葡萄皆可，但取其不粘也"。

表 2-3　造纸过程中常见纸药（植物黏液）种类[13]

| 植物名 | 学名及别名 | 分类 | 已知国内出产地 | 植物形态 | 制胶方法 |
|---|---|---|---|---|---|
| 黄蜀葵 | *Hibiscus manihot* L. 秋葵 | 锦葵科、蜀葵属 | 四川、浙江、江西、广东、山东、河北 | 一年生草本 | 取块根锤破、水浸 |
| 猕猴桃 | *Actinidia chinensis* Planch. 阳桃、山洋桃、鬼桃、绳梨、藤梨 | 猕猴桃科/属 | 浙江、湖南、安徽、四川、云南、贵州、广东、广西、河南、河北、陕西 | 野生多年生落叶藤本 | 取二年生鲜茎条切断、锤破、水浸，夏季加适量水、杨酸或硫酸铜溶液防腐 |
| 木槿 | *Hibiscus syriacus* 木槿花条 | 锦葵科 | 原产中国，各地均有栽培 | 落叶乔木 | 采取枝叶，加水煎成胶液 |
| 仙人掌 | *Opuntia dillenii* | 仙人掌科 | 原产巴西、阿根廷、中国西南部有野生 | 灌丛状肉质植物 | 取掌状茎干，春捣，水浸 |

　　纸药的使用约在唐末至五代期间或者更晚[14]。关于古纸文物上纸药分析报道较少。1901 年，威斯纳在分析新疆出土唐代文书时，发现纸张中不仅含有淀粉，还含有从地衣中提取的黏性物质。潘吉星先生认为，地衣中含有地衣聚糖（lichenin），即俗称的"苔淀粉"，化学式为 $(C_6H_{10}O_5)_n$。地衣的水津液具有黏滑性，这种植物黏液起到类似"纸药"的作用[15]。

　　（四）加填工艺

　　纸张施胶后，虽然改善了纸张的平滑和润墨性，但存在抗蛀性能不好和脆性大等问题。为克服这些不足，出现了加填工艺，将白色矿物细粉用胶黏剂或淀粉糊刷在纸面上，再予以阳光，既可增加纸的白度和平滑度，又可减少纸张透光度，纸面紧密，吸墨性好。加填工艺常用的填料有白垩碳酸钙（$CaCO_3$）、石膏（$CaSO_4 \cdot 2H_2O$）、石灰（$CaO$）、瓷土（$Al_2O_3 \cdot 2SiO_2 \cdot 2H_2O$）及滑石粉（$3MgO \cdot 4SiO_2 \cdot H_2O$）。具体加填过程是先将矿物粉碾成细粉后过筛，置于水中配成乳状悬浮液，不时进行搅拌，将悬浮液上面漂浮的杂质除去，然后将淀粉或胶置于悬浮液中，与之共煮，充分搅拌制成涂布液。涂布液制成后，用排笔蘸匀，涂刷于纸面上。干燥后，涂布材料便黏结在纸的表面。由于纸上有刷痕，所以还要进行研光工艺。这类加填纸张的纤维被矿粉颗粒遮盖的现象在显微镜下清晰可见，可以利用 X 射线荧光光谱、扫描电子显微镜能谱、红外光谱和拉曼光谱等技术对纸质文物的填料进行分析[16,17]。

## （五）染色及施蜡工艺

蜡笺纸是对桑皮纸、构皮纸或麻纸等手工纸进行加工（加填、施蜡和染色等）而成的一种名贵的纸张，具有表面光滑、抗水性强、易于书写和防虫等优势[18]。唐代蜡笺纸盛行，明清时期是其发展的高峰时期，现存很多皇帝诏书和书法作品都是在蜡笺纸上书写[5]，蜡笺纸文物是纸质文物保护工作中非常重要的一部分。

蜡笺纸中两个非常重要的工艺就是染色和施蜡工艺。染纸技术的出现主要是出于防蠹和美学效果的考虑[19]。将本色纸染成各种颜色后，不仅增添其外观美感，而且可以改善其性能，如起到防蛀作用。染色纸主要有染潢纸、青纸、紫纸、五色纸、瓷青纸和色笺纸等。新疆民丰县尼雅东汉墓出土的黑色古纸则表明，至少在东汉就已经出现染色纸[20]。魏晋南北朝以后，继承了这种染潢技术，所造纸称为染潢纸。二世纪的刘熙《释名》说到"潢"字，就是染纸的意思。常用关黄柏（*Phellodendron amurence*）和川黄柏对纸张进行染黄，化学分析表明，黄柏皮内含生物碱，主要成分是小檗碱（berberine，$C_{20}H_{19}O_5N$）。另外，也有橡碗子、茶、槐米和栀子等黄色天然植物染料，用于纸质文物修复配纸的染色做旧，从而达到"修旧如旧"的修复效果[21]。染红纸一般用红花（*Carthamus tinctorius*），也有用豆科常绿小乔木苏木（*Caesalpinina sappan*）之心木染红，其花含红花色素（carthamin，$C_{21}H_{22}O_{11}$）；也可用豆科常绿小乔木苏木（*Caesalpinina sappan*）之心木染红，含红色素（brazilein，$C_{16}H_{12}O_5$）。染蓝则常用靛蓝（*Indigo*），取自蓼科蓼蓝（*Polygonumtinctoria*）、十字花科的菘蓝（*Isatis tinctoria*）、豆科的木蓝（*Indigofera tinctoria*）、爵床科的马蓝（*Strobilanthes flaccidifolius*）及十字花科的青蓝（*Isatis indigotica*）的茎叶，经发酵、水解及氧化制成。将黄、红、蓝三色染液按不同方式配制，可得各种各色如绿、紫及橙色等进行不同颜色染纸。但是紫纸则常用紫草（*Lithorpermum erythorhizon*）作为染料，紫草为多年生草本植物，其根部含乙酰紫草醌（Acetylshikonin），可作紫色染料。

用于染色纸的分析技术主要有拉曼光谱和高效液相色谱质谱法，主要对其染料成分进行分析。目前，分析出纸质文物上较多的染料是黄色的小檗碱、黄藤素，以及蓝色的靛蓝，红色的茜草素等[22-25]。

# 第二节　纸质文物分析方法

## 一、常用分析方法

纸张文物的常用分析方法包括光学显微镜观察法、扫描电子显微镜能谱联用分析法、拉曼光谱分析法和红外光谱分析法。

光学显微镜常用来观察纸质文物的纤维原料的显微形态特征、纸张表面情况（如帘纹、纤维交织、表面颗粒物质及病害特征等），进而可判别造纸纤维原料、工艺特点及老化病害等情况。应用偏光显微镜分析纸张中淀粉粒的大小、形态特征，进而可判别淀粉的来源。

扫描电子显微镜能谱联用技术可对纸质文物表面元素进行成分分析，根据元素判断加填、涂布等技术特点。关于此方面的分析，在纸质文物施胶、加填及涂布工艺部分有详细描述。此外，也可利用扫描电子显微镜分析纸质文物表面纤维特征、病害情况等如霉菌、细菌类微生物[26]。

拉曼光谱技术常用来对纸质文物表面颜料、染料进行物相鉴别。2000 年，Bell 等利用共振拉曼光谱技术，成功鉴别了公元 9 世纪（868 年）《金刚般若波罗蜜经》上的黄色染料，发现其主要含有盐酸小檗碱和黄藤素[27]。

傅里叶变换红外光谱（FTIR）主要针对是有机物官能团的分析，常被用作鉴别纸张和纺织品种类的辅助手段[28]。Garside 等利用红外光谱对六种纸张原料进行分析，得到了不同的特征峰[29]。兵马俑一号坑出土弓韬表面纺织品经红外光谱检测，得出了苎麻的结论[30]。在植物纤维中主要的峰有 $2900cm^{-1}$ 处 C—H 代表有机物，$1595cm^{-1}$ 处 C═C 代表木质素，$1105cm^{-1}$ 处 C—O—C 代表纤维素，对比不同纤维种类的方法有比率法、求导法等。红外光谱分析不仅能够反映纸张纤维的组成，而且有助于判断纸张表面的褐斑是否含有霉菌[31]。

## 二、应用热裂解气相色谱质谱法对纸张分析方法的优化研究

热裂解气相色谱质谱是一种适用于有机文物材料的高效手段，近年来在胶结材料、墨、漆器、考古残留物上的应用越来越广泛[32]。该技术在纸质文物分析上的应用相对较少，将通过控制裂解温度、分流比、是否进行样品衍生化等方面

来进行方法的优化研究，建立一种适合于纸质文物的纸张、胶黏剂、墨等多种材料分析的方法。热裂解气相色谱质谱仪由日本 Frontier Lab 公司的热裂解仪 EGA/PY-3030D 和日本岛津公司（Shimadzu，Japan）气相色谱质谱仪 GCMS-QP2010Ultra 组合而成。

EGA 多功能裂解炉逸出气体分析系统 multi shot pyrolyzer（EGA/Py-3030D）主要是用于对样品裂解温度的选择，目的是获得样品裂解温度条件，比较适合于对不熟悉样品进行 Py-GC/MS 分析前，先用 EGA 对样品进行分析，通过热谱图信息，获得样品 Py-GC/MS 分析比较适合的一个温度条件。EGA 多功能裂解炉采用低热量陶瓷加热器实现快速加热和冷却。炉温控制范围/温度稳定性：10℃至 1050℃/±0.1℃。接口温度控制范围/温度稳定性：40 ~ 450℃。EGA 柱子没有固定相，不分离，每个时间点都是混合物。

参数设置：EGA 开始温度为 100 ℃，以 20℃/min 速率程序升温至 600℃，总计 25min，进行 EGA 分析时，GC/MS 运行时间比 EGA 运行时间多 5min 以上即可，GC 那边的柱温箱为 300℃ 或 280℃，保持恒温不需要升温保留 30min，分流比为 1：10。

样品裂解温度计算方法：通过 EGA 分析获得的谱图上尾部处对应裂解炉温度，再加 50℃ 或 100℃ 即为获得样品的裂解温度条件。

应用 EGA 方法对传统中国四类常见手工纸进行分析，结果如图 2-3 所示，可以看出，四类手工纸的谱峰相似，在谱图中峰尾部保留时间分别是 7.3min 和 16.6min，通过 EGA 方法的计算，样品在 300℃ 下释放出部分物质，500℃ 下裂解大部分物质。

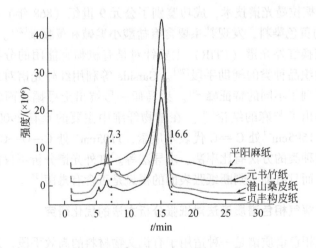

图 2-3　四类常见手工纸 EGA 分析获得的谱图

（一）不同裂解温度的比较研究

应用 Py-GC/MS 在不同裂解温度（200℃、300℃、400℃、500℃、600℃）下对贵州贞丰构皮纸进行分析，结果如图 2-4 所示，可以分析出，200℃ 和 300℃ 裂解温度下，在保留时间 30min 以前基本没有化合物，保留时间 30min 以后有烯烃和三萜类特征化合物。很明显，300℃ 裂解温度下谱图峰比 200℃ 裂解温度下出的峰要多，相对含量也较高。再分析 400℃、500℃ 和 600℃ 裂解温度下谱图信息，可以看出从 2min 到 65min 保留时间之间，均有较多峰存在，Py-GC/MS 分析的谱图中一个峰代表一个物质，明显看出高温条件下要比低温出的峰更多。因为在高温条件下，高沸点大分子化合物更容易气化。从化合物相对含量方面进行分析，500℃ 裂解温度下可获得更高的化合物相对含量，优于 400℃ 和 600℃ 裂解温度，此结果与 EGA 分析结果相同。另外，300℃ 裂解温度下获得化合物在 500℃ 裂解温度条件下同样可以获得，因此，后面的样品分析均采用 500℃ 裂解温度。纸张主要是由纤维素、半纤维素和木质素这类高聚合物组成，它们需要在高温下才能裂解为单体小分子物质，气化后进入色谱柱分离，通过质谱进行检测。500℃ 裂解温度下谱图中保留时间 30min 以前为纤维素、半纤维素和木质素的裂解产物，保留时间 50 ~ 60min 之间的大分子三萜特征化合物为植物纤维本身的特征物，是纤维原料鉴别的一个重要依据，这些三萜类特征化合物在 300℃ 裂解温度下就可以气化逸出，在 500℃ 裂解温度裂解比较完全。

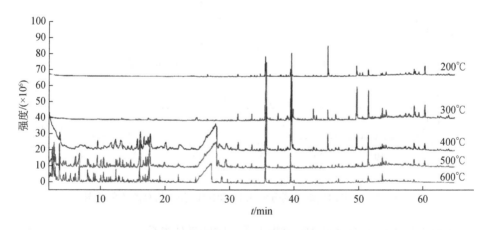

图 2-4　贞丰构皮纸不同裂解温度 Py-GC/MS 分析的总离子色谱图

（二）不同分流比的比较研究

分流比是样品气化后进入色谱柱的比例。在应用 Py-GC/MS 对样品进行分析前，参数设置可分流或者不分流，通常会选择分流分析，因为色谱柱的载量不是无限大，过多的化合物进入色谱柱会超载，造成分离效能下降，检测峰变形拖尾，或者出现谱宽情况，也会影响柱子的使用寿命。因此，在使用过程中会设置一个分流比，这样会使部分化合物进入色谱柱得到分离，部分会流出。

分流比的设置是根据样品量的多少进行选择。为了获得更佳的实验结果，当样品量多时可选择大分流比，样品量小时可选择小分流比。文物样品一般尽量采用无损或微损的分析方法，另外，纸张主要成分是纤维素、半纤维素和木质素，原料中保留的三萜物质本身不多，但这类三萜物质对样品的来源分析很重要。因此，1∶10分流比比较适合纸质文物样品的分析。

应用Py-GC/MS在不同分流比下（1∶10，1∶50，1∶100）对相同量的贵州贞丰构皮纸和浙江富阳元书竹纸分别进行分析，1∶10分流比是假如样品化合物总量为10份，1份进入色谱柱分离，9份流出去；1∶50分流比是假如样品化合物总量为50份，1份进入色谱柱分离，49份流出去；1∶100分流比意思是假如样品化合物总量为100份，1份进入色谱柱分离，99份流出去。分析结果如图2-5所示，可以看出在分流比1∶10情况下会获得更多的样品化合物。因此，应用Py-GC/MS对纸质文物进行分析时，采用分流比1∶10条件即可。

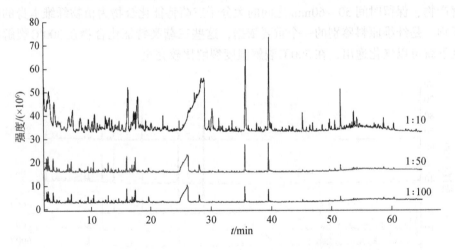

图2-5　贞丰构皮纸不同分流比Py-GC/MS分析的总离子色谱图

通过试验确定了Py-GC/MS分析纸质文物的最佳参数。

热裂解参数：热裂解温度500℃，热裂解时间12s，注射器温度280℃，注射器和色谱仪的连接接口温度320℃。

气相色谱质谱条件：色谱柱SLB-5MS（5%联苯/95%二甲基硅氧（烷）），长30m，内径0.25mm，膜厚0.25μm（Supelco）。日本岛津分析软件（Shimadzu

GCMS Real Time）用来控制 GC/MS。色谱柱所在烘箱的初始温度是 40℃，保持
3min；然后以 5℃/min 的速率升高到 325℃保持 5min。载气：氦气。柱前压力
15.4kPa，恒定流速 0.6mL/min，分流比 1∶10。

气相色谱和质谱仪的连接接口温度和电离室的温度分别是 280℃和 200℃。
质谱仪电离电压：70eV；扫描 0.5s，质荷比（m/z）为 50~750。

热裂解气相色谱质谱分析方法：每次实验前进行空样检测，确保没有其他污
染物再进行样品分析。取少量样品放入样品杯，使用自动进样器进样。用
NIST14 和 NIST14s 质谱数据库来鉴定分离后的化合物。

（三）直接热裂解法与甲基化热裂解法的比较研究

应用 Py-GC/MS 对样品进行分析时，可直接将样品放入小钢杯中进行分析，
也可先将样品放入小钢杯后加入 3μL TMAH（四甲基氢氧化铵试剂）后进行分
析，前者未对样品进行任何处理，可直接获得样品化合物信息，而后者加入
TMAH 的主要目的是有利于分析样品中脂肪酸和醇类物质检测。因为色谱柱是弱
极性柱子，对极性低的物质更容易分离出来，而对极性较强的物质较难分离检
测，加甲基化试剂的目的就是利用甲基化和样品化合物反应可降低化合物的极
性，使其容易分离检测。脂肪酸和醇类物质由于氢键极性较强，虽然直接热裂解
法也能测出部分脂肪酸和醇类物质，但要获得更多的样品信息，此类物质的检测
更适合甲基化处理后分析。

应用直接 Py-GC/MS 和 THM-Py-GC/MS 方法对贵州贞丰构皮纸进行分析，结
果如图 2-6 所示。可以看出，直接 Py-GC/MS 分析可获得样品更多化合物信息，
而甲基化试剂作用后虽然获得化合物较少，但它对于样品中脂肪酸和醇类化合物

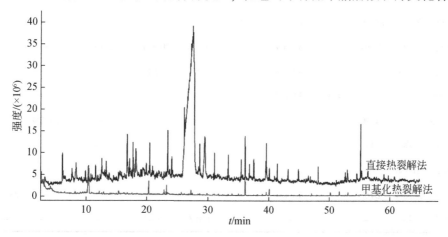

图 2-6　贞丰构皮纸直接热裂解和 TMAH 后 Py-GC/MS 分析的总离子色谱图

分析非常有效。因此，在对纸质文物进行分析时，首先应用直接热裂解法进行分析，然后根据样品情况选择性进行甲基化试剂作用后分析，如对蜡笺纸进行分析时，由于蜡本身就由大量脂肪酸、醇及烯烃类物质构成，可同时选择这两种方法对蜡笺纸类样品进行分析，直接热裂解分析主要是应用于纸张材料本身化合物的分析，而甲基化处理分析可对样品上蜡等成分进行分析。

## 第三节　应用 Py-GC/MS 对现代纸张的分析

### 一、应用 Py-GC/MS 对中国造纸原料的成分分析

中国已有两千多年的造纸经验，用于造纸的植物纤维原料种类十分丰富。为了了解不同造纸原材料的化学成分，应用 Py-GC/MS 对中国造纸植物原料的成分进行分析；造纸植物原料样品主要包含麻类（亚麻和黄麻）、桑科（构皮和桑皮）、榆科原料（青檀皮）、瑞香科原料（狼毒草、丽江荛花皮和山棉皮）、禾本目原料（稻草、龙须草）、旋花科原料（葛藤）及常用"纸药"（杨桃藤和仙人掌）等十几种植物原料。

通过 Py-GC/MS 检测出不同造纸植物原料的三萜特征化合物及其相对含量如表 2-4 所示，样品中检测出三萜类特征化合物的化学结构图见图 2-7。

表 2-4　多种造纸原料中三萜类特征化合物的相对含量比较

| | 豆甾类 | 谷甾类 | 胆甾类 | 香树脂类 | 环桉烯醇乙酸酯 | 羽扇豆类 | 羊毛甾类 | 24-亚甲基环木菠萝烷醇 | 麦角甾类 | 孕甾类 |
|---|---|---|---|---|---|---|---|---|---|---|
| 亚麻 | 75% | 21.9% | 3.1% | — | — | — | — | — | — | — |
| 黄麻 | 8.3% | 18.2% | — | 45.4% | 28.1% | — | — | — | — | — |
| 桑皮 | 1.9% | 4.9% | — | 57.3% | — | 11.7% | 20.6% | 3.6% | — | — |
| 构皮 | 7.1% | — | — | 52.9% | — | 17% | 22% | 1.1% | — | — |
| 青檀皮 | 64.1% | — | 4.3% | 31.6% | — | — | — | — | — | — |
| 狼毒草 | 37.3% | 47% | — | — | — | — | — | — | 15.7% | — |
| 荛花 | 高 | 低 | — | — | — | — | — | — | 低 | — |
| 稻草 | 100% | — | — | — | — | — | — | — | — | — |
| 龙须草 | 26.3% | 37% | — | 13.6% | — | — | — | — | — | 23.1% |
| 葛藤 | — | — | — | 100% | — | — | — | — | — | — |

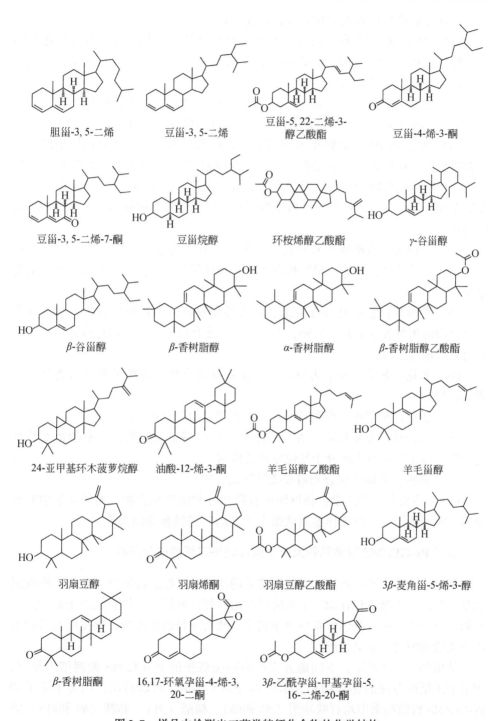

胆甾-3, 5-二烯　　豆甾-3, 5-二烯　　豆甾-5, 22-二烯-3-醇乙酸酯　　豆甾-4-烯-3-酮

豆甾-3, 5-二烯-7-酮　　豆甾烷醇　　环桉烯醇乙酸酯　　γ-谷甾醇

β-谷甾醇　　β-香树脂醇　　α-香树脂醇　　β-香树脂醇乙酸酯

24-亚甲基环木菠萝烷醇　　油酸-12-烯-3-酮　　羊毛甾醇乙酸酯　　羊毛甾醇

羽扇豆醇　　羽扇烯酮　　羽扇豆醇乙酸酯　　3β-麦角甾-5-烯-3-醇

β-香树脂酮　　16,17-环氧孕甾-4-烯-3,20-二酮　　3β-乙酰孕甾-甲基孕甾-5,16-二烯-20-酮

图2-7　样品中检测出三萜类特征化合物的化学结构

对每种植物原料的鉴别方法归纳总结如下：

（1）亚麻：亚麻中有豆甾类、谷甾类和胆甾类特征化合物，胆甾类化合物仅存在于亚麻和青檀皮中，而青檀皮有香树脂类特征化合物，亚麻没有此化合物，这点可用于鉴别亚麻；

（2）黄麻：黄麻中有豆甾类、谷甾类和环桉烯醇乙酸酯特征化合物，其中环桉烯醇乙酸酯未检测于其他原料中，可作为鉴别黄麻的参考；

（3）桑皮和构皮：桑树和构树同属于桑科类植物，检测结果比较相似，均有香树脂类、豆甾类、羽扇豆类、羊毛甾类和24-亚甲基环木菠萝烷醇特征化合物。这些特征化合物中香树脂类的含量最高，另外，羊毛甾类和24-亚甲基环木菠萝烷醇特征化合物未在其他原料中检测到，也可作为桑树和构树区分其他原料的特征之一；

（4）青檀皮：青檀皮中有豆甾类、胆甾类和香树脂类特征化合物，其中豆甾的相对含量最高，另外，胆甾和香树脂类同时存在可将青檀皮区分于其他植物原料；

（5）狼毒草：它主要有谷甾类、豆甾类和麦角甾类特征化合物，其中谷甾类化合物的相对含量最高，另外，麦角甾特征化合物的存在可容易将狼毒草的原料与其他进行区分；

（6）荛花：荛花中基本为豆甾类三萜特征化合物，麦角甾和谷甾类化合物含量较低；

（7）稻草：稻草中三萜类特征化合物很少，仅有豆甾-3,5-二烯；

（8）龙须草：龙须草除了香树脂酮和豆甾类特征化合物外，有孕甾类特征化合物，可作为龙须草区分于其他原料的依据；

（9）葛藤：葛藤中仅有羽扇豆类特征化合物。

（10）杨桃藤和仙人掌：杨桃藤中有降冰片和吡咯化合物，而仙人掌中有柠檬烯、酰胺特征物。可用作鉴别纸张中"纸药"杨桃藤和仙人掌。

## 二、应用 Py-GC/MS 对常见四大类中国传统手工纸的成分分析

现代传统手工纸：选用中国传统常见的四类手工纸，即麻纸、竹纸、构皮纸和桑皮纸，其中麻纸包含山西平阳麻纸和山西好古麻纸，竹纸有江西土纸和浙江富阳元书竹纸，构皮纸包含贵州贞丰构皮纸和贵州丹寨构皮纸，桑皮纸有安徽潜山桑皮纸和河北迁安桑皮纸。

结果如图2-8所示，不同地方生产的同类纸张的 Py-GC/MS 检测结果相同，四类手工纸所对应的化合物相关信息如表2-5所示。可以看出，四类手工纸的 Py-GC/MS 检测结果中均有呋喃酮（#4和#5）、糠醛（#11）和糖（#9和#15）类物质，为纸张中纤维素和半纤维素的裂解产物。四类手工纸的 Py-GC/MS 检测结

果之间的差异主要是：竹纸检测到大量苯酚类物质，分别是标记物#10、#12、#13、#14 和#16，对应化合物为（乙烯氧基）-苯、2-甲氧基-4-乙烯基苯酚、2，6-二甲氧基苯酚、2-甲氧基-4-（1-丙烯基）苯酚和 2，6-二甲氧基-4-（2-丙烯基）苯酚；桑皮纸与构皮纸在 52~65min 之间出现了大量的峰，主要检测为 β-香树脂酮（#19）和 α-香树脂醇（#20）和豆甾-3，5-二烯（#21）类的三萜物质，这些大分子三萜化合物是桑皮纸和构皮纸的特征化合物，而麻纸未检测出此类特征物质。

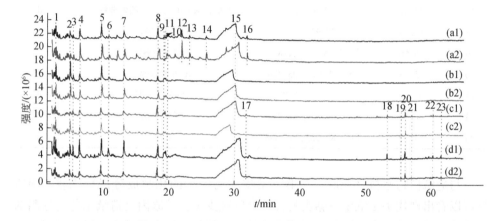

图 2-8 竹纸、麻纸、桑皮纸和构皮纸 Py-GC/MS 分析的总离子色谱图 （a1）浙江富阳元书竹纸，（a2）江西土竹纸；（b1）山西平阳麻纸，（b2）山西好古麻纸；（c1）安徽潜山桑皮纸，（c2）河北迁安桑皮纸；（d1）贵州贞丰构皮纸，（d2）贵州丹寨构皮纸（见彩图）

表 2-5 竹纸、麻纸、桑皮纸和构皮纸的主要热裂解化合产物

| 序号 | 保留时间/min | 主要离子峰（m/z） | 热裂解产物 | 样品 |
| --- | --- | --- | --- | --- |
| 1 | 2.86 | **74** | 未知 | a,b,c,d |
| 2 | 4.98 | **58** | 1,3 丙二醇 | a,b,c,d |
| 3 | 5.45 | **54**,84 | 未知 | a,b,c,d |
| 4 | 6.37 | 54,81,**96** | 2,5-二甲基-呋喃 | a,b,c,d |
| 5 | 9.72 | **55**,69,98 | 环己酮 | a,b,c,d |
| 6 | 10.81 | **57**,96,110 | 2,3-二甲基环己醇 | a,b,c,d |
| 7 | 13.13 | 55,69,**112** | 环烯 | a,b,c,d |
| 8 | 18.39 | **70**,85,123,138 | 2,3,6-三甲基-6-庚烯-1-醇 | a,b,c,d |
| 9 | 19.38 | 57,71,**97** | 3,4-脱水-D-半乳聚糖 | a,b,c,d |
| 10 | 19.88 | 91,**120** | （乙烯氧基）-苯 | a |
| 11 | 20.99 | 69,**97**,126 | 5-羟甲基糠醛 | a,b,c,d |

| 序号 | 保留时间/min | 主要离子峰($m/z$) | 热裂解产物 | 样品 |
|---|---|---|---|---|
| 12 | 21.92 | 77,107,**135**,150 | 2-甲氧基-4-乙烯基苯酚 | a |
| 13 | 23.15 | 96,111,139,**154** | 2,6-二甲氧基苯酚 | a |
| 14 | 25.70 | 77,91,131,149,**164** | 2-甲氧基-4-(1-丙烯基)苯酚 | a |
| 15 | 30.26 | **60**,73 | 1,6-脱水-$\beta$-D-吡喃葡萄糖 | a,b,c,d |
| 16 | 31.91 | 91,119,179,**194** | 2,6-二甲氧基-4-(2-丙烯基)苯酚 | a |
| 17 | 32.42 | 57,60,**73** | 1,6-脱水-$\alpha$-D-半乳呋喃葡萄糖 | c,d |
| 18 | 53.23 | **57**,97,125 | 1-二十二烯 | c,d |
| 19 | 55.66 | 95,189,203,**218** | $\beta$-香树脂酮 | c,d |
| 20 | 55.98 | 95,122,189,203,**218** | $\alpha$-香树脂醇 | c,d |
| 21 | 56.52 | 147,213,255,**396** | 豆甾-3,5-二烯 | c,d |
| 22 | 60.87 | 95,122,189,203,**218** | $\alpha$-香树脂醇 | c,d |
| 23 | 61.52 | 135,189,203,365,**408** | 未知 | c,d |

　　与造纸植物原料（亚麻、黄麻、桑皮和构皮）的化学成分进行比较，很明显可以看出现代手工纸中三萜类特征化合物减少了，其原因是造纸工艺对原料的净化处理得比较彻底，因此，成纸后的植物特征化合物有所减少。虽然经过现代的造纸工艺后纸张的特征化合物有所减少，但是仍保留部分特征化合物。

　　竹纸检测出的苯酚类化合物从其化学结构分析，2-甲氧基-4-乙烯基苯酚和2-甲氧基-4-（1-丙烯基）苯酚属于愈创木基木质素裂解产物，2,6-二甲氧基-4-（2-丙烯基）苯酚和2,6-二甲氧基–苯酚属于紫丁香基木质素裂解产物。木质素由苯丙烷结构单元构成，有愈创木基、紫丁香基和对羟苯基三种基本结构单元[33]。紫丁香基和愈创木基型木质素本身比对羟苯基型木质素难以去除[34]，这是竹纸中木质素含量高的原因。木质素在化学结构上极不稳定，容易受酸、碱和光照影响变黄、发脆[20]。根据纸质文物修复经验，竹纸耐久性不如皮纸，或许与竹纸中的木质素和皮纸中三萜类物质相关。

　　桑皮纸和构皮纸的纤维同属于桑科类植物纤维，应用 Py-GC/MS 进行分析，不容易区分，可应用传统纤维原料鉴别方法（Herzberg 染色法）进行纤维形态特征观察。

## 三、应用 Py-GC/MS 对西藏狼毒纸的成分分析

　　狼毒纸是我国西藏地区非常独特的一种纸张。狼毒草如其名，本身具有毒性，可防虫抗菌，用其制成的纸张也具有防虫、抗霉菌的功能。应用 Py-GC/MS

对西藏地区的现代传统狼毒手工纸进行分析，结果如图2-9所示，对应的化合物见表2-6。狼毒纸的裂解产物主要包含呋喃、糖类化合物、苯酚类物质、大量的三萜植物甾醇化合物和高含量脂肪酸及其衍生物。与四大类传统手工纸 Py-GC/MS 分析结果相似，呋喃、酮结构物质（环己酮、3-甲基环戊烷-1，2-二酮、3-乙基-2-羟基-2-环戊烯-1-酮、2，5-二甲基呋喃和5-羟甲基糠醛等），糖类物质（3,4-脱水-D-半乳糖和1,6-脱水-$\beta$-D-吡喃葡萄糖）和一系列烷烃、烯烃类物质（（$E$）-5-十四烯、（$Z$）-7-十六烯、（$E$）-5-十八烯和（$E$）-5-二十烯等）是狼毒纸中纤维素和半纤维素的裂解产物。检测出的苯酚类物质（2-甲氧基-4-乙烯基苯酚、2,6-二甲氧基苯酚）是木质素的裂解产物，说明在狼毒纸制作中木质素未能去除干净。另外，狼毒纸中检测到大量三萜类特征化合物，包括3$\beta$-麦角甾-5-烯-3-醇、豆甾-3,5-二烯、豆甾-5,22-二烯-3-醇乙酸酯、$\beta$-谷甾醇乙酸酯、$\beta$-谷甾醇和豆甾-3,5-二烯-7-酮，其中3$\beta$-麦角甾-5-烯-3-醇、豆甾-5,22-二烯-3-醇乙酸酯、$\beta$-谷甾醇乙酸酯和$\beta$-谷甾醇等为植物甾醇类物质，化学结构如图2-10所示。除了三萜类特征化合物外，狼毒纸中还检测到了大量脂肪酸及衍生类物质，如（$Z$）-9-十六烯酸甲酯、甲基环戊烷二酸（$Z$）-11-十六烯酸、甲基-9,12-十八碳二烯酸和棕榈酸乙烯酯等。

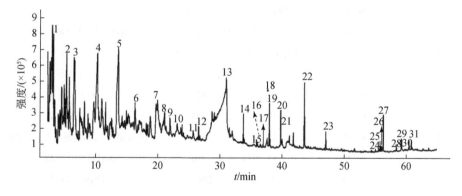

图 2-9　狼毒纸 Py-GC/MS 分析的总离子色谱图

**表 2-6　狼毒纸 Py-GC/MS 分析的热裂解产物**

| 序号 | 保留时间/min | 主要离子峰（$m/z$） | 热裂解产物 |
|---|---|---|---|
| 1 | 3.15 | 57, **74** | dl-高丝氨酸 |
| 2 | 5.28 | **58** | 1，3-丙二醇 |
| 3 | 6.46 | 53, 82, **96** | 2，5-二甲基呋喃 |
| 4 | 10.27 | **55**, 69, 98 | 环己酮 |
| 5 | 13.64 | 55, 69, 83, **112** | 3-甲基环戊烷-1，2-二酮 |

续表

| 序号 | 保留时间/min | 主要离子峰 (m/z) | 热裂解产物 |
|------|-------------|-----------------|-----------|
| 6 | 16.31 | 55, 83, 97, **126** | 3-乙基-2-羟基-2-环戊烯-1-酮 |
| 7 | 19.70 | 57, 71, **97** | 3, 4-脱水-D-半乳糖 |
| 8 | 19.94 | 69, **97**, 126 | 5-羟甲基糠醛 |
| 9 | 21.97 | 77, 107, **135**, 150 | 2-甲氧基-4-乙烯基苯酚 |
| 10 | 23.13 | 96, 111, 139, **154** | 2, 6-二甲氧基苯酚 |
| 11 | 25.69 | **77**, 103, 125, 168 | 未知化合物 |
| 12 | 26.57 | **55**, 97, 111, 125 | (E) -5-十四烯 |
| 13 | 30.96 | **60**, 73 | 1, 6-脱水-β-D-吡喃葡萄糖 |
| 14 | 33.75 | **55**, 97, 111, 125 | (Z) -7-十六烯 |
| 15 | 36.47 | **55**, 74, 87, 152 | (Z) -9-十六烯酸甲酯 |
| 16 | 36.59 | 55, **74**, 87, 143 | 甲基环戊烷二酸 |
| 17 | 36.93 | **55**, 69, 83, 97 | (Z) -11-十六烯酸 |
| 18 | 37.61 | **73**, 129, 213, 256 | 正十六酸 |
| 19 | 37.97 | **55**, 97, 111, 125 | (E) -5-十八烯 |
| 20 | 39.80 | **55**, 83, 97, 111, 125 | (E) -5-二十烯 |
| 21 | 39.99 | **55**, 95, 123, 294 | 甲基-9, 12-十八碳二烯酸 |
| 22 | 43.57 | **55**, 69, 83, 97, 111, 125 | 1-二十二烯 |
| 23 | 47.04 | **55**, 97, 111, 125 | 1-二十烷醇 |
| 24 | 55.00 | 55, 105, 145, **382** | 3β-麦角甾-5-烯-3-醇 |
| 25 | 55.77 | 147, 213, 255, **396** | 豆甾-3, 5-二烯 |
| 26 | 55.97 | 55, 81, 145, **394** | 3β-豆甾-5, 22-二烯-3-醇乙酸酯 |
| 27 | 56.27 | 147, 213, 255, **396** | β-谷甾醇乙酸酯 |
| 28 | 58.39 | 57, 83, 97, **239** | 棕榈酸乙烯酯 |
| 29 | 59.22 | 55, 105, 145, 329, **414** | β-谷甾醇 |
| 30 | 60.47 | 55, 91, **174**, 410 | 豆甾-3, 5-二烯-7-酮 |
| 31 | 60.87 | 57, 71, 123, **239** | 未知 |

　　查阅文献，狼毒纸中检测出的大量植物甾醇物质具有防虫、抗霉菌的作用，推测狼毒纸的毒性是这类植物甾醇的作用。如文献报道，植物甾醇类化合物，尤其是 β-谷甾醇具有抗菌的性能[35]；另有文献报道冷榨黑孜然籽油主要成分为脂肪酸和植物甾醇，两种籽油均具有明显的抗菌性能[36]；Roberts 等研究锥虫类寄生原生动物的抗菌主要化合物为甾醇类物质[37]；有文献报道脂肪酸及其衍生物

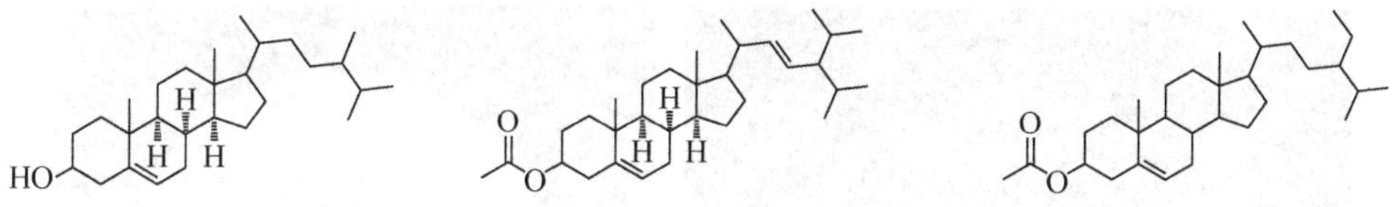

3β-麦角甾-5-烯-3-醇　　　　3β-豆甾-5,22-二烯-3-醇乙酸酯　　　　β-谷甾醇乙酸酯

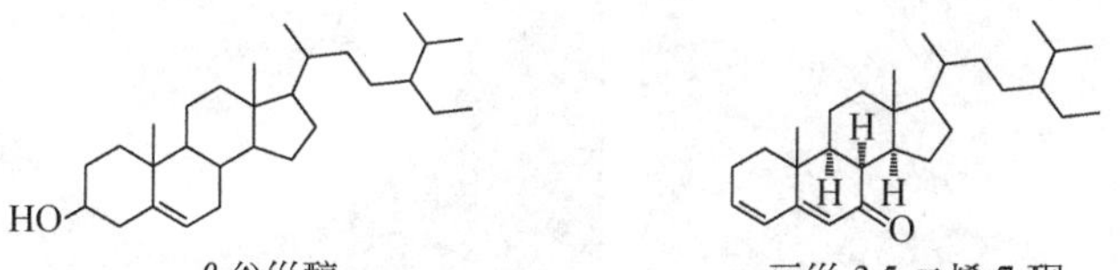

β-谷甾醇　　　　　　　　　豆甾-3,5-二烯-7-酮

图 2-10　狼毒纸中三萜类特征化合物的化学结构

能抑制纸质材料上常见的黑曲霉、黄青霉和白色念珠菌等的生长[38-40]。因此，狼毒纸上检测的植物甾醇类物质、脂肪酸及其衍生物不仅是狼毒纸纤维鉴别的特征化合物，而且是狼毒纸防虫、具有抗菌功能的原因。

应用 Py-GC/MS 对现代中国传统四大类手工纸、西藏地区的狼毒纸与造纸植物原料特征化合物进行对比，现代手工纸在经过造纸工艺后特征化合物有所减少，但仍有保留，可用来区分不同原材料的纸。

# 第四节　对中国古代墨和纸质文物的分析

## 一、湖北江陵九店战国墓出土墨的成分分析

1981 ~ 1989 年发掘的湖北江陵九店墓地坐落在楚故都纪南城东北 1.2 ~ 1.5km 的施家洼、范家坡的丘陵地带[41]，其 M56 号墓（战国晚期墓葬）出土的随葬品包含竹简一卷，内裹铁刀和漆墨盒，盒内盛墨，如图 2-11 所示，其中部分墨已粉化，比较完整的一块墨为板状，尺寸为 2.1cm 长，1.3cm 宽，0.9cm 厚[42]。江陵九店出土墨的年代确定为战国时期，与我国最早的人工墨云梦睡虎地出土墨同期，是我国早期制墨原料和工艺研究的重要材料。

我国墨具有悠久历史，其主要原料是烟炱和胶结构，另有少量添加剂用于改善墨的耐久性、黏度、色泽、气味以及防腐防蛀等性能[43]。常用的添加剂有樟脑、冰片、丁香、麝香和生漆等[44]。《齐民要术》中记载了墨是用烟炱、动物胶和添加剂混合经揉捏、捶打、模制和干燥等工艺制成。我国早期墨主要是松烟墨，松烟是利用香柏、冷杉、铁杉、落叶松、松树和云杉树等在不完全燃烧情况下获得的，松烟墨的制备工艺至汉代已经大致完成，历朝历代均有传承和发

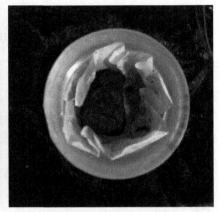

图 2-11　现存湖北博物馆的江陵九店出土文书用具（左）和墨（右）

展[45]。11 世纪后油烟墨的使用较多，油烟主要是由植物油、动物油燃烧所得[46]。关于墨的科技分析，有学者应用扫描电子显微镜（SEM）[47] 和透射电子显微镜（TEM）[48] 对墨颗粒形态和粒径分布情况进行分析，可初步判别墨类型，但此方法对墨中混合化合物如胶结物、添加剂等信息未知。热裂解气相色谱质谱法具有高效、灵敏、样品前处理简单、需要样品量少等优势，可对混合化合物进行很好的分离和鉴别，适合古墨分析。烟炱的裂解产物多环芳烃（PAHs）主要包含菲、荧蒽、芘、三亚苯和苯并 [k] 荧蒽物质，其中苯并 [k] 荧蒽相对含量的高低可作为松烟墨和油烟墨的一个判断标准，另外，松烟墨有松木类特殊的裂解标记物[49,50]。

（一）应用红外光谱对江陵九店战国墓出土墨的分析

应用溴化钾压片法制备现代油烟墨、松烟墨和江陵九店战国墨样品，进行红外光谱分析，结果如图 2-12 所示。1595cm⁻¹ 附近吸收峰为苯环骨架中 C＝C 键的伸缩振动吸收；1716cm⁻¹ 处吸收峰为羧酸羰基 C＝O 的伸缩振动，表明分子中含有羧酸结构；2923 和 2855cm⁻¹ 附近有强的吸收峰，为亚甲基和甲基中 C—H 的对称和反对称伸缩振动；3421cm⁻¹ 处的吸收峰归属于表面 OH、COOH 和化学吸附水的 O—H 伸缩振动。另外，与现代松烟墨和油烟墨的红外峰比较，不同的是江陵九店战国墨在 1031cm⁻¹ 和 1092cm⁻¹ 附近有红外吸收峰，为醇中 C—O 键伸缩振动，表明样品中应有醇类物质。

通过红外光谱分析，在检测到墨中烟炱同时，检测出江陵九店战国墨中有羧酸和醇类物质，未检测出蛋白质相关官能团的红外吸收峰。

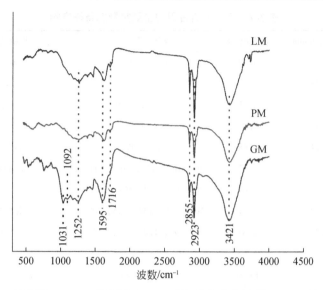

图 2-12 油烟墨（LM）、松烟墨（PM）和江陵九店战国墨（GM）的 FTIR 图

## （二）Py-GC/MS 分析

江陵九店战国墨的 Py-GC/MS 分析的总离子色谱图如图 2-13 所示，对应的主要化合物见表 2-7。通过数据分析和整理，江陵九店战国墨中获得的裂解产物主要可归为以下四大类：①一系列多环芳烃类化合物（PAHs）：菲（S1）、荧蒽（S2）、芘（S3）、三亚苯（S4）、苯并［k］荧蒽（S5）类化合物；②松木类物质燃烧所产生的特征化合物，如惹烯（T1）、脱氢松香酸甲酯（T2）等；③樟脑（Cam）化合物；④相当高含量雪松油类相关的芳香化合物：α-柏木烯（E1，相对含量 5.82%）、β-雪松烯（E2，相对含量 3.67%）、花侧柏烯（E3，相对含量 3.21%）和雪松醇（E4，相对含量 8.87%）。

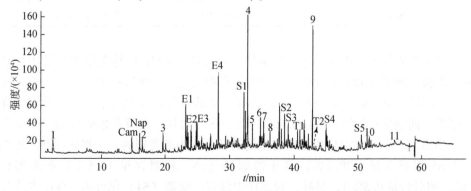

图 2-13 江陵九店战国古墨的 Py-GC/MS 分析的总离子色谱图

### 表 2-7 江陵九店古墨的主要热裂解特征产物

| 序号 | 保留时间/min | 峰面积/% | 主要离子峰（m/z） | 裂解化合物 |
|---|---|---|---|---|
| 1 | 2.47 | 2.67 | 51, 78, **104** | 苯乙烯 |
| Cam | 14.76 | 1.90 | 55, 81, **95**, 108, 152 | 樟脑 |
| Nap | 15.93 | 2.35 | 51, 102, **128** | 萘 |
| 2 | 16.42 | 1.23 | **55**, 69, 97, 168 | 1-十二烷醇 |
| 3 | 19.61 | 2.68 | 115, **142** | 1-甲基萘 |
| E1 | 23.18 | 5.82 | 93, 105, **119**, 161, 204 | α-柏木烯 |
| E2 | 23.4 | 3.67 | 69, 93, 133, **161**, 204 | β-雪松烯 |
| E3 | 24.94 | 3.21 | 105, 119, **132**, 145, 202 | 花侧柏烯 |
| E4 | 28.22 | 8.87 | 69, 95, **150**, 161, 204 | 雪松醇 |
| S1 | 32.2 | 6.66 | 76, 89, 152, **178** | 菲 |
| 4 | 32.77 | 14.97 | **77**, 121, 214 | 1, 2-二苯氧基-乙烷 |
| 5 | 33.54 | 2.42 | **58**, 85, 124, 250 | 6, 10, 14-三甲基-2-十五酮 |
| 6 | 34.8 | 3.56 | **192** | 3-甲基菲 |
| 7 | 35.3 | 3.97 | 95, **192** | 2-甲基蒽 |
| 8 | 36.28 | 1.72 | 101, 150, **204** | 2-苯基萘 |
| S2 | 38.53 | 5.44 | 88, 101, **202** | 荧蒽 |
| S3 | 39.1 | 5.26 | 88, 101, **202** | 芘 |
| T1 | 40.9 | 2.67 | 189, 204, **219**, 234 | 蒀烯 |
| 9 | 42.85 | 11.78 | **179**, 261, 343 | 未知 |
| T2 | 43.12 | 0.60 | **239**, 299, 314 | 脱氢松香酸甲酯 |
| S4 | 45.13 | 2.55 | 101, 113, **228**, 229 | 三亚苯 |
| S5 | 50.52 | 4.85 | 113, 125, **252** | 苯并 [k] 荧蒽 |
| 10 | 52.03 | 0.82 | 239, 321, 403, **485** | 未知 |
| 11 | 55.79 | 0.34 | 138, **276** | 苯并 [g, h, i] 菲 |

江陵九店战国墨中检测出多环芳烃类化合物（PAHs）是墨中烟炱的主要热裂解产物。为了更清晰地分析烟炱中裂解产物情况，应用选择离子的方法对江陵九店战国墨中 PAHs（S1～S5）进行分析，结果如图 2-14 所示，并与现代参考样松烟墨、油烟墨及炭黑中 PAHs 的相对含量进行对比。根据前期研究结果，苯并 [k] 荧蒽（S5）在 PAHs 中相对含量的高低可作为墨类别的一个判断标准，松烟墨中 S5 相对含量（20.2%）高于油烟墨（S5，相对含量 12.5%）和炭黑样（S5，相对含量 9.5%），另外，炭黑样中没有三亚苯（S4）化合物。江陵九店战

国墨样品中检测出的 S5 在 PAHs 中的相对含量为 19.6%，与松烟墨相似，可判断战国墨为松烟墨。

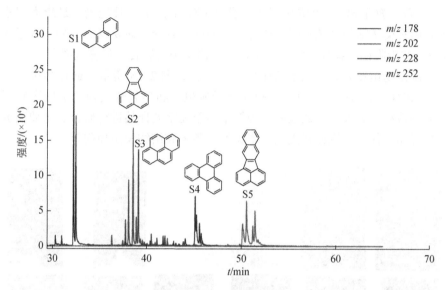

图 2-14　江陵九店古墨 Py-GC/MS 分析的选择离子色谱图

　　江陵九店战国墨中同时测出了樟脑化合物，化学结构见图 2-15，樟脑应为墨中的添加剂。古代制墨过程中常添加中药材，用于改善墨的黏度、色泽和气味等。另外，样品中还发现了相当高含量的雪松油相关芳香化合物，分别为 $\alpha$-柏木烯、$\beta$-雪松烯、花侧柏烯和雪松醇，这类物质检测说明江陵九店战国墨中使用了芳香剂雪松油的添加剂。

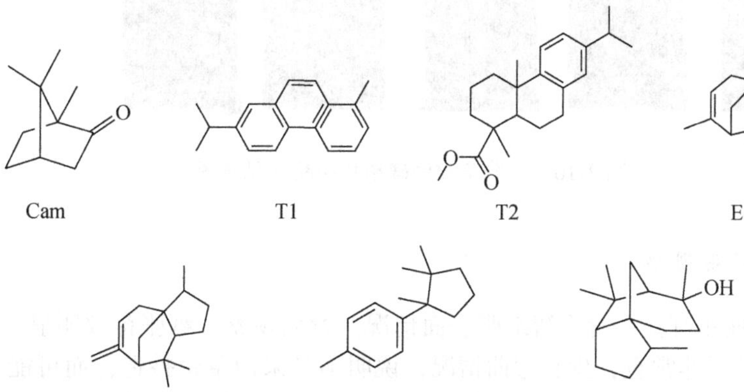

图 2-15　几类特征化合物的化学结构

## 二、三藏圣教序碑拓片的分析

《三藏圣教序碑》，唐咸亨三年（公元 672 年）十二月记刻。是唐太宗李世民为表彰玄奘法师赴西域各国求取佛经，回国后翻译三藏要籍而写的。太子李治（高宗）并为附记。释怀仁集晋王羲之书，诸葛神力勒石，朱静藏镌字。

婺源博物馆藏大唐三藏圣教序碑拓片文物如图 2-16 所示。通过多种实验手段（$^{14}$C 测年、Herzberg 染色法、扫描电子显微镜和热裂解气相色谱质谱）对江西婺源县博物馆藏大唐三藏圣教序碑拓本边条无字处样品进行研究，主要研究内容包括样品年代、纤维原料类型、墨类型、墨中胶结物及添加剂等。

图 2-16　三藏圣教序碑拓片样品（见彩图）

### （一）外观观察

样品正面拓有墨，看不清纸张表面情况。背面观察，纸张帘纹明显，密度 8 道/cm，帘纹线非常直，少有弯曲情况，说明不是采用草帘抄造，而可能是采用竹帘抄造。因此，样品纸张应是采用竹帘通过抄纸法制造而成。从纸张表面来看，纸质细薄，较平滑，纤维结构紧凑，纤维束较少，有明显的帘纹，且帘纹较直，说明样品纸张是可能采用竹帘通过抄纸法制造而成的。迄今，最早有帘纹纸的年代属于西晋，隋唐五代多用活动帘床纸模抄纸器。李晓岑老师曾研究新疆哈拉和卓墓地出土东晋到唐代古纸，认为其中有抄纸法造纸[51]。

### （二）扫描电子显微镜

对墨形态进行观察，墨颗粒细小，放大 20000 倍可清晰地观察到形态和结构，如图 2-17 所示，墨颗粒近球形，大小分布不均匀。中国墨大致可以分为松烟墨和油烟墨两大类。松烟墨是用富含松脂的松枝经不完全燃烧而获得的烟炱为主要原料制作而成，松烟颗粒为近球体，部分相邻颗粒间存在熔接现象，有些颗粒由多个近球体颗粒组合而成；而油烟墨是用桐油、麻油、猪油等动物油、植物油、矿物油脂经不完全燃烧而获得的烟炱为主要原料制作而成，油烟颗粒形态为较不规则的聚合体[48]。与文献中报道的墨颗粒形态对比，圣教序碑拓印本上墨与松烟墨的形态与结构相似，因此基本可断定为松烟墨。为了进一步确定墨类型及墨中胶结物和添加剂等信息，Py-GC/MS 将用于拓片样品的分析。

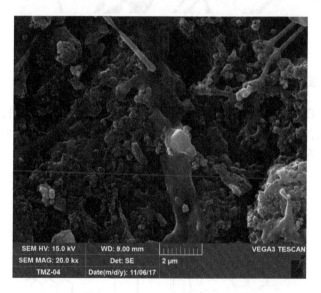

图 2-17　墨扫描电子显微镜形貌图（×20000）（见彩图）

### （三）Herzberg 染色法

首先，应用 Herzberg 染色法对纸张纤维进行分析，将分离、提取的样品纤维与碘–氯化锌染色剂作用后在显微镜下观察，结果如图 2-18 所示。可以看出纤维呈圆柱形，壁上有横节纹，纤维外壁上有层透明的胶质膜，端部尤为明显，很少有草酸钙晶体，杂细胞较少，纤维经过染色后显紫红色。另外，测量分析多数纤维宽度集中在 10 ~ 15μm，纤维长度集中在 4 ~ 6mm。分析结果显示，此样品纤维形态特征与桑皮纸纤维特征相吻合。

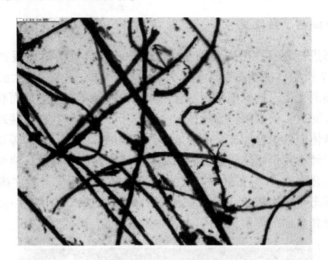

图 2-18　三藏圣教序碑拓片纤维显微形貌图（×10）

## （四）热裂解气相色谱质谱分析

应用 Py-GC/MS 对三藏圣教序碑拓片样品进行分析，结果如图 2-19 所示，对应的化合物见表 2-8。对数据进行归纳和整理，主要有 PAHs、吲哚、香树脂醇、惹烯、脱氢松香酸甲酯、薄荷醇和姜黄烯等化合物。

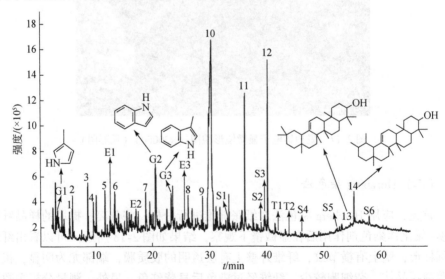

图 2-19　三藏圣教序碑拓片 Py-GC/MS 分析的总离子色谱图

**表 2-8 三藏圣教序碑拓片 Py-GC/MS 分析的主要裂解产物**

| 序号 | 保留时间/min | 主要离子峰（m/z） | 化合物 | 峰面积/% |
|---|---|---|---|---|
| G1 | 3.35 | 53, **80** | 3-甲基-1H-吡咯 | 1.40 |
| 1 | 5.32 | 51, 78, **104** | 苯乙烯 | 1.91 |
| 2 | 5.85 | 53, **67**, 96 | 2-甲基-2-环戊烯-1-酮 | 2.66 |
| 3 | 8.57 | 53, 67, **96** | 2, 4-二甲基呋喃 | 4.14 |
| 4 | 9.51 | 66, **94** | 苯酚 | 2.99 |
| 5 | 11.61 | **67**, 95, 110 | 2, 3-二甲基-2-环戊烯-1-酮 | 2.09 |
| E1 | 12.61 | 69, **109**, 119, 134 | 顺式对甲基-1（7），8-二烯-2-醇 | 1.36 |
| 6 | 13.35 | 79, **108** | 3-甲基苯酚 | 4.54 |
| E2 | 16.98 | 71, **81**, 95, 123, 138 | 薄荷醇 | 1.01 |
| 7 | 18.86 | **91**, 131 | 苯丙腈 | 2.56 |
| G2 | 20.57 | 63, 90, **117** | 吲哚 | 3.96 |
| G3 | 23.29 | 77, 103, **130** | 3-甲基吲哚 | 2.99 |
| E3 | 25.58 | 105, **119**, 132, 202 | 姜黄烯 | 0.66 |
| 8 | 26.2 | **55**, 69, 83, 97, 111 | 1-十五烯 | 1.68 |
| 9 | 28.73 | **55**, 69, 83, 97, 111 | 1-十七烯 | 1.48 |
| 10 | 30.29 | **60**, 73 | 1, 6-脱水-β-D-吡喃葡萄糖 | 44.04 |
| S1 | 33.2 | 76, 152, **178** | 蒽 | 0.63 |
| 11 | 36.2 | **74**, 87, 143, 270 | 棕榈酸甲酯 | 6.80 |
| S2 | 39.01 | 101, **202** | 荧蒽 | 0.40 |
| S3 | 40.05 | 101, **202** | 芘 | 0.43 |
| 12 | 40.18 | **74**, 199, 255, 298 | 硬脂酸甲酯 | 8.24 |
| T1 | 41.9 | 189, 204, **219**, 234 | 惹烯 | 0.37 |
| T2 | 44.02 | **239**, 299, 314 | 脱氢松香酸甲酯 | 0.20 |
| S4 | 46.07 | 101, 113, **228** | 苯并菲 | 0.25 |
| S5 | 52.33 | 113, 125, **252** | 苯并［k］荧蒽 | 0.32 |
| G4 | 52.77 | **57**, 95, 147, 353, 368 | 3-乙氧基-（3β）-胆固醇-5-烯 | 0.35 |
| 13 | 54.66 | 95, 135, 189, 203, **218** | β-香树脂醇 | 0.30 |
| 14 | 55.3 | 95, 135, 189, 203, **218** | α-香树脂醇 | 1.76 |
| S6 | 57.87 | 138, **276** | 苯并［g, h, i］苝 | 0.48 |

　　检测出的 PAHs（图 2-20）相对含量及松烟墨的特征化合物（惹烯和脱氢松香酸甲酯，图 2-21）说明三藏圣教序碑拓片样品中墨为松烟墨；纸张上特征化合物（β-香树脂醇和α-香树脂醇）与桑皮纸特征化合物相符合，结合 Herzberg 染色法对纤维形貌特征的观察，确定纸张纤维原料为桑皮纸。早期多用麻为原料造

纸，隋唐以后皮纸使用得多起来，如隋末的《妙法莲华经》是桑皮纸。唐代桑皮纸、楮皮纸、藤皮纸使用较多，且造纸工艺有所改进，纸张轻薄且光滑，质量非常好。另外，检测到薄荷醇（标记物 E2）和姜黄烯（标记物 E3）化合物，应为墨中添加剂。

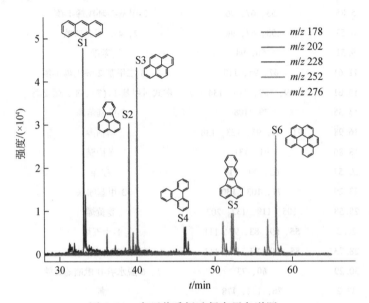

图 2-20　多环芳香烃选择离子色谱图

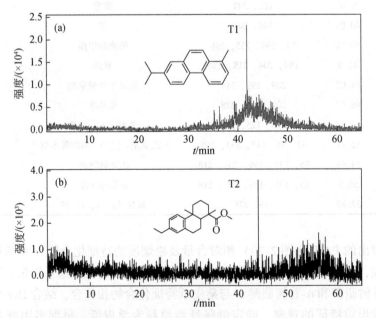

图 2-21　松烟墨特征化合物的选择离子色谱图：（a）$m/z$ 234；（b）$m/z$ 314

利用纸张纤维仪、扫描电子显微镜、热裂解气相色谱质谱和加速器质谱碳十四测年技术对江西婺源县博物馆藏大唐三藏圣教序碑拓本边条无字处样品进行研究，结果显示该拓本纸张可能是采用竹帘通过抄纸法制成的桑皮纸；圣教序碑拓本使用的墨为松烟墨，胶结材料为蛋清，添加剂为薄荷醇和姜黄烯。加速器质谱碳十四测年技术测定文物为清代初期拓印本。

### 三、清代李之锴行书七言对联蜡笺纸的分析

本小节对一幅清代李之锴行书七言对联文物（图 2-22）中的纸张纤维原料类型、蜡、黄色染料及装裱胶结材料等进行分析，该对联现收藏于婺源县博物馆，取画心部位少许蜡笺纸作为实验样品。

图 2-22 清代李之锴行书七言对联

#### （一）热裂解气相色谱质谱分析

应用 Py-GC/MS 方法对蜡笺纸样品进行分析，结果如图 2-23 所示，对应的化合物见表 2-9。与四种典型传统手工纸的 Py-GC/MS 分析结果对比，蜡笺纸中也有呋喃（#3、#4）、糠醛（#7）和糖类化合物（#9、#10、#11），均为纸张纤维素和半纤维素的裂解产物。另外，热裂解产物中有与桑皮纸、构皮纸相同的 $\beta$-香树脂酮（#21）和 $\alpha$-香树脂醇（#22）类大分子三萜物质，表明蜡笺纸所用的纸张为皮类纤维原料制造。与四种典型传统手工纸的 Py-GC/MS 分析结果对比，发现蜡笺纸的 Py-GC/MS 检测结果中还有吡咯（#1）和吡咯衍生物（#12、#13）、生物碱（#15、#17、#18）、脂肪酸（#14、#16）和醇（#19、#20）类物质。

吡咯及其衍生物可说明画心纸上有动物胶存在，说明装裱过程中使用的胶结材料有动物胶。文物中的胶结材料依据其化学成分可划分为蛋白质类（动物胶、蛋清）、脂类（干性油、动物油脂、天然树脂）和糖类（如淀粉）等。书画装裱

中常用的胶黏剂是淀粉和动物胶。

样品中检测出的生物碱包含5,10-二乙氧基-2,3,7,8-四氢-1*H*,6*H*-双吡咯[1,2-*a*:1′,2′-*d*]吡嗪、*N*-乙酰基-3-甲基-1,4-二氮杂二环[4.3.0]壬烷-2,5-二酮和2,3,6,7,8,8*a*-六氢化-1,4-二氧-吡咯[1,2-*a*]吡嗪-3-丙酰胺,它们的选择离子 *m/z* 均为70,推测应为蜡笺纸中黄色植物染料的裂解特征物。黄色植物染料如黄檗、黄连等色素的主要成分是生物碱类物质。

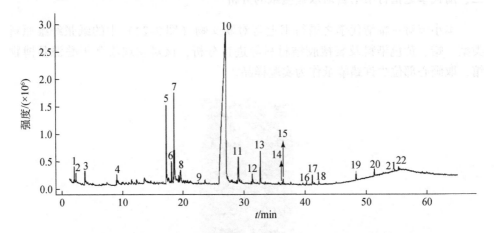

图 2-23　清代李之锴书法的蜡笺纸 Py-GC/MS 分析的总离子色谱图

表 2-9　清代李之锴书法的蜡笺纸 Py-GC/MS 分析的主要热裂解产物

| 序号 | 保留时间/min | 主要离子峰( *m/z* ) | 热裂解产物 | 峰面积/% |
|---|---|---|---|---|
| 1 | 1.98 | **67** | 吡咯 | 0.90 |
| 2 | 2.26 | **91** | 甲苯 | 0.49 |
| 3 | 3.74 | 67,82,**96** | 二甲基呋喃 | 0.93 |
| 4 | 8.99 | 53,67,81,96,**110** | 5-甲基-2-呋喃甲醛 | 0.73 |
| 5 | 17.2 | 57,**69**,85 | 未知化合物 | 4.51 |
| 6 | 18.07 | 57,**69** | 未知 | 1.23 |
| 7 | 18.54 | 69,**97**,126 | 5-羟甲基糠醛 | 7.24 |
| 8 | 19.56 | **57**,73 | 蔗糖 | 1.44 |
| 9 | 22.48 | 57,71,**97** | 3,4-脱水-半乳糖 | 0.06 |
| 10 | 27 | **60**,73 | 1,6-脱水-*β*-D-吡喃型葡萄糖 | 75.09 |
| 11 | 29.04 | 61,**73**,85 | 1,6-脱水-*α*-D-半乳呋喃糖 | 2.65 |
| 12 | 31.31 | 65,103,130,**186** | 苯并呋喃并[3,2-*d*]嘧啶-4(3*H*)-酮 | 0.67 |

续表

| 序号 | 保留时间/min | 主要离子峰(m/z) | 热裂解产物 | 峰面积/% |
|---|---|---|---|---|
| 13 | 32.71 | 83,98,**111**,126,154 | 六氢-吡咯并[1,2-A]吡嗪-1,4-二酮 | 1.80 |
| 14 | 36.19 | **74**,129,143,227,270 | 棕榈酸甲酯 | 0.08 |
| 15 | 36.35 | **70**,96,166,194 | 5,10-二乙氧基-2,3,7,8-四氢-1H,6H-双吡咯[1,2-a:1′,2′-d]吡嗪 | 0.26 |
| 16 | 40.2 | **74**,143,199,255,298 | 硬脂酸甲酯 | 0.13 |
| 17 | 41.17 | **70**,86,96,124,210 | N-乙酰基-3-甲基-1,4-二氮杂二环[4.3.0]壬烷-2,5-二酮 | 0.57 |
| 18 | 42.21 | **70**,208 | 2,3,6,7,8,8a-六氢化-1,4-二氧-吡咯[1,2-a]吡嗪-3-丙酰胺 | 0.24 |
| 19 | 48.29 | **57**,97,125,139,378 | 1-二十七烷醇 | 0.42 |
| 20 | 51.32 | **57**,97,125,139,392 | 二十八醇 | 0.28 |
| 21 | 54.66 | 135,189,203,**218** | β-香树脂酮 | 0.08 |
| 22 | 55.2 | 147,189,203,**218** | α-香树脂醇 | 0.19 |

长链脂肪酸和醇类物质是蜡的主要特征物质，为了进一步确认样品中蜡的热裂解特征物及使用蜡的类别，在样品中添加 TMAH 试剂后进行分析，其结果如图 2-24 所示，主要化合物见表 2-10。可以看出，从 C14 至 C28 的碳烃脂肪酸甲酯（#12、#13、#15、#17、#20、#21、#23、#25）、碳烯脂肪酸甲酯（#14、#16）、醚（#24）和醇（#22）类物质都存在，表明样品中有蜡存在。由于甲基化试剂作用，检测出的脂肪酸甲酯和醚类物质对应在样品中应为脂肪酸和醇类物质。因此，样品中检测到最长链是碳二十八脂肪酸，含量最高的酸为棕榈酸，依据文献，蜡笺纸中使用的蜡可推测为蜂蜡。

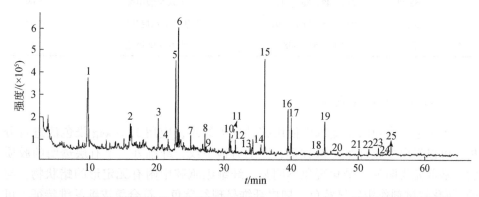

图 2-24 清代李之锴书法的蜡笺纸甲基化试剂 THM-Py-GC/MS 分析的总离子色谱图

**表 2-10　清代李之锴书法的蜡笺纸 THM-Py-GC/MS 分析的主要热裂解产物**

| 序号 | 保留时间/min | 主要离子峰（m/z） | 热裂解产物 | 峰面积/% |
|---|---|---|---|---|
| 1 | 9.7 | 57, **86**, 128 | 甘氨酸, N-（N-乙酰基-L-亮氨酸）-丁酯 | 24.70 |
| 2 | 16.03 | **111**, 140 | 庚-2, 4-二烯酸甲酯 | 3.24 |
| 3 | 20.23 | 69, **83**, 111 | 5-氨基-1-乙基吡唑 | 4.33 |
| 4 | 21.43 | 70, **98** | 2-吡咯烷酮-5-羧酸甲酯 | 0.73 |
| 5 | 22.81 | 73, **88**, 101 | 2, 3, 4-三甲基左旋葡聚糖 | 14.35 |
| 6 | 23.16 | 75, 88, **101** | 2, 3, 6-三-O-甲基-D-半乳吡喃糖 | 15.56 |
| 7 | 25.04 | 71, **113**, 142, 156 | 未知化合物 | 2.04 |
| 8 | 27.18 | **87**, 114, 131, 158 | 3, 4, 6-三甲氧基-D-葡萄糖 | 2.04 |
| 9 | 27.38 | 83, 125, **152**, 185 | 壬二酸二甲酯 | 0.56 |
| 10 | 30.81 | **83**, 112, 140, 168 | 未知化合物 | 2.46 |
| 11 | 31 | 70, **98** | 1-乙基-2-吡咯烷胺 | 0.97 |
| 12 | 31.68 | **74**, 143, 199, 242 | 十四烷酸甲酯/肉豆蔻酸甲酯 | 1.23 |
| 13 | 33.91 | **74**, 143, 213, 256 | 十五烷酸甲酯 | 0.80 |
| 14 | 35.53 | **55**, 194, 236, 268 | 棕榈油酸甲酯 | 0.88 |
| 15 | 36.04 | **74**, 143, 227, 270 | 棕榈酸甲酯 | 9.87 |
| 16 | 39.49 | **55**, 180, 222, 264 | 十八烯酸甲酯 | 5.30 |
| 17 | 40.05 | **74**, 143, 255, 298 | 硬脂酸甲酯 | 3.83 |
| 18 | 43.85 | 197, **239**, 299, 314 | 脱氢松香酸甲酯 | 0.22 |
| 19 | 45.02 | 71, **88** | 未知化合物 | 4.30 |
| 20 | 46.99 | **74**, 143, 311, 354 | 二十二烷酸甲酯 | 0.18 |
| 21 | 50.1 | **74**, 143, 339, 382 | 二十四烷酸甲酯 | 0.64 |
| 22 | 51.58 | **83**, 125, 336, 364 | 1-二十七烷醇 | 0.67 |
| 23 | 52.99 | **74**, 143, 367, 410 | 二十六烷酸甲酯 | 0.69 |
| 24 | 54.35 | **83**, 125, 364, 392 | 甲基二十八烷基醚 | 0.24 |
| 25 | 54.7 | **74**, 143, 438 | 二十八烷酸甲酯 | 0.16 |

## （二）Herzberg 染色法

为了进一步确认蜡笺纸中使用哪种皮类纤维，应用 Herzberg 染色法进行分析，可以看出多数纤维呈圆柱形，壁上有横节纹，纤维外壁上有层透明的胶质膜，端部尤为明显，帚化现象不明显，纤维细胞腔中附有无定形的蜡状物，与碘-氯化锌试剂作用后显黄色，韧皮纤维呈现红紫色，符合桑皮纸纤维特征，可判断画心纸是由桑皮和少量稻草类纤维原料混合而成。

采用 Py-GC/MS 分析对一幅清代李之锴书法的蜡笺纸文物，确定了蜡笺纸中的蜡、所用植物染料及装裱所用胶结材料。

# 第五节 结 论

中国是纸张的发源地，造纸用植物原料种类繁多。常用的纸质文物纤维原料鉴别方法是根据植物纤维的形态特征来鉴别。这种方法应用成熟，优点突出，但也存在一些问题，如老化严重的纸张纤维难以根据其形态特征进行鉴别，对分析人员的专业性和经验要求很高。另外，关于有墨的拓片、蜡笺纸等这类复杂的纸质文物常常难以对其进行分析。不同种类的植物原料具有特殊的化学特征物，通过纸张的化学成分分析可确定造纸植物纤维原料的特征化合物，进而对纸张纤维原料进行鉴定。应用 Py-GC/MS 方法对纸质文物的化学成分进行分析，达到纸质文物科技认知的目的。在选择最佳方法条件后，对多种未加工的造纸植物原料进行分析，归纳总结不同造纸植物原料的特征化合物，从亚麻和黄麻中检测出豆甾类、谷甾类、胆甾类及环桉烯醇乙酸酯化合物；在桑皮和构皮原料中检测出羽扇豆类、羊毛甾类和 24-亚甲基环木菠萝烷醇化合物；在青檀皮原料中检测出豆甾类、胆甾类和香树脂类化合物；在狼毒草原料中检测出谷甾类、豆甾类和麦角甾类特征化合物；在藤皮原料中检测出羽扇豆类特征化合物；龙须草中检测有孕甾类化合物；依据这些特征化合物，应用 Py-GC/MS 方法，结合传统 Herzberg 染色法不仅可分析纸质文物中纸张纤维原料信息，同时可检测纸质文物中墨类型、墨中添加剂及胶结物、蜡笺纸中施蜡材料、染料及胶结物等复杂样品信息。

## 参 考 文 献

[1] 潘吉星. 中国造纸技术史稿 [M]. 北京：文物出版社，1982.

[2] 童丽媛，鲁钢，孙大东，等. 不同年代凸版纸脱酸前后耐久性的比较 [J]. 文物保护与考古科学. 2015, 27 (2)：47-51.

[3] 张晓梅，卞景，韩秀琴. 清代档案纸张保存状况及劣变原因分析 [J]. 档案学通讯，2012，(4)：70-75.

[4] 李涛. 中国古代纸质文物的无损化学分析 [D]. 北京：中国科学院研究生院，2010.

[5] 郭文林，张小巍，张旭光. 清宫蜡笺纸的研究与复制 [J]. 故宫博物院院刊，2004，(6)：145-152.

[6] 易晓辉. 我国古纸及传统手工纸纤维原料分类方法研究 [J]. 中国造纸，2015, 30 (10)：76-80.

[7] 王菊华. 中国造纸原料纤维特性及显微图谱 [M]. 北京：中国轻工业出版社，1999.

[8] Clark F C. Paper Testing Methods：Microscopical, Chemical, and Physical Processes Described with

an Account of the Apparatus Employed ［M］. New York：TAPPI Publishing Corporation，1920.

［9］ 李晓岑. 浇纸法与抄纸法——中国大陆保存的两种不同造纸技术体系 ［J］. 自然辩证法通讯，2011，5：76-82.

［10］ 吴晨，王丽琴，杨璐，等. 气相色谱-质谱分析在文物有机物鉴定中的应用 ［J］. 分析化学评述与进展，2013，41（11）：1773-1779.

［11］ 张鹏宇. 中国传统加工纸的施胶工艺 ［C］. 第12、13届全国文物修复技术研讨会论文集，2015：422-426.

［12］ Sistach M C. Metodos para identificar colas, fibrasy otros elementos ［C］. Conferencia du IV Jornadas sobre Avances en Restauracion de Papel, La Vid（Burgos），2002.

［13］ 樊嘉禄. 中国传统造纸工艺研究 ［D］. 合肥：中国科学技术大学，2001.

［14］ 樊嘉禄，方晓阳. 对纸药发明几个相关问题的讨论 ［J］. 南昌大学学报（人文社会科学版），2000，31（2）：132-135.

［15］ 潘吉星. 中国古代四大发明：源流、外传及世界影响 ［M］. 合肥：中国科学技术大学出版社，2002.

［16］ 潘吉星. 新疆出土古纸研究——中国古代造纸技术史专题研究之二 ［J］. 文物，1973，（10）：52-60.

［17］ 王菊华. 中国古代造纸工程技术史 ［M］. 太原：山西教育出版社，2006.

［18］ 周理坤. 徐昌绪行书对联研究与保护修复 ［J］. 文物鉴定与鉴赏，2019，（4）：67-69.

［19］ 张秉伦，方晓阳，樊嘉禄. 中国传统手艺全集? 造纸与印刷 ［M］. 郑州：大象出版社，2005.

［20］ 金玉红. 试论中国最早的染色纸 ［J］. 中国造纸，2016，35（8）：71-74.

［21］ 巩梦婷，陈刚. 几种植物染料染色修复配纸的适用性研究 ［J］. 文物保护与考古科学，2013，25（3）：9-15.

［22］ Gibbs P J, Seddon K R, Brovenko N M, et al. Analysis of ancient dyed Chinese papers by high-performance liquid chromatography ［J］. Analytical Chemistry, 1997, 65（10）：1965-1969.

［23］ Zhang X, Corrigan K, Maclaren B, et al. Characterization of yellow dyes in nineteenth-century Chinese textiles ［J］. Studies in Conservation, 2007, 52（3）：211-220.

［24］ 王欢欢，程爱民，马清林，等. 甘肃武威博物馆馆藏大藏经用纸的相关工艺研究 ［J］. 中国造纸学报，2014，29（2）：33-37.

［25］ 李涛. 黑水城遗址出土西夏时期染色纸张的分析 ［J］. 西夏研究，2017，（3）：3-14.

［26］ Meynell G G, Newsam R J. Foxing, a fungal infection of paper ［J］. Nature, 1978, 274（5670）：466-468.

［27］ Bell S E, Bourguignon E S, Dennis A C, et al. Identification of dyes on ancient Chinese paper samples using the subtracted shifted Raman spectroscopy method ［J］. Analytical Chemistry, 2000, 72（1）：234-239.

［28］ 陈彪，李金海，张美丽. 红外光谱法在纸张分析中的应 ［J］. 光谱实验室，2012，29（2）：825-827.

[29] Garside P, Wyeth P. Identification of cellulosic fibres by FTIR spectroscopy: thread and single fibre analysis by attenuated total reflectance [J]. Studies in Conservation, 2003, 48 (4): 269-275.

[30] 杨璐, 黄建华, 申茂盛, 等. 秦始皇兵马俑一号坑出土弓韬表面纺织品残留物的红外光谱及显微分析研究 [J]. 光谱学与光谱分析, 2020, 40 (11): 3623-3627.

[31] Zotti M, Ferroni A, Calvini P. Microfungal biodeterioration of historic paper: preliminary FTIR and microbiological analyses [J]. International Biodeterioration & Biodegradation. 2008, 62 (2): 186-194.

[32] 魏书亚, 李倩倩, 付迎春. 文化遗产中的有机胶合材料 [J]. 科学, 2016, 68 (6): 36-39+3.

[33] 齐晓堃, 周文华, 杨永刚. 印刷材料及适性 [M]. 北京: 文化发展出版社, 2008.

[34] Lima C F, Barbosa L C A, Silva M N N, et al. *In situ* determination of the syringyl/guaiacyl ratio of residual lignin in pre-bleached eucalypt kraft pulps by analytical pyrolysis [J]. Journal of Analytical & Applied Pyrolysis, 2015, 112 (Mar.): 164-172.

[35] 吴海成. 玉米须甾醇的提取纯化及抑菌活性 [D]. 长春: 吉林大学, 2013.

[36] Ramadan M F, Asker M M S, Tadros M. Antiradical and antimicrobial properties of cold-pressed black cumin and cumin oils [J]. European Food Research and Technology, 2012, 234 (5): 833-844.

[37] Roberts C W, McLeod R, Rice D W, et al. Fatty acid and sterol metabolism: potential antimicrobial targets in apicomplexan and trypanosomatid parasitic protozoa [J]. Molecular and Biochemical Parasitology, 2003, 126 (2): 129-142.

[38] Rai M K, Upadyhyaya S, Andeo R M. Isolation of fungi from local bread of Chhindwara [J]. Indian Journal of Pathology and Microbiology, 1990, 33 (2): 179-181.

[39] Kabara J J, Vrable R, Liekenjie M S F. Antimicrobial lipids: Natural and synthetic fatty-acids and mono glycerides [J]. Lipids, 1977, 12 (9): 753-759.

[40] Buňková L, Krejčí J, Janiš R, et al. Influence of monoacylglycerols on growth inhibition of micro mycetes in vitro and on bread [J]. European Journal of Lipid Science and Technology, 2010, 112 (2): 173-179.

[41] 湖北省文物考古研究所. 湖北江陵县九店东周墓发掘纪要 [J]. 考古, 1995, (7): 589-605.

[42] 湖北省文物考古研究所. 江陵九店东周墓 [M]. 北京: 科学出版社, 1995.

[43] 阎春生, 黄晨, 韩松涛, 等. 古代纸质文物科学检测技术综述 [J]. 中国光学, 2020, 13 (5): 936-964.

[44] 王伟, 方晓阳. 中国古代制墨与中药关系的初步研究 [J]. 中国当代医药, 2010, 17 (16): 12-14.

[45] 王伟, 方晓阳. 中国古代松烟墨制作工艺源流 [J]. 出版与印刷, 2010, (1): 21-25.

[46] 管理. 海昏侯墓出土古墨考 [J]. 文物天地, 2020, (10): 69-71.

[47] 张宏斌, 余辉, 唐颐, 等. 松烟和油烟的表面化学性质研究 [J]. 文物保护与考古科

学, 2018, 30 (1): 91-99.

[48] 曹雪筠, 杨军, 方晓阳, 等. 江西南昌雷锚墓出土墨锭的分析研究 [J]. 文物, 2011 (2): 154-157.

[49] Wei S, Fang X, Yang J, et al. Characterization of the materials used in Chinese ink sticks by pyrolysis-gas chromatography-mass spectrometry [J]. Journal of Analytical and Applied Pyrolysis, 2011, 91: 147-153.

[50] Wei S, Fang X, Yang J, et al. Identification of the materials used in an Eastern Jin Chinese ink stick [J]. Journal of Cultural Heritage, 2012, 13: 448-452.

[51] 李晓岑, 郭金龙, 王博. 新疆民丰东汉墓出土古纸研究 [J]. 文物, 2014, (7): 94-96.

# 第三章　裱　糊　文　物

　　裱糊是一种在室内墙壁、顶棚、门窗等建筑物本体表面糊饰纸张或织物的建筑装饰工艺，始于明末，流行于清代北方地区，汇集了汉、满、蒙等多种文化元素和民族特色，是中国明清官式建筑的重要组成部分，拥有极高的历史、艺术、科学价值。

　　前人对于明清官式建筑裱糊的研究主要集中于档案整理、艺术风格分析、常用工艺和材料的综合性论述、特定地点裱糊现状的实地调研和科技分析，但对于故宫整体裱糊的科学信息还未进行过系统发掘。清末至今裱糊工艺逐渐没落，对宫廷建筑裱糊的修复修缮工作并无章法：修复材料耐久性差、补色材料选择不当导致与原状相差甚远、不合理的修缮使得裱糊逐层加厚等，使得珍贵的裱糊遗存的保存状况越来越差。因此，亟待对裱糊的材料和工艺进行系统的科学认知，为裱糊的相关工作人员提供材料选择依据与工艺规则，同时提高人们对裱糊这一珍贵的文化遗产的认识，将这项精美的工艺传承下去。故宫作为世界上规模最大的明清官式建筑群，是人类文明的共同瑰宝，拥有着丰富的裱糊遗存，并且采用了当时最精美的工艺和性能良好的材料，具有极高的研究意义。

　　采用多种科技手段对以故宫养心殿和乾隆花园为代表的明清官式建筑裱糊的糊饰层材料、颜料和胶结材料进行研究，揭示裱糊的制作材料和工艺，补充裱糊的科学信息，提高人们对裱糊的认知，为故宫复原裱糊珍贵样品的工艺提供科学支撑；揭示当时皇家的裱糊工艺水平，与文献档案上的记载进行对比，梳理不同建筑等级不同时期的裱糊工艺，补充历史档案中裱糊记载的薄弱处，探讨明清官式建筑裱糊的传统材料、失传工艺及后期的翻新维修痕迹。

## 第一节　明清裱糊工艺和材料

　　广义的裱糊分为两种：一是室内贴落、博缝、天花、镟花等建筑工艺，二是扎糊各种衣食住行所用物品形状的明器[1]。狭义的裱糊指的是明清官式建筑营造中一种常见的装饰种类，主要是对室内墙壁、顶棚、梁柱、隔扇、门窗等表面糊饰纸张或织物，以达到保暖或者美观的效果[2]。

　　关于裱糊最早的传说是东汉蔡伦从窗户上裱糊的缥丝飘絮中获得灵感才改进造纸术的，据此可以推测，或许是出于对房屋保暖、防风与透光的需求，在窗户上糊纸的这种做法在东汉甚至更早就出现了。根据明代的各类文献来看，虽然当时的官式建筑大多柁檩显露、遍施彩画，但室内糊饰窗扇采用楱纱纸，以纸糊壁，顶棚软天花的做法亦不罕见[3]。皇家建筑的裱糊在清初满族入关之后变得常见，是一项带有少数民族祭祀色彩的活动，普遍吊装顶棚、裱糊纸张，宣扬一种文人淡雅之美[4]。清雍正十二年颁布了《工程做法则例》，将裱作与木作、油作并列于古代建筑的营造技艺，裱糊作成为八大作之一[5]。随着清王朝的覆灭，古建筑使用功能改变，裱糊彻底退出了皇家生活的领域，裱作由机构演变成个体，工匠们带着传统官式裱作技艺回归民间。但民间对工艺和材料的要求远远落后于宫廷，因此精美的官式建筑裱糊工艺也就逐渐失传。

## 一、关于裱糊的研究概况

关于官式建筑裱糊的研究大致始于 20 世纪 80 ~ 90 年代，以档案整理和实地勘察的方式为主，也有少量裱糊样品科学分析的研究。

在裱糊档案的研究方面，文献"明清古建筑裱糊工艺及材料"不仅对糊饰层材料进行了更为详尽的叙述，还整理了白橙篦子、方井天花、海墁天花、裱糊墙体、博缝等工艺的工序做法[6]。王仲杰从档案研究和实地考察两方面介绍了清代宫廷三种裱糊窗户的方法，发现窗纸糊在内的做法适用于等级较高的建筑，通常为皇帝生活、工作的场所；窗纸糊在外则是受到满族祭祀氛围影响的做法，常用在建筑等级不高的建筑中[7]，为研究糊窗工艺及建筑等级与职能的关系提供了理论基础。学者对清宫门窗用纸裱糊进行档案研究后发现裱糊用材及工艺与建筑等级息息相关[8]：如建筑最高的三大殿使用高丽纸，侧配殿则使用档次较低的"毛头纸"；帝后的寝宫窗户均裱糊内侧面，三大殿、后三宫的窗户内外均有裱糊。之后，学者通过整理文献档案对四种主要的传统室内裱糊工艺及官式建筑糊卷窗技法工艺，以及顶棚白橙篦子的工艺做法进行论述[9]。最近，研究者通过文献整理对故宫养心殿建筑内檐糊饰进行研究，分析了养心殿内不同功能区域的裱糊风格变迁历程，并通过档案整理对养心殿区域裱糊相关的活计分类、匠役管理、物料来源及艺术风格进行概述[3,4]，见图 3-1。

21 世纪后，出现了对裱糊实地勘察的研究工作：研究者以宁寿宫花园精美的内檐装修为研究对象，开展了现场调查和史料分析等工作，记录了宁寿宫花园中各个建筑中的裱糊遗存位置及形制[10]；实地勘察了颐和园排云殿内的裱糊，记录了其材料、纹饰和工艺，并且结合档案记载的材料对其进行了保护复原，其中提到了剔除面筋的小麦淀粉更适合作为裱糊中的黏结剂[11]；通过对古建筑内檐棚壁遗存状况现场调研发现了目前裱糊工作的诸多问题，包括选用材料耐久性差、施工时未按照原工艺进行、维修工序治标不治本、顶棚负担逐年增重、使用不当的黏结剂等，呼吁重视裱糊传统工艺，逐步完善和传承这项精美工艺[5,12]。

使用科技手段对裱糊样品的材料进行科学分析的研究工作近年来才成为研究

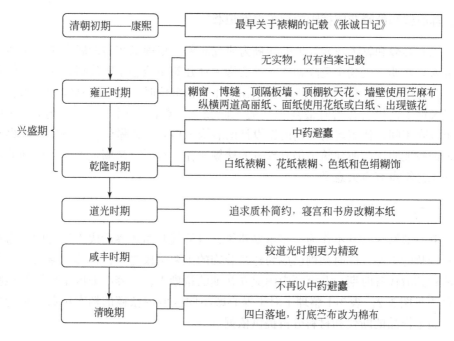

图 3-1 清朝宫廷糊饰风格变迁历程[3]

的重心。学者对故宫倦勤斋通景画现场勘察并取样进行了分析研究，结果发现裱糊用纸材料有竹纤维、剑麻与大麻混合纤维及桑皮纤维；颜料有石青、石绿、石黄、铅白；而胶结材料为骨胶[13]，并且依据实验结果对该通景画进行了补绘全色的修复保护工作。Pessanha 等[14]对 18 世纪中国的壁纸样品（类似于裱糊）使用 XRF、拉曼光谱和显微观察法对其材料进行科学分析，研究结果发现壁纸样品的纤维包含构皮、苎麻、亚麻等，使用的颜料为赭石、铅白、钡白、孔雀石等。马越等[15]对玉粹轩的清宫壁纸使用光学显微镜、扫描电子显微镜和气相色谱质谱仪进行了分析，结果发现该样品由五层背纸和三层印花图案组成，绿色颜料为氯铜矿、白色万字纹为白云母，胶结材料为松香和桐油；而故宫养心殿燕喜堂室内裱糊工艺则是以皮纸作为底层纸，因为皮纸的纤维较长、韧性较好；底层以上多使用纤维短、韧性差但价格低的竹纸裱糊[16]。在故宫宁寿宫花园遂初堂的四层"倭子蜡花纸"的裱糊遗存中，发现了靛蓝、蛤粉、铁红、云母等材料，且通过档案中的修缮记录可以推测这四层裱糊的制作年代[17]。

综上所述，对于官式建筑裱糊的研究主要是通过现场勘查和整理档案文献的方法，从匠作流派、裱糊材料、裱糊工艺和艺术风格等理论层面进行。而对裱糊系统的科学研究，有利于更好地复原这项濒临失传的工艺。

## 二、养心殿和乾隆花园裱糊的相关档案记载

以养心殿和乾隆花园等地的裱糊为研究对象，裱糊工艺的发展自雍正年间开始进入兴盛期，延续至乾隆朝[3]。养心殿主体建筑虽成型于明代嘉靖年间，但正式成为使用频率较高的高等级建筑是在雍正皇帝继位时，且一直延续到清末，其内檐装饰工艺代表着当时最高水平的工匠技艺。乾隆花园（又称宁寿宫花园）建于乾隆年间，代表着清中期内檐设计的装饰风格和工艺做法。大量实地勘察和文献记载证明这两所建筑中仍有珍贵的裱糊遗存，对研究裱糊发展、兴盛期的用材和工艺特点有重大意义。

### （一）养心殿裱糊

养心殿修建时并不作为一座重要建筑，自清代开始才逐渐成为皇帝的寝宫和日常理政的中心，此时裱糊已成为建筑装饰的主要手段之一，其建筑涵盖了从明末清初到清代各时期，乃至新中国成立初期的裱糊工艺。养心殿区平面图及裱糊遗存[4]见图3-2。表3-1整理了对于养心殿不同区域内裱糊的档案记载，可为后续实验中样品的断代和材料分析提供依据。

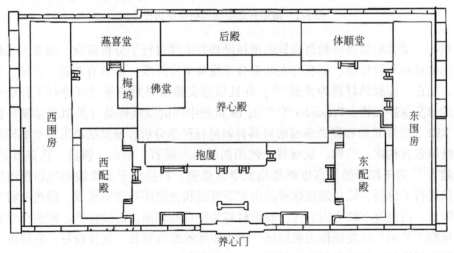

图3-2　养心殿内平面图（上）及裱糊遗存（下）

养心殿内裱糊遗存的档案记载了建筑内不同位置、不同历史时期的裱糊形制、材料和工艺等方面的内容，融合了满、汉、蒙等多个民族的文化与装饰元素，通过对养心殿不同区域的裱糊信息进行整理，有助于取到有价值的样品，如FT-1佛堂一层梅窗黑纸、XWF-2西围房万字牡丹银印花纸等。另外，样品的科技分析结果可以对裱糊材料的档案记载进行印证和补充，揭示宫廷裱糊工艺的发

展与演变。

**表 3-1 养心殿区域内裱糊相关档案[3]**

| 区域 | 时期 | 档案描述 | 珍贵裱糊遗存 |
|---|---|---|---|
| 东西暖阁 | 清早期 | 东西暖阁是两层白樟篦子顶棚，下层是平棚做法，上层软天花为五锭做法。天花基地采用梅花盘布法裱糊，这是种清代早期的做法 | 东暖阁银印花纸 |
| | 康熙二十九年 | 最早有关养心殿裱糊的记载《张诚日记》："大厅的两个耳房都是大间……这里却很朴素，既无彩绘金描，也无帷幔，墙上仅用白纸糊壁而已" | |
| | 乾隆元年 | 西暖阁仙楼楼梯框上糊楠木色绢 | |
| | 乾隆十一年 | 乾隆皇帝下令在西暖阁西墙通景裱糊白纸<br>东暖阁白纸以连四纸为主 | |
| | 道光十七年 | 《内务府活计档胶片 20 号》：<br>八月初一日，西暖阁前层着连窗户普通糊饰<br>九月十八日，养心殿西暖阁、勤政亲贤糊墙窗户从新打底，盖面着用雄黄面冲浆子<br>九月十八日糊饰养心殿东暖阁前后窗户，楼上屉子 | |
| | 咸丰二年 | 东暖阁内檐糊饰蓝地金钱菊花纸，隔扇糊饰月白纱 | |
| | 光绪三十二年 | 慈禧太后将东暖阁裱糊改为西方宫廷花洋布 | |
| 后殿 | 乾隆 | 裱糊花纸以各类蜡花纸、银母地倭子纸为主 | 暂无记载 |
| | 道光 | 改糊本纸 | |
| | 咸丰 | 咸丰元年：重新裱糊顶棚 | |
| | 20 世纪 50 年代 | 裱糊白纸 | |
| 体顺堂 | 乾隆 | 多裱糊各类蜡花纸、银母地倭子纸 | 西稍间西山墙小团龙纹银印花纸 |
| | 道光 | 糊饰倭子纸，局部糊饰连四纸 | |
| | 20 世纪 50 年代 | 体顺堂内檐和东庑房内檐裱糊白纸 | |

### （二）乾隆花园裱糊

乾隆花园又称宁寿宫花园，于乾隆三十七年（1772 年）至四十一年（1776年）改建宁寿宫时建成。南北长 160m，东西宽约 40m，位于宁寿宫后区的西部，以备乾隆皇帝归政后游赏，分布图见 3-3。其中抑斋、旭辉庭、遂初堂、萃赏楼、三友轩、延趣楼、符望阁、倦勤斋、云光楼、玉粹轩、竹香馆在内檐装饰上都使

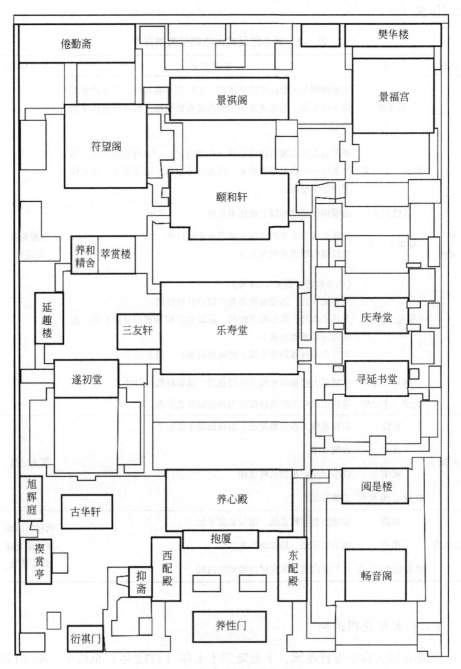

图 3-3　乾隆花园区域分布图

用了裱糊工艺[10]，其中抑斋、旭辉庭是帝王活动的次要建筑，其内檐装饰相对简陋；而遂初堂、延趣楼、倦勤斋、萃赏楼是主要的帝王活动空间，建筑室内拥有最丰富的装修工艺，其中的裱糊具有极高的研究价值。乾隆花园裱糊相关记载整理于表 3-2。

表 3-2　乾隆花园区域内裱糊相关记载

| 地点 | 裱糊状况 | 年代推测 |
| --- | --- | --- |
| 抑斋 | 白纸裱糊墙面 | 乾隆 |
| 旭辉庭 | 白纸裱糊墙面 | 乾隆 |
| 遂初堂 | 蓝地樱花纹饰裱糊 | 乾隆 |
| 三友轩 | 明间东、西两侧木壁板万字不到头银印花纸裱糊<br>西次间后檐槛窗缠枝西番莲印花纸裱糊<br>其余位置均为大白纸裱糊 | 不是原始修建的裱糊，为后期修缮补糊过的，具体年代还应进一步分析[18] |
| 符望阁 | 墙面绿色小团龙万字不到头银印花地纸<br>万字不到头银印花地纸 | 乾隆至光绪 |
| 倦勤殿 | 西四间仙楼戏台室内万字地小团龙银印花纸<br>墙面绿色小团龙万字不到头银印花地纸 | 乾隆 |
| 萃赏楼 | 绿色菊花万字不到头银印花地纸<br>墙面绿色缠枝花卉万字不到头银印花地纸<br>绿色小团龙万字不到头银印花地纸 | 乾隆 |
| 养和精舍 | 顶棚的洒金蓝绢<br>绿色菊花万字不到头银印花地纸<br>绿色缠枝花卉万字不到头银印花地纸<br>绿色小团龙万字不到头银印花地纸<br>万字不到头银印花地纸 | 乾隆 |
| | 养和精舍一层墙面西番莲卷草银印花纸 | 清晚期 |
| 延趣楼 | 延趣楼二层顶棚西番莲卷草银印花纸 | 清代中期——乾隆朝 |
| | 绿色菊花万字不到头银印花地纸<br>墙面绿色缠枝花卉万字不到头银印花地纸<br>墙面绿色小团龙万字不到头银印花地纸 | 乾隆至光绪 |
| 云光楼 | 墙面绿色小团龙万字不到头银印花地纸 | 乾隆 |
| 玉粹轩 | 墙面绿色小团龙万字不到头银印花地纸 | 乾隆 |
| 竹香馆 | 墙面缠枝牡丹万字不到头银印花纸 | 乾隆 |

### 三、裱糊工艺

裱糊是一项复杂的装饰手段，有着上百道工艺流程，共分为四种工艺类型：纸糊顶棚、内檐墙体、装修内侧面和镟花[9]。

#### （一）顶棚

纸糊顶棚工艺有秫秸秆和白樘篦子两种。秫秸秆架子是一种秫秸秆被纸张包裹后成排吊挂在房顶的顶棚结构，其两端钉在墙壁，中间使用麻捆绑加固。秫秸秆常见于民间，早时平民房子较轻，逢年过节、过寿结婚时，百姓常常重修顶棚，在秫秸秆上下各糊一层纸。白樘篦子指采用顶棚木骨格，通用木方格篦子，又称为顶屉，在其上再糊纸。故宫常使用白樘篦子作顶棚，再在其上糊底纸和面纸，具体流程如下。

1. 盘布

清中期以前常使用两层高丽纸夹一层苎麻布用浆糊黏结，按顶屉分格（四格、六格或八格）糊纸，四边翻卷到格眼内，以每四（或六、八）格为单位分区糊纸，然后在木格十字处钉上铁钉，为了美观再用高丽纸盖住钉眼，这种方法称为"梅花盘布"。底纸之后逐渐改为三层桑皮纸和一层布（清晚期改苎麻布为棉布)[9]。具体做法为：先将两层纸纵横重叠用浆糊黏结进行"梅花盘布"的工艺，待水分蒸发后糊上第二道纸，糊严顶棚。在第二道纸上糊布。《工程做法则例》卷六十中对裱糊顶棚有所记载："隔井天花用白棉榜纸托夹堂苎布糊头层底，二号高丽纸糊两层，山西练熟绢，白棉榜纸托裱面层……天花之燕尾用山西绢、棉榜纸托裱；又用山西纸托夹堂苎布糊头层底，二号高丽纸，一层山西练熟绢，白棉榜纸托裱面层……天花之燕尾，用山西绢托棉榜纸。海墁天花用白棉榜纸托夹堂苎布糊头层底，二号高丽纸横顺糊两层，山西绢托榜纸，过画作画完裱糊面层；又用山西纸托夹堂苎布糊头层底，二号高丽纸横顺糊一层，山西绢托棉榜纸。"

2. 撒鱼鳞

此步骤主要是为了补平上道工序中顶棚不平的位置。使用高丽纸（后为桑皮纸）裁剪成细条、抹上浆糊、用纸压纸的方法粘在不平整的位置。

3. 盖面

顶棚平整后，在表面糊上大白纸、本纸（裱作术语，指生宣纸，档案记载雍正朝以前为白栾纸、白棉榜纸等）或印花纸。

顶棚的造型分为平棚、卷棚和三锭棚。平棚指的是纸张只裱糊在梁侧面，不对梁、桡进行加工。卷棚指的是从前檐檩到后檐檩有一个弧形的支撑物。一般民间房屋、小的店铺中平棚居多数，有一定数量的卷棚，三锭棚不多。故宫中的顶棚常用三锭棚做法。

（二）内檐墙体

故宫的内檐墙体包括护墙板、木板、隔断墙、槛墙四种。《工程做法则例》卷六十记载："裱糊木壁板墙，山西纸托夹堂苎布糊同层底，二号高丽纸横顺糊两层，面层出线角云，所用纸张临期酌定；又山西纸一层，二号高丽纸一层托夹堂苎布面层，出线角云临期酌定。"

（三）装修内侧面

装修内侧面裱糊范围较广，包括窗户、隔扇、博缝、门、柱子、槛框、踏板。

满族入关前就有用窗户糊纸的习惯，北方气候较冷，窗户糊纸可以起到一定的保暖作用，在现在的农村仍常见。在故宫大量使用玻璃窗户之前也使用窗户糊纸，王仲杰先生[7]将其总结为三种糊法：①窗纸糊在内。此种常见于养心殿后殿、长春宫、储秀宫等帝后的居住宫殿。从殿外看，朴素的纸张与华美的彩画和油饰衬托出窗棂之美，呈现出素净、舒适的居住环境。②窗纸糊在中。太和殿、乾清宫、养心殿、钦安殿等宫殿使用此种糊窗方法。窗户分内外两层，两层均糊有花纸，巧妙地遮盖住了糊饰纸张背面的粗糙形制，内外均平整精致，显示了宫殿的庄重。③窗纸糊在外，应用实例是坤宁宫和宁寿宫。这种糊法看似与宫殿气氛不符，艺术性不高，是满族带有宗教信仰的习惯，保持了其祭祀的环境与氛围[7]。

隔扇是一种中国传统建筑中的装饰构件，也称隔扇门。博缝为门扇之间的缝隙处，裱糊纸张或织物可以达到挡风、保暖的作用。若使用硬度较高的纸胎防护板，应竖糊，称为"硬博缝"，若使用松软织物，则称为"软博缝"。

《工程做法则例》卷六十中记载："糊饰顶隔梁柱装修等项俱用高丽纸一层，面层所用纸张临期酌定……博缝糊饰如隔扇，一槽四扇，用硬博缝三条，硬横博缝八条，俱用裱料纸托裱合背四十层，面用绫锻托裱黄榜纸一层、高丽纸一层，二面包裹亮钉压锭。软博缝二条用黄棉榜纸托裱，绫锻面亮钉压锭。"《圆明园内工则例》记载："裱料纸博缝绫绢或黄色高丽纸面，每隔扇一槽用裱匠三工，每坎窗一槽用裱匠两工半……隔扇锹窗做棉博缝绢宽五尺，每长一丈用棉花二两五钱、白面六钱……分缝处搅风棉博缝绢宽六寸，每长一丈用棉花六两六钱、白面三钱。"

（四）镞花

镞花，是指将若干层色纸连同设计的纹样一起用纸捻装订成册，然后用镞刀切去花纹周围的多余部分，再将镟成的纹样糊在墙壁或窗户的白纸上[11]。

## 四、裱糊材料

糊饰是多种有机材料和无机材料共同组成的复杂整体，本文将其分为糊饰层材料、颜料、胶结材料三部分进行综述。

### （一）糊饰层材料

糊饰层材料包括纸张和织物两大类，是构成裱糊的主要结构。

#### 1. 纸张类

裱糊用料中纸张比织物更为常见，其性能直接影响了裱糊的整体质量。明清时期是造纸术发展的最高峰，纸张的产地、原料、产量、质量、技术和加工方面等均比之前更为进步[19]。正是有这个前提，裱糊工艺才在明清时期流行起来。蒋博光先生[6]整理了档案中记载裱糊常用的本体材料，但发现大多数学名为古时名称，与其来源、尺寸相关，但难以从现代纸种进行溯源。经过查阅《工程做法则例》、《圆明园内工则例》和更多古纸研究的相关文献，更进一步明确了其中一部分纸张原料和价值，有利于进一步对裱糊本体材料的科技分析。

高丽纸："头号高丽纸长三尺七寸，宽二尺七寸，每张用白面一两二钱""二三号高丽纸长三尺，宽二尺，每张用白面七钱""三号高丽纸托缕每张用白面五钱""黄色高丽纸每张长三尺，宽二尺三寸"。高丽纸是裱糊相关文献中出现较多的一种纸张，又称油杉纸，以桑皮为主要原料，清早期朝鲜进贡，强韧坚固、性能良好，乾隆朝起仿制这种纸。根据建筑的等级高低，选用的高丽纸分为头等、二等、三等，是裱糊底纸的首选材料[20]。

连四纸："竹料连四纸长三尺，宽二尺，每张用白面五钱""清水连四纸长三尺，宽二尺""连四抄纸每张长一尺，宽一尺五寸""夹皮连四纸每张长四尺二寸，宽一尺九寸""红白蓝连四纸每张长三尺，宽二尺三寸"。连四纸，又称连史纸，艾俊川[21]认为明及清前期多以楮皮和竹为主要原料，清后期以嫩毛竹为主要原料，经过碱法蒸煮、漂白、制浆、抄纸等流程制作而成。纸张洁白细腻，柔韧丝滑，常用作裱糊面纸[22]。连四纸中最白的一种又被称为红上纸[23]。但易晓辉[24]研究发现产自安徽泾县的连四纸（又称开化纸）原料为青檀皮，连四纸的名称只是针对纸张的尺寸，具体的原料还需具体分析。

毛边纸："各色毛边纸长三尺，宽二尺"、"毛边纸每张长四尺三寸，宽一尺八寸。"程瑞梅[25]对毛边纸研究发现其主要原料为毛竹，起源于明代。它的物理性能为：淡黄色，纸质细腻柔软，厚度较薄，吸水性强[26]。

呈文纸："呈文纸长二尺八寸，宽一尺六寸。"呈文纸，最早有记载"皮启而竹与稻蒿参合而成料者，曰揭帖呈文纸"[6]，即呈文纸的原料为皮、竹和稻草混合而成。根据现有研究呈文纸主要分为棉料呈文纸和竹料呈文纸[27]，但手工纸传承人郭刚民指出，呈文纸得名于这种纸是呈给皇上的，与原料无关，也有麻料呈文纸的存在[28]。

连七纸："连七纸每张长九寸，宽二尺五寸""大连七纸每张长一尺五分，宽三尺"。连七纸，又称观音纸，宋代纸名，以竹为原料。得名于抄纸时将每张纸分割成七张[29]。

白鹿纸："白鹿纸每张长一丈一尺四寸，宽四尺四寸。"白鹿纸，主要原料为毛竹，最初产地为江西，白鹿纸用于高等级宫廷建筑的室内装饰[4]。后来转移到皖南生产，原料也演变为青檀皮，改名为白鹿宣，成为一种进贡皇上的贡纸[30]。

白栾纸："白栾纸每张长一尺，宽一尺五寸。"雍正时期有著录记载白栾纸是裱糊常用纸张[11]。

榜纸："榜纸长四尺六寸五分，宽二尺八寸""黄棉榜纸四折长三尺三寸五分，宽二尺九寸五分；五折长四尺二寸五分，宽三尺七寸""白棉榜纸每张长四尺，宽三尺六寸五分"。榜纸，明代纸名。前朝多用于殿试揭榜或官府告示，雍正时期有著录记载白棉榜纸是裱糊常用纸张[11]。刘仁庆[31]研究发现其种类不唯一，有竹纸、宣纸、桑皮纸等。

西纸："西纸长一尺八寸，宽一尺三寸。"目前暂无对西纸的研究。

青纸："官青纸长一尺，宽八寸""官青纸每张长二尺二寸，宽一尺八寸五分""西青纸长二尺七寸，宽一尺三寸"。青纸，即青色的纸。

方高纸："方高纸长一尺三寸，宽一尺。"目前暂无对方高纸的研究。

毛头纸："毛头纸每张长一尺六寸五分，宽一尺三寸""山西毛头纸每张长一尺七寸，宽一尺五寸"。毛头纸是一种明代出现的纸张，源自河北，原材料为桑皮和废旧麻绳[31]。

锦纸："反皮料坚固者，其纵文扯如锦丝，故曰锦纸。"锦纸的原料为皮纸。

蜡花纸："蜡花纸每张长八寸，宽一尺。"又称蜡笺纸，以宣纸为基底，经过填料、染色、砑光、洒金银等工序制成[32]。

倭子纸：故宫裱糊面纸中偶见的一种纸张，于乾隆年间由日本传入，嘉庆年间又有官倭子纸[11]。对其材料和工艺未有详细记载。

2. 织物类

布："苎布宽一尺六寸""裱糊布匹每层每折见方一尺，用白面一钱六分"。布就是苎布，又称三麻布。

锦："包厢宋锦锦锻每丈用白面五两""片金缎每匹长四丈二三尺不等，宽二尺一寸"。锦是一种以缎纹或缎纹作地提花织成的丝织物。

绫："包厢各色绫绢每丈用白面三两""石青绫、红绫、白绫、杏黄绫、明黄绫每匹俱长三尺一二丈不等，宽一尺六寸"。绫是一种斜纹地上起斜纹花的传统丝织物。

绢："绢包厢押条每绢二丈四尺，用裱匠一工""香色绢、山西绢每匹俱长四丈，宽二尺一寸"。绢是一种平纹的生丝织物。

纱："白纱、蓝天纱每匹俱长四丈二三尺不等，宽二尺一寸""裱糊纱每层每折见方一尺，用白面一钱二分"。纱是用棉、麻纺成的细丝。

通过以上对糊饰层材料的档案整理和相关的文献研究发现，纸张原料主要为皮、竹和麻三大类。在皮纸材料中，高丽纸（原料为桑皮）的使用频率相对较高，多使用在建筑等级较高的官式建筑中，另外也有使用构皮和青檀皮的记载。在竹纸材料中，以毛竹为原料的连四纸、毛边纸、白鹿纸均为主要使用材料，但在古纸研究领域各种竹纸之间由于形态过于相近，一直没有良好的区别方法，一般都统称为竹纸。在麻纸材料中，最为明确的是苎麻在建筑裱糊中的应用较多，其原因可能是苎麻的纤维是韧皮纤维乃至所有古纸纤维中长度最长、性能最为牢固的纸张类型，通常用作清晚期之前"盘布"的打底材料。

（二）裱糊花纸、色纸、色绢用到的颜料

官式建筑裱糊风格有三种类型：①裱糊白纸，即"四白落地"，其做法为在天花板的白檀篦子表面糊纸，墙壁也通体裱糊素白印花纸，此种风格常见于明末清初和清朝晚期，多使用在皇帝的治朝理政的办公地点及寝宫，尽现文人朴素之美；②裱糊花纸，这种类型的裱糊常见于妃嫔的居住场所，清新淡雅又不失精美。《工程做法则例》中"过画作画完裱糊面层"证明在裱糊完面层后由画作绘画纹饰，常见花纸类型有：绿色缠枝花卉万字不到头银印花纸、绿色小团龙万字不到头银印花地纸、梅兰竹菊银印花地纸、延年益寿银印花地纸、黄色龟背锦夔龙纸、蓝地金钱菊花纸、万字西番莲卷草纹纸、万字牡丹花纹纸、蓝地樱花纸等；③裱糊色纸或色绢，常见颜色有：楠木色、蓝色、黑色、黄色等。上色材料既有颜料，又有染料，且主要使用了绿、蓝、白、黄等颜色。整理清代官式匠作中裱糊可能用到的颜料见表3-3，并对其中常见的颜料详尽研究。

对于颜料的科学分析方法已较为成熟，有偏光显微分析、拉曼光谱分析、扫描电子显微镜分析、傅里叶变换红外光谱分析、X射线衍射分析、X射线荧光分析、液相色谱质谱分析等技术。

（三）胶结材料

胶结材料在裱糊糊饰层和颜料中起着不可或缺的重要作用。

**表 3-3 官式匠作中的裱糊颜料**

| 色系 | 上色材料 | 材料详情 |
|---|---|---|
| 蓝色 | 天大青/天二青 | 石青，分子式为 $2CuCO_3 \cdot Cu(OH)_2$，在矿物学上称为蓝铜矿，是中国清晚期以前建筑装饰中最常用的颜料之一，故宫宁寿宫花园养和精舍壁纸样品使用石青作为上色材料，在当时属于贵重颜料 |
| | 梅花青/南梅花青 | 石青，南梅花青是清朝使用时段最广的蓝色颜料，属于蓝铜矿，是一种质量上乘的石青 |
| | 青金石 | 分子式为 $Na_{6\sim10}Al_6Si_6O_{24}S_{2\sim4}$，又称天然群青，一般呈深蓝色、天蓝色。若品质不佳，可能掺杂有金黄色的硫化铁杂质。已发现用在明清官式建筑中的实例仅有故宫临溪亭天花彩画的深蓝色区域 |
| | 广靛花 | 靛蓝，植物染料，用含有吲哚成分的植物叶子发酵制成的深蓝色染料 |
| 黄色 | 彩黄 | 较廉价，现已失传 |
| | 黄檗 | 植物染料，经染色呈黄色的同时还具有防虫功效，染潢技术起源于汉代 |
| 绿色 | 大绿/二绿/三绿 | 石绿，分子式为 $CuCO_3 \cdot Cu(OH)_2$，主要成分是碱式碳酸铜。明代的石绿鲜艳透亮，品质优良；清代的石绿透明度更高。属于较为贵重的颜料 |
| | 锅巴绿 | 较贵重的颜料，价值次于石绿，现已失传 |
| | 洋绿/巴黎绿/漆绿 | 分子式为 $Cu(C_2H_3O_2) \cdot 3Cu(AsO_2)_2$，主要成分是乙酸亚砷酸铜，欧洲进口颜料，清晚期常用于建筑绘彩 |
| 白色 | 定粉/官粉/铅粉 | 铅白，分子式为 $2PbCO_3 \cdot Pb(OH)_2$，碱式碳酸铅，清代最常用的白色颜料，也曾发现在西安的兵马俑、莫高窟有应用 |
| | 云母粉 | 分子式为 $K\{Al_2[AlSi_3O_{10}]OH_2\}$，呈无色或浅黄、褐色、浅绿、棕红、灰色。多使用于莫高窟和宫廷建筑，以白云母的细细闪光彰显高贵，宁寿宫花园延趣楼裱糊上的万字纹就是以云母为原料 |
| 黑色 | 南烟子 | 分子式为 C，南烟子和香墨从现代科学的角度来说属于同一种物质，即墨单质，根据使用原料的不同墨又分为松烟墨和油烟墨两种类型，为古代乃至现代最常用的黑色颜料 |
| | 香墨 | |

《工程做法则例》中裱作胶结材料的相关记载有："……用白面一两二钱""水胶二两五钱……"涉及的材料较少：白面即浆糊、淀粉；水胶指动物胶，结合文献记载当时多用牛皮胶。但自然界中的胶结材料远远不止于此，应用在裱糊中的也有更多可能性。胶结材料主要分为三大类：动物胶、植物胶和油类及其他蛋白质类。动物胶主要以动物的皮、骨为原料，有血胶、鱼胶、牛骨胶等；植物胶主要来源于植物各器官和树胶，有桃胶、淀粉、松香树脂等；油类及其他蛋白质类有桐油、亚麻籽油、蛋白质等[33]。

裱糊中的胶结材料有两种：一种用于裱糊和建筑本体之间或裱糊内层与层之间，常使用浆糊黏结。传统棚壁裱糊工艺中大多使用面粉与水混合，加入黄檗、花椒等添加剂，制成浆糊；另一种用于添加在颜料中起固色作用。调和颜料的胶结物类型可能有树胶、动物胶、干性油、松香树脂等。最常用的胶结材料分析方法有红外光谱法、气相色谱质谱法[34]、热裂解气相色谱质谱法等[35]。

## 第二节 糊饰层材料分析研究

糊饰层是裱糊样品的主体，是不可或缺的重要组成部分，通常由单层或多层纸张或纺织品构成。本节利用偏光显微镜、光学显微镜、Py-GC/MS 技术对糊饰层的纸张、织物、浆糊等进行材质分析和工艺研究，分析方法与条件设置与第二章一致，纸张种类的 Py-GC/MS 判定依据是第二章建立的纸张 Py-GC/MS 数据库。

### 一、样品信息

糊饰样品收集自故宫养心殿、乾隆花园、文渊阁等，样品详细信息和照片见表 3-4。

表 3-4 裱糊样品取样统计表

| 样品类型 | 样品编号 | 取样位置 | 样品描述 | 样品照片 |
| --- | --- | --- | --- | --- |
| 纸张 | FT-1 | 养心殿佛堂梅花窗户夹层纸 | 黑色纸 | 注：由于保存状况差，在 30 倍的超景深三维视频显微镜头下拍摄 |
| | YZ-1 | 乾隆花园抑斋隔扇门 | 硬博缝的四分之一 | |
| | WYG-1 | 文渊阁二层顶棚 | 乾隆时期裱糊纸张 | |

| 样品类型 | 样品编号 | 取样位置 | 样品描述 | 样品照片 |
|---|---|---|---|---|
| 织物 | XWF-1 | 养心殿西围房北数 1 ~2 间顶棚 | 蓝色织物 |  |
| | YHJS-2 | 乾隆花园萃赏楼养和精舍一层 | 洒金蓝绢 |  |
| | YHJS-3 | 乾隆花园萃赏楼养和精舍 | 洒金蓝绢 | |
| | YZ-2 | 乾隆花园抑斋隔扇门 | 软博缝 |  |
| | TJD-1 | 太极殿明间前檐 | 蓝色博缝 |  |

## 二、纸质糊饰层

### （一）工艺研究

本节的研究对象主要是保存状况较好的多层纸质裱糊样品，模型如图 3-4 所示，其剖面结构包含初次裱糊时多层黏结的工序以及后期修缮的痕迹。

样品制备及剖面观察流程：

（1）使用样品夹固定裱糊样品，在低倍显微镜（×30）下使用镊子或解剖针从底层到表层对样品进行初步分层。

（2）使用样品夹将初步分层的糊饰样品垂直固定在载物台上。

（3）通过调节载物台位置、亮度、焦点等，在高倍显微镜（×100 ~200）下观察糊饰样品剖面的微观形貌，获取分层情况、制作特点及保存状况的信息。

（4）调整样品角度，使样品剖面处于观察视野中央且保持水平，采集图像。

除了保存状况差的样品 FT-1，样品 YZ-1 和 WYG-1 的剖面结构图展示于图 3-5。

图 3-4　多层纸质裱糊样品剖面模型

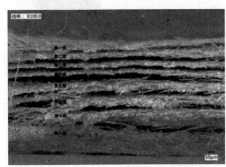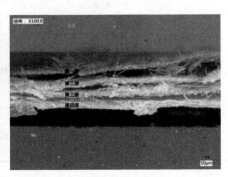

样品YZ-1　　　　　　　　　　　　　　样品WYG-1

图 3-5　纸质裱糊样品剖面结构图

样品 YZ-1 共有 8 层，对研究"合背"工艺有重要作用。样品 WYG-1 是多层顶棚样品，其中 WYG-1 除显微镜下观察的四层纸张，最底层还有一层麻，形制同档案记载中的"盘布"，具体类型需要纤维分析才能判断。

**（二）纤维分析**

对预处理好的糊饰层纸张或织物进行纤维分析，观察其染色情况及纤维特征，根据不同原料的形态及长宽比判断其种类。本节展示了各个位置不同工艺裱糊典型样品的纤维图，涵盖顶棚、墙壁、硬博缝、软博缝等。

样品 WYG-1 由表及底共有五层纸张，纤维观察图见图 3-6。第一层纸张由两种纤维混合而成，一种是染色后呈红棕色、有明显横节纹、未见草酸钙晶体的桑皮纤维，另一种是染色后呈黑蓝色、纤维挺直、两端尖削的竹纤维；第二层纸张为纯净的竹纤维；第三、四层纸张的纤维观察结构一致，为圆柱形、有横节纹、未见草酸钙晶体的桑皮纤维（仅展示第三层纸张纤维）；第五层麻的纤维极长、难见自然端头、有明显纵向条纹存在，推测种类为苎麻。该样品取自文渊阁二层顶棚，是清中期的裱糊样品。经纤维分析后发现该工艺有特殊之处：使用一层苎麻和韧性较好的高丽纸叠糊两层打底，这与档案中记载的"梅花盘布"工序非常相近。又使用性价比较高的竹纸盖面，最上层使用了混合材料的纸张，这是所有样品中的特例。出现这种情况可能有两种原因：一种为清代中期工匠特意糊上了竹与桑皮纸混合的纸张增强顶棚的表面韧性；另一种为后期修缮补糊。但结合该样品的取样位置和建筑结构：该顶棚样品取自立式书柜上方，书柜与顶棚之间的缝隙极小，并无修缮空间且书柜也没有搬动痕迹，基本可以排除后一种可能性。该做法说明清中期时工匠已可以结合档案规定工序和实际经验进行裱糊操作。

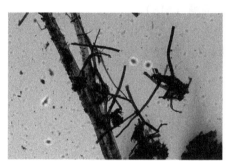

第一层：竹纤维与桑皮纤维混合

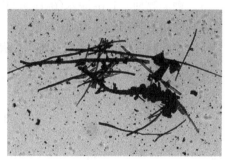

第二层：竹纤维

第三层：桑皮纤维(第四层同)

第五层：苎麻纤维

图3-6　样品WYG-1纤维观察图（见彩图）

样品YZ-1的纤维形态与样品WYG-1的第二层的纤维形态一致，8层纤维形态均相近，纤维较直，两端尖锐，有较多杂细胞和薄壁细胞，符合竹纤维的特征。硬博缝层数较多，同档案中的"裱料纸托裱合背"对应，由此可推测当时所称的裱料纸为竹纸，有价格低、来源广的优点。

（三）热裂解气相色谱质谱分析

样品 FT-1 为窗户夹层纸张保存情况较差，无法进行纤维形态观察，将利用第二章建立的桑皮纸、构皮纸、竹纸、麻纸等四种传统纸张的热裂解气相色谱质谱数据库对其进行分析，进行纸张种类确定。样品 FT-1 的总离子色谱图见图 3-7，分析结果见表 3-5。对检出的物质进行分类，可以归为以下几类：

（1）醛、酮类物质：糖醛（#2）、呋喃酮（#3）、5-甲基-2-呋喃甲醛（#4）、3-甲基环戊酮-1,2-二酮（#5）、4-甲基-2,5-二甲氧基苯甲醛（#16）。

（2）苯酚类物质：2-甲氧基苯酚（#6）、2-甲氧基-4-乙烯基苯酚（#12）、2,6-二甲氧基苯酚（#13）、2-甲氧基-4-(1-丙烯基)苯酚（#15）、(E)-2,6-二甲氧基-4-(丙烯基)苯酚（#17）。

（3）糖类物质：1,6-脱水-$\beta$-D-呋喃葡萄糖（#18）。

（4）动物胶特征物：吡咯（#1）。

（5）淀粉特征物：麦芽酚（#7）、杂酚油（#8）。

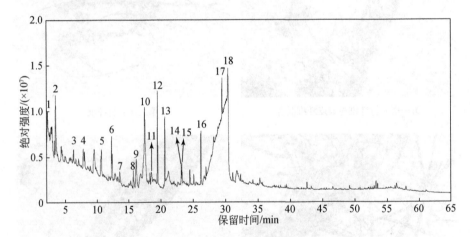

图 3-7　样品 FT-1 的总离子色谱图（Py-GC/MS）

表 3-5　FT-1 样品热裂解气相色谱质谱分析结果

| 序号 | 保留时间/min | 峰面积/% | 裂解化合物 |
| --- | --- | --- | --- |
| 1 | 2.24 | 2.72 | 吡咯 |
| 2 | 3.53 | 5.73 | 糖醛 |
| 3 | 6.35 | 0.89 | 呋喃酮 |
| 4 | 7.84 | 1.47 | 5-甲基-2-呋喃甲醛 |
| 5 | 10.71 | 3.31 | 3-甲基环戊烷-1,2-二酮 |

续表

| 序号 | 保留时间/min | 峰面积/% | 裂解化合物 |
|------|------------|---------|-----------|
| 6 | 12.31 | 2.53 | 2-甲氧基苯酚 |
| 7 | 13.59 | 0.98 | 麦芽三糖 |
| 8 | 15.73 | 1.36 | 杂酚油 |
| 9 | 16.21 | 4.36 | 4-甲基-2-氧代戊腈 |
| 10 | 17.52 | 13.52 | $N$-十一烷基-2-苯基丁酰胺 |
| 11 | 18.54 | 1.60 | 3-甲氧基-1,2-苯二醇 |
| 12 | 19.53 | 5.09 | 2-甲氧基-4-乙烯基苯酚 |
| 13 | 20.65 | 3.89 | 2,6-二甲氧基苯酚 |
| 14 | 23.16 | 0.92 | 3,5-二甲氧基-4-羟基甲苯 |
| 15 | 23.26 | 1.06 | 2-甲氧基-4-(1-丙烯基)苯酚 |
| 16 | 26.24 | 2.73 | 4-甲基-2,5-二甲氧基苯甲醛 |
| 17 | 29.51 | 4.20 | ($E$)-2,6-二甲氧基-4-(丙烯基)苯酚 |
| 18 | 30.41 | 43.64 | 1,6-脱水-$\beta$-D-呋喃葡萄糖 |

经过同已知类型的样品数据进行比对，初步判定为竹纸。又针对其提取竹纸的四种特征物的选择离子，见图3-8，可见四种苯酚类物质呈时间间隔相等排列，验证了该样品确实为竹纸。但有文献记载"衡断且费力，其最上一等供用大内糊窗格者曰椶纱纸"说明古时糊窗用纸韧性较强，与本窗户夹纸样品结果不符，其原因可能是用作窗户夹层对纸张性能要求不高，覆满黑色说明该夹层纸张只起着调节室内采光的作用。

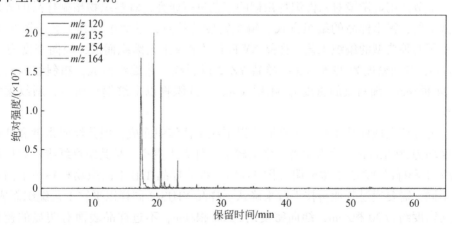

图3-8　FT-1样品的选择离子色谱图（SIM）（见彩图）

由于该样品为黑色，推测使用颜料的可能是档案中记载的"南烟子"，即使用油烟或松烟制作成的墨。故对其再次进行墨特征成分蒽、荧蒽、芘、苯并菲和苯并 [k] 荧蒽（m/z 值分别为 178、202、228、252）进行离子选择，结果见图 3-9。其中 S5 的相对占比大于 20%，符合松烟墨的特征[36]，故推测使用的是松烟墨。

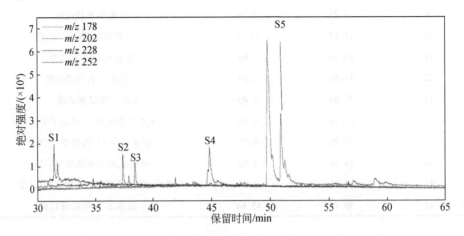

图 3-9　FT-1 样品中墨特征物的选择离子色谱图（SIM）（见彩图）

## 三、织物糊饰层

### （一）工艺研究

本节使用显微镜对六件织物裱糊的工艺进行研究，观察织物裱糊样品的表面显微形貌，得出样品的编织方式、编织密度等信息，进而推测其工艺。图 3-10 展示了两种典型的编织工艺，样品 XWF-1 以平纹工艺编织而成，经向密度为 34 根/cm，纬向密度为 29 根/cm；样品 YZ-2 以斜纹工艺编织而成，粗斜纹的密度为 24 根/cm，细斜纹的密度为 34 根/cm。六件织物以平纹编织居多，斜纹编织较少。

另外还发现样品 TJD-1 虽然同样以平纹工艺编织而成，但其经向密度和纬向密度均为 29 根/cm，编织紧密，强度较前三件大大更高，且其织物纤维不如样品 XWF-1 和样品 YZ-2 根根分明（图 3-11），推测样品 TJD-1 的织物材料与上面两种不同，需要通过其他科技手段来确认。样品 YHJS-2 同样以平纹工艺编织而成，经向密度约为 30 根/cm，纬向密度约为 60 根/cm，不过样品表面有明显的蓝色颗粒（图 3-11），推测可能是在黄色织物上涂布蓝色颜料而制作成洒金蓝绢的工艺。

平纹工艺(样品XWF-1)

斜纹工艺(样品YZ-2)

图 3-10　织物裱糊的两种典型编织工艺

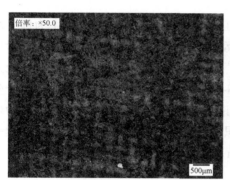

样品TJD-1

样品YHJS-2

图 3-11　两件特殊编织特点的织物裱糊样品（见彩图）

## （二）纤维分析

使用染色观察纤维法对织物裱糊进行分析，确定了样品 TJD-1 的织物类型。

图 3-12 为样品 TJD-1 的纤维观察图，纤维经赫氏染色剂染色呈酒红色，属棉花纤维素含量高的情况，且纤维有明显转曲现象，推测该样品为棉制品，极可能是档案中提到的由棉编成的细线制成的纱布。

其他织物样品无法使用纤维观察法判断其材料类型，仍需要其他手段进行验证。

## （三）傅里叶变换红外光谱分析

为了确定其他织物裱糊的材料来源，样品 XWF-1 和 YZ-2 进行了傅里叶变换

图 3-12　样品 TJD-1 的纤维观察图

红外光谱分析。两个样品的傅里叶变换红外光谱一致，以样品 XWF-1 为例（图 3-13），1170cm$^{-1}$ 处是 C—O 键的伸缩振动，1269cm$^{-1}$ 为酰胺 III 区的 N—H 弯曲和 C—N 伸缩振动组合产生的，1451cm$^{-1}$ 处为—CH$_2$ 的弯曲振动，1707cm$^{-1}$ 处为酰胺 I 区的转角结构，3310cm$^{-1}$ 处则为 N—H 和 O—H 的伸缩振动峰，均符合丝织品的红外特征峰[37]。因此可以得出结论：这两件织物裱糊使用的材料均为丝绸。结合档案记载及文献研究的织物编织工艺特点——斜纹丝织品是绫，生丝平纹编织为绢，可以推测：XWF-1 为绢，YZ-2 为绫。

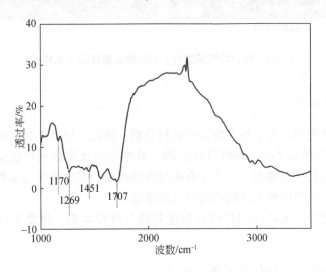

图 3-13　样品 XWF-1 的傅里叶变换红外光谱图

（四）热裂解气相色谱质谱分析

首次使用热裂解气相色谱质谱对几种织物材料进行分析，建立初步的纺织品文物的热裂解气相色谱质谱数据库。

1. 棉

图 3-14 为样品 TJD-1（经纤维观察已确定其为棉）的热裂解气相色谱质谱总离子色谱图，分析结果见表 3-6。棉的来源为植物，主要成分包括纤维素、半纤维素、含氮物质和水溶性物质等。对检测出的物质进行分类，可以归为以下几类，与棉成分基本符合：

（1）含氮物质：哌啶甲酸乙酯（#2）、3,5-二甲基吡唑（#3）。

（2）醛、酮类物质：1-（乙酰氧基）-2-丙酮（#5）、1,3-环戊二酮（#6）、3-甲基-1,2-环戊二酮（#7）、3-甲基丁醛（#8）。

（3）糖类物质：1,4：3,6-二氢-$\alpha$-D-吡喃葡萄糖（#11）、1,6-脱水-$\beta$-D-吡喃葡萄糖（#12）、1,6-脱水-$\beta$-D-葡萄糖呋喃酶（#13）。

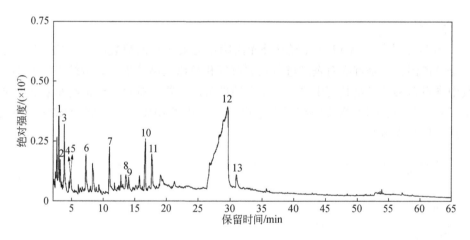

图 3-14 样品 TJD-1（棉）总离子色谱图（Py-GC/MS）

**表 3-6 样品 TJD-1（棉）热裂解气相色谱质谱分析结果**

| 序号 | 保留时间/min | 峰面积/% | 裂解化合物 |
|---|---|---|---|
| 1 | 3.00 | 2.92 | 2-氧代丙酸甲酯 |
| 2 | 3.19 | 2.37 | 哌啶甲酸乙酯 |
| 3 | 3.83 | 4.78 | 3,5-二甲基吡唑 |
| 4 | 4.83 | 1.48 | 2-呋喃乙醇 |

续表

| 序号 | 保留时间/min | 峰面积/% | 裂解化合物 |
| --- | --- | --- | --- |
| 5 | 4.89 | 1.23 | 1-(乙酰氧基)-2-丙酮 |
| 6 | 7.28 | 3.73 | 1,3-环戊二酮 |
| 7 | 11.00 | 4.15 | 3-甲基-1,2-环戊二酮 |
| 8 | 13.61 | 1.89 | 3-甲基丁醛 |
| 9 | 14.03 | 1.08 | 麦芽酚 |
| 10 | 16.68 | 5.81 | 4-甲基-2-氧代戊腈 |
| 11 | 17.68 | 2.62 | 1,4;3,6-二氢-α-D-吡喃葡萄糖 |
| 12 | 29.67 | 66.34 | 1,6-脱水-β-D-吡喃葡萄糖 |
| 13 | 30.96 | 1.62 | 1,6-脱水-β-D-葡萄糖呋喃酶 |

## 2. 蚕丝

图 3-15 为样品 XWF-1（经红外光谱确定为蚕丝）的热裂解气相色谱质谱总离子色谱图，这是首次对蚕丝进行热裂解气相色谱质谱分析，分析结果见表 3-7：其中含有多种吡咯及其衍生物，是蛋白质的裂解产物，符合蚕丝的特征；另外苯酚、对甲苯酚、酮类物质的相对含量也较高（酚类物质占比达到约 27%，酮类物质占比约为 50%）。

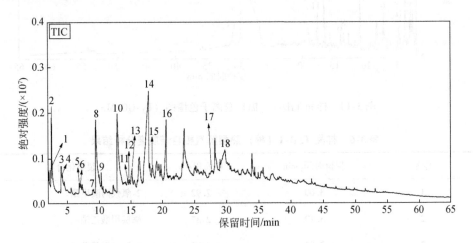

图 3-15　样品 XWF-1（蚕丝）总离子色谱图（Py-GC/MS）

表 3-7 样品 XWF-1（蚕丝）热裂解气相色谱质谱分析结果

| 序号 | 保留时间/min | 峰面积/% | 裂解化合物 |
|---|---|---|---|
| 1 | 2.47 | 1.04 | 吡咯 |
| 2 | 2.59 | 6.03 | 甲苯 |
| 3 | 4.05 | 2.81 | 1-甲基吡咯 |
| 4 | 4.22 | 2.07 | 3-甲基吡咯 |
| 5 | 6.92 | 0.81 | 2,5-二甲基吡咯 |
| 6 | 7.12 | 0.72 | 1-乙基吡咯 |
| 7 | 8.97 | 0.20 | 苯胺 |
| 8 | 9.48 | 13.03 | 苯酚 |
| 9 | 10.34 | 0.79 | 2,3,4-三甲基吡咯 |
| 10 | 12.87 | 14.24 | 对甲苯酚 |
| 11 | 14.49 | 0.54 | 乙丙基-4-哌啶酮 |
| 12 | 14.74 | 0.52 | 苄腈 |
| 13 | 15.21 | 2.61 | 肌酸 |
| 14 | 17.84 | 32.61 | 1,2,4-环戊烷三酮 |
| 15 | 18.33 | 0.82 | $N$-甲基-$N$-亚硝基对甲苯胺 |
| 16 | 20.63 | 9.33 | $N$-甲基乙酯-2-酮-5-羧酸-吡咯 |
| 17 | 27.65 | 1.01 | 3,6-二甲基哌嗪-2,5-二酮 |
| 18 | 29.78 | 10.84 | [1,3]二氮杂环戊烷-2,4-二酮 |

3. 未知类型的织物类样品

图 3-16 为样品 YHJS-2 的热裂解气相色谱质谱总离子色谱图，分析结果见表 3-8，其中含有的物质可分为以下几类：

（1）蛋白质类物质：1-甲基吡咯（#1）、吡咯（#2）、甲苯（#3）、3-甲基吡咯（#5）、吲哚（#16）、六氢-吡咯并 [1,2-$a$] 吡嗪-1,4-二酮（#18）、六氢-3-(2-甲基丙基)-吡咯并 [1,2-$a$] 吡嗪-1，4-二酮（#19）。

（2）醛、酮类物质：1,2-环戊二酮（#6）、2,4-二羟基-2,5-二甲基-3 (2$H$)-呋喃酮（#8）、3-甲基-2-(5$H$)-呋喃酮（#9）、2-羟基-3-乙基-2-环戊烯酮（#11）、呋喃酮（#13）。

（3）苯酚类物质：2-甲基苯酚（#12）、对甲基苯酚（#14）。

（4）糖类物质：2,3-脱水-D-甘露聚糖（#15）、1,6-脱水-$\beta$-D-吡喃葡萄糖（#17）。

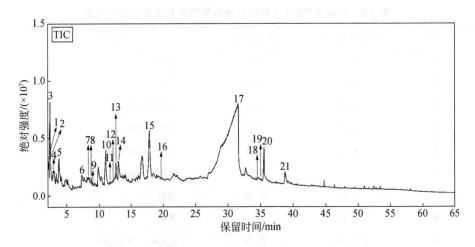

图 3-16　样品 YHJS-2 总离子色谱图（Py-GC/MS）

由于含有较多的蛋白质类化合物、酮及苯酚类化合物，推测该 YHJS-2 洒金蓝绢使用的材料为丝绸。样品中出现了大量的糖类物质 1,6-脱水 β-D-吡喃葡萄糖，推测该洒金蓝绢的制作工艺为将丝绸制成的绢用浆糊黏结在背纸上，这与档案中的织物类裱糊的做法一致，经过纤维观察和热裂解气相色谱质谱分析验证，该背纸为桑皮纸。

表 3-8　样品 YHJS-2 热裂解气相色谱质谱分析结果

| 序号 | 保留时间/min | 峰面积/% | 裂解化合物 |
| --- | --- | --- | --- |
| 1 | 2.08 | 0.17 | 1-甲基吡咯 |
| 2 | 2.29 | 0.79 | 吡咯 |
| 3 | 2.38 | 2.05 | 甲苯 |
| 4 | 2.87 | 0.21 | 2-氧代丙酸甲酯 |
| 5 | 3.83 | 1.1 | 3-甲基吡咯 |
| 6 | 7.36 | 0.77 | 1,2-环戊二酮 |
| 7 | 8.31 | 0.3 | 2-甲基-3-戊酮 |
| 8 | 8.73 | 0.39 | 2,4-二羟基-2,5-二甲基-3(2H)-呋喃酮 |
| 9 | 8.95 | 0.19 | 3-甲基-2-(5H)-呋喃酮 |
| 10 | 11.04 | 1.9 | 3-甲基-1,2-环戊二酮 |
| 11 | 11.67 | 0.07 | 2-羟基-3-乙基-2-环戊烯酮 |
| 12 | 12.08 | 0.05 | 2-甲基苯酚 |
| 13 | 12.62 | 0.55 | 呋喃酮 |

续表

| 序号 | 保留时间/min | 峰面积/% | 裂解化合物 |
|---|---|---|---|
| 14 | 12.98 | 0.97 | 对甲基苯酚 |
| 15 | 17.84 | 3.98 | 2,3-脱水-D-甘露聚糖 |
| 16 | 19.67 | 0.17 | 吲哚 |
| 17 | 31.58 | 49.97 | 1,6-脱水-$\beta$-D-吡喃葡萄糖 |
| 18 | 34.62 | 0.74 | 六氢-吡咯并[1,2-$a$]吡嗪-1,4-二酮 |
| 19 | 35.07 | 0.22 | 六氢-3-(2-甲基丙基)-吡咯并[1,2-$a$]吡嗪-1,4-二酮 |
| 20 | 35.53 | 2.22 | 棕榈酸 |
| 21 | 38.78 | 1.02 | 9,12-十八碳二烯酸 |

## 四、浆糊

在裱糊与建筑本体之间或层与层之间使用的浆糊主要成分是面粉或小麦淀粉。面粉的主要成分有淀粉（60%~80%）、水分（8%~12%）、蛋白质（8%~15%）和少量油脂、无机盐、纤维素等[5]。由于蛋白质、纤维素都是害虫的养料，所以小麦淀粉是作为浆糊的最优选择。但由于清代还没有去除面筋的做法，裱糊所用浆糊均为面粉。

判别浆糊是否存在最直接的手段是染色法，原理是淀粉遇碘变蓝。在使用赫氏染色剂对纸张纤维进行染色观察时便能观察到明显的淀粉颗粒，如图3-17所示。

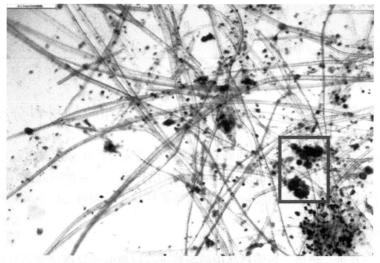

图3-17 裱糊样品中被染色的淀粉颗粒（见彩图）

前人对淀粉成分进行过很成熟的科学研究，其裂解特征物有 D-吡喃甘露糖苷、四甲基甘露糖、D-木糖醇、舍尔曼糖。其中，舍尔曼糖的保留指数为 1395，基峰为 101，分子结构未知，该物质最先被舍尔曼（Nanke Schellmann）发现，因此被命名为舍尔曼糖（Schellmannose）。根据这些特征成分可以判断出样品中是否使用浆糊作为黏结材料，在本研究中于 YZ-1 和 FT-1 等样品中均检测到了淀粉的特征裂解产物，如表 3-5 中的结果。

**五、小结**

本研究中糊饰层材料实验结果见表 3-9。裱糊工艺有单层裱糊和多层裱糊两大类：单层裱糊多为织物裱糊、草纸板等种类，另与裱糊位置也有关系。多层裱糊在档案中已有记载，常见于顶棚、墙壁或硬博缝，不同的裱糊位置使用材料的种类也不同，具有一定的叠糊规则。本研究选取了不同建筑位置裱糊样品的糊饰层，经过实验发现了竹纸、桑皮、苎麻、棉、丝多种材料，使用浆糊黏结在建筑本体上或先前的裱糊遗存上。

**表 3-9　裱糊样品糊饰层材料分析结果汇总表**

| 样品编号 | 裱糊类型 | 层数 | 糊饰层材料（由表层到底层） |
|---|---|---|---|
| FT-1 | 窗户夹层 | 一层 | 竹 |
| YZ-1 | 硬博缝 | 八层 | 竹 |
| WYG-1 | 顶棚 | 五层 | 竹+桑、竹桑桑苎 |
| XWF-1 | 顶棚 | 一层 | 丝 |
| YZ-2 | 软博缝 | 一层 | 丝 |
| TJD-1 | 软博缝 | 一层 | 棉 |
| YHJS-2 | 顶棚 | 两层 | 丝桑 |
| YHJS-3 | 顶棚 | 三层 | 竹丝桑 |

# 第三节　花纸、色纸、色绢的颜料和胶结材料分析

明清官式建筑裱糊样品上的颜料起着重要的装饰作用，通常出现于银印花纸、色纸、色绢样品中，如图 3-18 所示。使用扫描电子显微镜能谱、显微共聚拉曼光谱及热裂解气相色谱质谱等方法对裱糊样品中的颜料进行了研究和总结。

**一、颜料元素分析**

对银印花纸、色纸、色绢样品中的颜料进行扫描电子显微镜能谱分析，从元

图3-18　典型银印花纸、色纸和色绢图（见彩图）

素组成和形貌特征可推断出几种较为典型的裱糊颜料，如颗粒形状不规则的细微白色碳酸钙（$CaCO_3$）、呈现片状晶形的云母 $[KAl_2(AlSi_3O_{10})(OH)_2/KMg_3(AlSi_3O_{10})]$、六方晶体碱式碳酸铅 [铅白，$2PbCO_3 \cdot Pb(OH)_2$]、以 Cu 为主要元素的球状未知绿色颜料等，形貌图见图3-19，元素组成结果见表3-10。但扫描电子显微镜能谱结果无法准确确定颜料的物质组成，还需要其他手段进行验证。

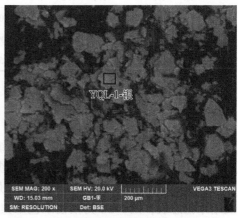

XWF-2银色底灰(碳酸钙)　　　　　　　　　　　YQL-1银色颜料(云母)

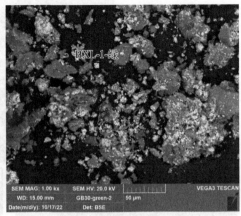

YQL-3白色颜料(铅白)　　　　　　　BXL-1-绿色颜料(含Cu未知颜料)

图 3-19　裱糊样品中几种典型颜料的背散射扫描电子显微镜图

表 3-10　裱糊样品颜料能谱分析结果（wt%）

| 样品 | 颜色 | O | Mg | Al | Si | S | K | Ca | Pb | Cl | Cu | Na | Ti | As |
|---|---|---|---|---|---|---|---|---|---|---|---|---|---|---|
| XWF-2 | 银 | 47.9 | — | 6.2 | 7.5 | — | 2.6 | 35.8 | — | — | — | — | — | — |
| | 白 | 50.3 | 13.4 | 7.22 | 15.9 | — | 9.4 | — | — | — | — | — | — | — |
| YQL-1 | 银 | — | 2.3 | 34.6 | 46.5 | — | 16.5 | — | — | — | — | — | — | — |
| | 白 | 38.8 | — | 3.7 | 3.6 | 6.7 | 3.4 | — | 43.9 | — | — | — | — | — |
| | 绿 | 39.2 | — | 0.7 | 0.5 | — | 2.5 | 1.8 | — | 4.8 | 50.5 | — | — | — |
| YQL-3 | 银 | 61.9 | — | 10.4 | 20.8 | — | 6.9 | — | — | — | — | — | — | — |
| | 白 | 23.0 | — | 1.7 | 1.6 | 8.8 | 4.4 | — | 52.1 | 1.4 | 7.1 | — | — | — |
| | 绿 | 31.9 | — | 1.1 | 1.2 | 4.0 | 1.4 | — | — | — | 60.2 | — | — | — |
| BXL-1 | 银 | 52.1 | 1.7 | 15.9 | 21.3 | — | 9.0 | — | — | — | — | — | — | — |
| | 白 | 51.2 | 4.5 | 8.6 | 13.1 | — | 7.09 | — | — | — | — | — | 15.5 | — |
| | 绿 | 40.2 | — | — | 0.9 | 0.7 | 6.7 | — | — | 3.8 | 22.9 | 4.4 | — | 19.9 |

## 二、颜料物相分析

本小节选用拉曼光谱技术对银印花纸、色纸、色绢样品中的颜料进行物相分析。由于裱糊样品颜料的基底为纸张和织物，材质脆弱，所以应选择适合的激光器及测试条件，以免将裱糊颜料表面烧焦。表 3-11 为裱糊样品的拉曼测试条件及结果汇总表，图 3-20 为裱糊工艺中典型颜料的拉曼光谱图。银色颜料基本为拉曼特征峰 260cm$^{-1}$、420cm$^{-1}$、700cm$^{-1}$ 的云母；白色颜料则有 1088cm$^{-1}$ 处信号明显的碳酸钙，也有1050cm⁻¹处有明显特征峰的铅白；绿色颜料拉曼峰166cm⁻¹、224cm⁻¹、377cm⁻¹、434cm⁻¹、497cm⁻¹、542cm⁻¹、955cm⁻¹、1361cm⁻¹、1621cm⁻¹和2931cm⁻¹与乙酸铜的拉曼峰相似，具体为什么颜料还需要对该样品进行进一步的研究；蓝色颜料为中国古代应用广泛的石青和群青；较为特殊的蓝地樱花纸使用了靛蓝和碳酸钙混合染色打底，信号峰位于144cm⁻¹、254cm⁻¹、407cm⁻¹、545cm⁻¹、598cm⁻¹、684cm⁻¹、771cm⁻¹、1013cm⁻¹、1107cm⁻¹、1216cm⁻¹、1302cm⁻¹、1380cm⁻¹、1462cm⁻¹和1577cm⁻¹，表面的金色纹饰使用铁红和云母混合调成。

**表3-11　裱糊样品颜料拉曼测试条件与结果**

| 样品编号 | 颜色 | 测试条件(激光器、激光强度、测试时长、循环次数) | 特征峰(cm⁻¹)及相对强度 | 物质 |
|---|---|---|---|---|
| XWF-2 | 底灰 | 785nm,100%,30s,2次 | 1088vs | 碳酸钙 |
|  | 白 | 785nm,50%,30s,2次 | 260s,420m,700m | 云母 |
| YQL-1/YQL-3 | 底灰 | 785nm,100%,30s,2次 | 261s,419m,700m | 云母 |
|  | 白 | 785nm,100%,20s,3次 | 1050vs | 铅白 |
|  | 绿 | 532nm,1.25%,10s,3次 | 166s, 224s, 377w, 434m, 497w, 542w, 955m,1361m,1621m,2931m | 待确定 |
| SCT-1 | 蓝 | 638nm,50%,60s,2次 | 144w,254m,407m,545m,598m,684w, 771m,1013m,1107m,1216m,1302w, 1380m,1462m,1577s | 靛蓝 |
| YHJS-2YHJS-3 第二层(织) | 蓝 | 638nm,50%,30s,3次 | 243m, 400s, 760w, 836w, 1096m, 1430m,1580w | 石青 |
| YHJS-3 第一层(织) | 蓝 | 638nm,50%,30s,3次 | 252m,542s,1093m,1637m | 群青 |

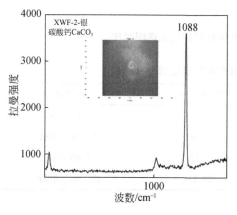

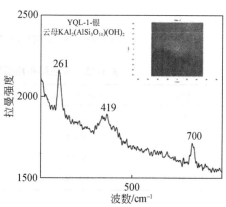

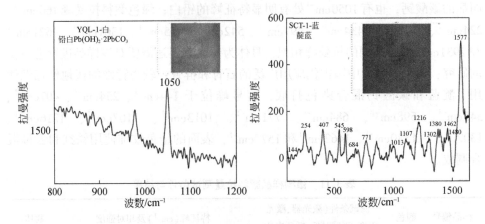

图 3-20　几种裱糊样品典型颜料的拉曼光谱图

图 3-21 为未知绿色颜料与乙酸铜的拉曼光谱图，两者的拉曼峰的峰形和峰位值较一致。为了判断该颜料中是否含有树脂，对其进行热裂解气相色谱质谱分析，总离子色谱图见图 3-22，分析结果见表 3-12。

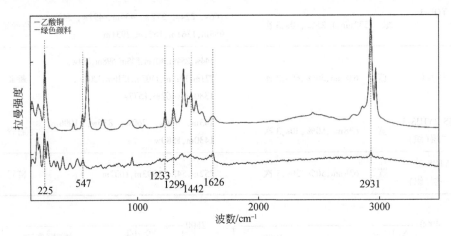

图 3-21　绿色颜料与乙酸铜标样拉曼光谱图对比

**表 3-12　绿色颜料热裂解气相色谱质谱分析结果**

| 序号 | 保留时间/min | 峰面积/% | 化合物 |
|---|---|---|---|
| 1 | 2.24 | 27.87 | 1$H$-吡咯 |
| 2 | 8.04 | 2.49 | 壬二酸二甲酯 |
| 3 | 9.43 | 7.12 | 庚酸甲酯 |
| 4 | 10.96 | 20.15 | 戊二酸二甲酯 |

续表

| 序号 | 保留时间/min | 峰面积/% | 化合物 |
|---|---|---|---|
| 5 | 12.17 | 3.17 | 油酸甲酯 |
| 6 | 12.34 | 12.44 | 硬脂酸甲酯 |
| 7 | 13.16 | 5.49 | 海松酸甲酯 |
| 8 | 13.81 | 14.32 | 脱氢松香酸甲酯 |
| 9 | 14.14 | 2.74 | 松香酸甲酯 |
| 10 | 14.94 | 4.20 | 15-甲氧基脱氢松香酸甲酯 |

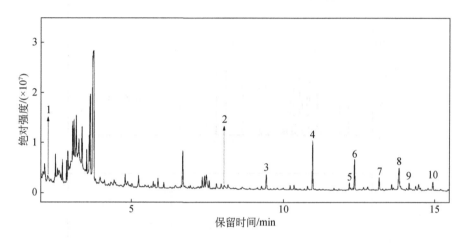

图3-22 绿色颜料总离子色谱图 (THM-Py-GC/MS)

其中海松酸甲酯、脱氢松香酸甲酯、松香酸甲酯、15-甲氧基脱氢松香酸甲酯为松香树脂的裂解产物，特征物的质谱和化学结构式见图3-23，而在其他颜料中并没有检测到松香树脂，仅在绿色颜料样品中含有松香。

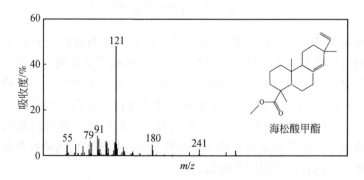

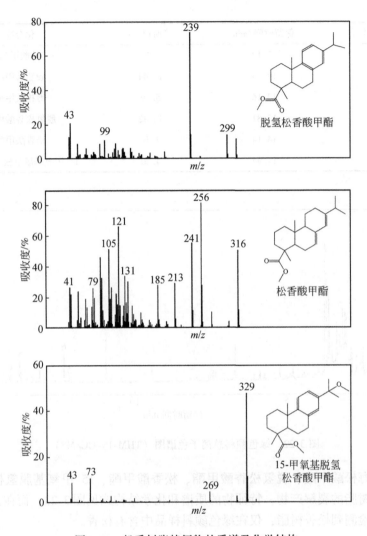

图 3-23　松香树脂特征物的质谱及化学结构

　　综合拉曼光谱和热裂解气相色谱质谱的结果，推测该绿色颜料为铜树脂酸盐。这种颜料在档案中未出现过，却在清中期的裱糊样品发现，是否是档案中记录的"锅巴绿"还有待于进一步研究。它并非中国本土颜料，是一种流行于西方文艺复兴时期（14~16 世纪）的透明浅绿色颜料，在荷兰和意大利的艺术品中很常见[38]。铜树脂酸盐的制作工艺有两种：一是使用松香树脂和铜绿（碱式碳酸铜）合成；二是使用松香树脂和乙酸铜合成，裱糊中使用的绿色颜料推测为松香树脂和乙酸铜合成的铜树脂酸盐。

### 三、颜料中的胶结材料

对裱糊样品颜料进行热裂解气相色谱质谱分析，在带有纹饰的样品中均检测到了吡咯类物质，说明当时上色使用的黏结剂均为动物胶（骨胶或皮胶）。而在绿色颜料中除了检测到吡咯类物质之外，还检测到了松香酸类物质，依据上文的结果推测，松香酸类物质应该是绿色颜料——铜树脂酸盐的一部分，并非黏结剂的成分。胶结材料的 THM-Py-GC/MS 分析以 YQL-3 绿色颜料为例，热裂解气相色谱质谱分析结果见图 3-24 和表 3-13。结果发现了丙烯酸树脂的特征物——甲基丙烯酸甲酯（#1），动物胶的裂解产物 1-甲基吡咯（#2），松香树脂的特征物——海松酸甲酯（#6）、脱氢松香酸甲酯（#7）、松香酸甲酯（#8）、7-甲氧基四脱氢松香酸甲酯（#9）、15-甲氧基脱氢松香酸甲酯（#10）、15-羟基脱氢松香酸甲酯（#11）。可以推测，YQL-3 绿色颜料是较为常规的铜树脂酸盐，里面添加了松香树脂作为合成材料；动物胶应为制作过程中调和颜料作为黏结剂；丙烯酸树脂存在的原因极有可能为后期对该样品颜料进行加固而添加。丙烯酸树脂在文物保护领域的使用年代约在 20 世纪下半叶之后，乾隆花园延趣楼曾在 1996 年进行修缮，结合以上可以推测该样品为 20 世纪末所修。

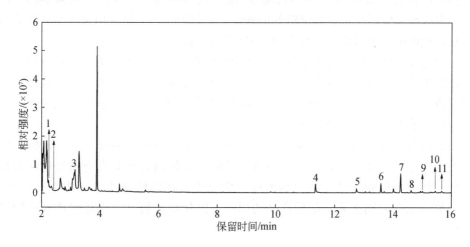

图 3-24　YQL-3 绿色颜料的总离子色谱图（THM-Py-GC/MS）

表 3-13　YQL-3 绿色颜料热裂解气相色谱质谱分析结果

| 序号 | 保留时间/min | 峰面积/% | 裂解化合物 |
|---|---|---|---|
| 1 | 2.23 | 5.41 | 甲基丙烯酸甲酯 |
| 2 | 2.43 | 0.16 | 1-甲基-吡咯 |
| 3 | 3.14 | 22.42 | *N,N*-二甲基-甘氨酸甲酯 |

| 序号 | 保留时间/min | 峰面积/% | 裂解化合物 |
|------|-------------|---------|-----------|
| 4 | 11.34 | 13.96 | 棕榈酸甲酯 |
| 5 | 12.74 | 5.44 | 硬脂酸甲酯 |
| 6 | 13.57 | 11.97 | 海松酸甲酯 |
| 7 | 14.26 | 30.69 | 脱氢松香酸甲酯 |
| 8 | 14.62 | 3.47 | 松香酸甲酯 |
| 9 | 15.01 | 1.60 | 7-甲氧基四脱氢松香酸甲酯 |
| 10 | 15.46 | 1.99 | 15-甲氧基脱氢松香酸甲酯 |
| 11 | 15.68 | 2.88 | 15-羟基脱氢松香酸甲酯 |

## 四、小结

裱糊使用的颜料均为素净、淡雅的颜色，以白、绿、蓝三种为主。

白色颜料通常以底灰和白色纹饰两种形式存在，以云母、铅白为主，这一点与档案记载的"云母粉"和"官粉/定粉"较为一致。另外，少数碳酸钙、钛白、滑石粉也使用在建筑等级略低的裱糊中，其中特别的是常用来涂布纸张的滑石粉在裱糊中也可以作为一种上色颜料模印纹饰。

蓝色颜料常涂布满裱糊本体，包括无机颜料和有机颜料两大类。石青和群青即档案中的"天青、梅花青、青金石"，涂布在纸张上，是裱糊中较为靓丽的一种颜色。靛蓝即广靛花，与碳酸钙混合以后涂布打底，形成淡蓝素净的底色，更好地衬托了表面的金色樱花纹饰。

绿色颜料有铜树脂酸盐和巴黎绿两种。在本章清中期的样品中，铜树脂酸盐为绿色银印花纸的规范用料，可以通过使用绿色颜料类型来判断绿色裱糊样品的年代，铜树脂酸盐在清中期的裱糊中应用，在清晚期的样品中也有出现，而巴黎绿使用时期更晚。如果样品使用的是巴黎绿颜料，应该是时代较晚的清末样品。

## 第四节　结　　论

裱糊是明清官式建筑的重要组成部分，蕴含着丰富的历史、艺术、科学价值。随着清王朝的没落，裱糊工艺的需求减少，此项精美工艺逐渐失传，现存珍贵的裱糊样品只残留在故宫、恭王府、颐和园等官式建筑中，相关档案记载也不够全面。前人对裱糊的研究主要集中在裱糊的文献整理、风格分析上，采用科学技术手段来系统揭示裱糊材料和工艺的研究较少，已有的分析体系不健全，关键技术不够成熟，且鲜见具有示范意义的应用实例。

本章使用了多种科学技术手段对裱糊样品的糊饰层进行分析，其结果可以互相验证。研究结果表明，明清官式建筑裱糊的糊饰层材料为竹纸、桑皮纸、苎麻、棉、丝绸等，通过浆糊黏结于建筑本体上，且不同建筑等级、不同位置的裱糊材料和制作工艺不同。热裂解气相色谱质谱是一种有效判别纸张和织物纤维种类的方法，特别是糟朽到难以观察形态的纸张和织物样品。

对银印花纸、色纸和色绢等糊饰表面颜料进行了扫描电子显微镜和拉曼光谱分析，确定了绿色颜料为铜树脂酸盐和巴黎绿，蓝色颜料为石青、群青和靛蓝，白色颜料多为铅白和云母。利用 Py-GC/MS 对颜料中所用胶结材料进行分析，结果表明为动物胶。其中，铅白、靛蓝、云母为档案中记载的官式匠作常用颜料；而铜树脂酸盐是使用松香树脂和醋酸铜合成的一种西方颜料，常见于文艺复兴时期荷兰、意大利等国的绘画作品中，这是首次在中国文化遗存中发现。

## 参 考 文 献

[1] 王仲傑. 清代裱糊作 [J]. 紫禁城，1995，(1)：47，43.

[2] 纪立芳. 素纸话新事　匠心存永续　养心殿裱糊勘察纪略 [J]. 紫禁城，2019，299 (12)：33-53.

[3] 纪立芳，方遒. 养心殿区域清宫内务府裱作档案述略 [J]. 故宫博物院院刊，2020，222 (10)：166-179，346.

[4] 纪立芳. 外王内圣——从养心殿区建筑内檐糊饰浅析明清帝王宫室内檐装饰风格之变迁 [J]. 建筑学报，2018，601 (10)：42-46.

[5] 王敏英. 古建筑内檐棚壁糊饰技术及相关技术问题 [J]. 古建园林技术，2012，116 (3)：25-29.

[6] 蒋博光. 明清古建筑裱糊工艺及材料 [J]. 古建园林技术，1992 (3)：12-16.

[7] 王仲杰. 宫廷窗纸裱糊之巧 [J]. 紫禁城，1993，(6)：16，6.

[8] 郭春芳. 清宫门窗用纸裱糊 [J]. 紫禁城，2004，(6)：43.

[9] 杨红. 紫禁城建筑室内纸张裱糊 [J]. 紫禁城，2010，185 (6)：88-97.

[10] 刘畅. 故宫宁寿宫花园内檐装修调查与解读 [J]. 建筑史，2005：72-81.

[11] 秦雷，王敏英，毛金陵. 以颐和园排云殿建筑群内檐修缮实践为起点的中国传统建筑内檐棚壁糊饰工艺应用的初步研究 [C]. 中国紫禁城学会. 中国紫禁城学会论文集（第六辑下）. 北京：紫禁城出版社.

[12] 纪立芳，王敏英，张德军. 古建筑避蠹研究初探——以故宫养心殿内檐糊饰为例 [J]. 自然与文化遗产研究，2021，6 (1)：29-37.

[13] 刘畅，曹静楼，王时伟. 倦勤斋保护工作阶段报告——通景画部分 [J]. 故宫博物院院刊，2004，(1)：127-138，161.

[14] Pessanha S, Guilherme A, Carvalho M L, et al. Study of a XVIII century hand- painted Chinese wallpaper by multianalytical non- destructive techniques [J]. Spectrochimica Acta Part B: Atomic Spectroscopy, 2009, 64 (6): 582-586.

[15] 马越, 雷勇, 王时伟. 故宫玉粹轩壁纸成分分析与工艺研究 [J]. 故宫博物院院刊, 2017, 189 (1): 154-159, 163.

[16] 马越, 纪立芳. 故宫养心殿燕喜堂裱糊纸调查研究 [J]. 文物保护与考古科学, 2021, 33 (6): 61-68.

[17] 李越, 刘梦雨, 刘瀚文. 故宫宁寿宫花园遂初堂糊饰的材料、工艺与装饰历史 [J]. 故宫博物院院刊, 2022, 240 (4): 108-126, 143.

[18] 王丛. 宁寿宫花园三友轩内檐装饰艺术研究 [D]. 北京: 中国艺术研究院, 2014.

[19] 张晓彤, 王云峰, 詹长法. 纸质文物保护修复的传统与现代 [J]. 中国文物科学研究, 2007, 5 (1): 61-65.

[20] 曹静楼, 吴钟, 常洁. 仿乾隆高丽纸的工艺研究 [A] //中国文物保护技术协会. 传统装裱技术研讨会论文集 (内部资料). 北京: 故宫博物院, 2005: 12-27.

[21] 艾俊川. "連四紙" 箋釋 [J]. 文津学志, 2018: 154-159.

[22] 石礼雄. 传承中的思考——传统连四纸制作技艺浅析 [J]. 华东纸业, 2011, 42 (5): 46-51.

[23] 张信涛. 铅山连四纸制作技艺及其保护 [J]. 老区建设, 2015, 435 (16): 49-51.

[24] 易晓辉. 清代内府刻书用 "开化纸" 来源探究 [J]. 文献, 2018, 166 (2): 154-162.

[25] 程瑞梅. 略论将乐毛边纸制作技艺的保护与传承 [C]. 中国图书馆学会. 中国图书馆学会年会论文集 (2016 年卷). 北京: 国家图书馆出版社, 2016.

[26] 刘仁庆. 论毛边纸——古纸研究之二十 [J]. 纸和造纸, 2012, 31 (5): 71-75.

[27] 曾纪刚. 古籍 "开化纸" 印本新考 [J]. 文献, 2020, 178 (2): 4-44.

[28] 邰琦. 山西临汾贾得村手工麻纸技艺传承与保护研究 [D]. 临汾: 山西师范大学, 2019.

[29] 刘仁庆. 古纸纸名研究与讨论之七 宋代纸名 (下) [J]. 中华纸业, 2017, 38 (3): 73-79.

[30] 刘仁庆. 论白鹿纸与白鹿宣——古纸研究遗补之一 [J]. 纸和造纸, 2015, 34 (2): 60-64.

[31] 刘仁庆. 古纸纸名研究与讨论之九 | 明代纸名 (上) [J]. 中华纸业, 2017, 38 (7): 96-100.

[32] 郭文林, 张小巍, 张旭光. 清宫蜡笺纸的研究与复制 [J]. 故宫博物院院刊, 2004, (6): 145-152, 160.

[33] Colombimi M P, Modugno F. Organic Mass Spectrometry in Art and Archaeology [M]. British: Jone Wiley&Sons Ltd, 2009: 3-4.

[34] 魏书亚, 马清林, Manfred Schreiner. 山东青州香山西汉墓彩绘陶俑胶接材料研究 [J]. 文博, 2009, 153 (6): 71-78.

[35] Wei S, Schreiner M, Rosenberg E, et al. The identification of the binding media in the Tang

dynasty Chinese wall painting by using Py-GC/MS and GC/MS techniques ［J］. International Journal of Conservation Science, 2011, 2 (2): 77.

［36］Wei S, Fang X, Yang J, et al. Identification of the materials used in an Eastern Jin Chinese ink stick ［J］. Journal of Cultural Heritage, 2012, 13 (4): 448-452.

［37］郑浩然, 周杰, 周骏懿等. 基于红外光谱和化学计量学的纺织品文物鉴定 ［J］. 浙江理工大学学报（自然科学版）, 2022, 47 (4): 490-495.

［38］Horn S W C. Lewis M, Palmer M R, et al. Examination of the composition and mechanism of discoloration of the fugitive pigment copper resinate ［J］. Inorganica Chimica Acta, 2020, 504 (C): 119407-119407.

# 第四章 古代香料

"香之为用，从上古矣"，自古以来香料就被广泛应用于我国古代的饮食、宗教祭祀以及医药等诸多领域。《说文解字》里解释：香，气芬芳也，也就是说，"香"一般指可以给予人美好香气或者香味的挥发性芳香物质。世界上其他地方的人们同样喜好可以散发香气的香料，体现了人们对生活的美好追求和审美意识，在欧洲，"香料"一词包含的意思更广，并非只限于提供美好气味的熏香制品，还包括调味品，如胡椒、丁香、姜、辣椒、檀香、龙涎香，还有樟脑、苦艾和象牙等[1]。天然香料以动植物的芳香部位为原料，分为动物香料和植物香料，动物香料多为动物体内的分泌物或排泄物，只有十几种，常用的有四种：麝香（Musk）、灵猫香（Civet）、海狸香（Castoreum）、龙涎香（Ambergris）[2]，相比于动物香料，植物香料分布更为广泛，种类也最繁多。植物香料主要来自植物的根、干、茎、枝、皮、叶、花、果实及树脂等，如檀香、降真香取自木材；肉桂取自皮；龙脑、沉香、安息香、乳香取自树脂等。香料植物基本都含有芳香性挥发油、抗氧化剂、杀菌素，可以驱虫除秽，也常常被用作中药，因此在史籍中用于治病的香品也称之为"香药"。爱德华·谢佛就曾指出中国古代的 drugs（药物）、spices（烹调香料）、perfumes（香水）、incenses（焚香）之间没有明确的界限[3]。

香料应用的历史是伴随着人类文明的进步而发展的。古代文明国家如印度、埃及、中国、波斯（现主要是伊朗）、希腊，都是记载和使用香料早的国家。作为一个历史悠久的文明古国，我国文化遗产积淀丰厚，香文化源远流长，早在5000年前的黄帝神农时代，中国人已与香料结缘，当时人们将采集到的树皮草根作为医药用品来驱疫辟秽，对自然界中各种植物花卉散发出来的香气也非常重视，对之产生美感。因此，早在上古时代这些芳香物质就起到敬神拜佛、清净身心之用，同时用于祭祀丧葬方面，后来才逐渐用于饮食、医药、装饰及美容等[4]。

从商朝以后出土的一些文物中，发现了一些香料器具，如香炉、薰球等。汉代的《汉宫典职》上就记载将薰香用于衣服涂香。马王堆一号汉墓就曾出土花椒、辛夷、佩兰、茅香、杜衡、藁本、桂、高良姜、姜等植物性香料十余种，以及香奁、香枕、香囊、熏炉和竹熏罩等香具，在研究该墓葬女尸的过程中，也发现了用香料进行防腐的用途。从昆明出土的文物中发现，在公元954～959年就有制造蔷薇水（一种花露水）的记载。在唐以前，就已将龙脑、郁金香等用于墨汁、金属箔、蜜汁等的赋香。还有用香料作为媚药[4,5]。

而从现存的史料来看,中国用香的历史确实可以溯及春秋之前,当时的"燎祭"(燔燎祭祀的遗存物不易分辨具体物品,统称"燎祭")就属于最早的用香行为;春秋时期,香料已经被社会所认可及使用,当时的典籍中就有很多关于古代社会用艾、芷、兰、郁、蕙、茅、椒、辛夷等草本芳香类植物或动物油脂的言说[6]。汉代时,香炉得到普遍使用,上层社会流行薰香、薰衣,也出现了调和多种香料的技术,香文化开始略具雏形;魏晋南北朝时期,文人阶层开始较多使用薰香;唐代时,香在诸多方面获得了长足发展,用香的种类也增加许多;到了宋代,由于经济比前代更加发达,人们生活水平有所提高,日常生活中香料的使用相对普遍,使用范围不断扩大,各种宫廷宴会、庆典都要用香。因此,香料的需求量也在不断地增大,大量的香料通过海运从其他国家如东南亚诸国、阿拉伯等地源源不断地输入中国,香料贸易不断兴盛,香文化达到鼎盛,完全融入人们的日常生活。宋代唐慎微《证类本草》等资料就曾记载当时香料的种类达一百多种,其中常见的有乳香、沉香、麝香、龙涎香、檀香、丁香、龙脑香、苏合香、鸡舌香、郁金香等[7-9],上列诸香,除丁香、麝香原产于我国外,其他各品大多传自域外,《宋史》中记载的来自异域的香料约30余种;继宋代之后的明代是又一香料进口的高峰期。"郑和下西洋"每次都会带回"明月之珠,鸦鹘之石,沉南、龙速之香,麟狮、孔翠之奇,梅脑、薇露之珍,珊瑚、瑶琨之美","充舶而归"(黄省曾《西洋朝贡典录序》);清代香料贸易有了一些新变化,清代前期,统治者依然享受着"万邦来朝"的待遇,异域香料依旧以"进贡"的形式源源不断地输入中国。清中期以后,由于欧洲殖民势力的扩张,许多出产香料的地方变成了欧洲人的殖民地,传统的"海上香料之路"也被欧洲人控制,向清廷进贡的香料越来越少;到了近代,中国传统香文化出现了断层,因此当今人们对香的了解甚是匮乏。

先秦时期,由于中原地区与盛产香料的西域以及南海诸国往来不多,先秦文献也未见香料传播方面的记载,加之中国本土香料就很少,因此当时香料无论从数量还是品种上都很贫乏。汉代,随着宫庭用香的扩大,外来香料传入中国,尤其汉武帝时期,国力强盛,通西域、平南越,打通了陆上丝绸道路。从此中国与世界其他国家开始联系,香料通过西域陆上丝绸之路的交通贸易传入我国,但由于路途遥远且艰辛,所能携带的香料数量仍然极为有限,且由于当时造船技术和海上航行技术还不是很发达,所以唐朝以前,中原地区所使用的香料,除少量从南洋经由海路进口,主要还是通过陆路从西域传入。唐时,在隋统一的基础上,政权更加稳定,经过贞观之治、开元盛世,经济繁荣,国力空前强盛,航海技术不断发展成熟,海上丝绸之路开始盛行,商业贸易和各国人民彼此频繁地交往,使外来香料尤其是南洋和西域各国的香料大量输入,此时进入了一个在中国对外交流与贸易史上别具意义的时代[2,4,10]。

古代的医学、本草、方书典籍中有大量关于香料的记载与描述，如《五十二病方》《后汉书》《三国志》《神农本草》《本草经集注》《新修本草》《本草拾遗》《本草纲目》《千金要方》《香谱》等是研究古代香料的重要材料，相对中国古代丰富多彩的香料科技与香文化来说，今人的相关研究与探讨比较薄弱，总体还不够成熟，并且只是从文献角度进行梳理总结，目前在宗教活动、社会生活、社会发展、医药研究、香料贸易及文化交流等方面取得了可观的成就。

# 第一节　古代常见香料

## 一、动物性天然香料

动物性天然香料是动物的分泌物或排泄物。动物性天然香料有十几种，经常应用的只有麝香、龙涎香、灵猫香和海狸香四种。

### （一）麝香

麝香（Musk）又称寸香、元寸、当门子、臭子、香脐子，是雄性麝科动物林麝（*Moschus berezovskii* Flerov.）、马麝（*M. sifanicus* Przewalski）或原麝（*M. moschiferus* L.）的肚脐和生殖器之间腺囊的分泌物，雄性麝鹿从 2 岁开始分泌麝香，自阴囊分泌的淡黄色、油膏状的分泌液存积于位于麝鹿脐部的香囊，并可由中央小孔排泄于体外。初为液态，晾干后逐渐浓缩凝固成深褐色粉末状或籽粒状。麝鹿生活在中国西南、西北部高原、北印度、尼泊尔和西伯利亚寒冷地带，是一种野生动物，我国麝类动物有林麝、马麝、原麝、黑麝和喜马拉雅麝等 5 种。麝香作为一种珍贵的中药材和优质定香剂，具有浓郁香味，穿透力强，对中枢神经系统有兴奋刺激作用。古语"有麝自然香，何用当风扬"，就是十分传神的说法。据《本草纲目》记载，麝香有"通诸窍"、开经络、透肌骨的功能，是治疗中风、脑炎的特效药。

麝香含麝香酮、降麝香酮、麝香醇、麝香吡喃、麝香吡啶、羟基麝香吡啶-A、羟基麝香吡啶-B、3-甲基环十三酮、环十四烷酮等，也含胆甾-4-烯-3-酮、胆甾醇及其酯类、睾丸酮、雌乙醇、5α-雄烷-3，17-二酮等 11 种雄烷衍生物。

### （二）龙涎香

龙涎香（Ambergris）也称龙腹香（在西方又被称为"灰琥珀"），干燥的龙涎香是不透明固态蜡状的可燃物质，具有独特的甘甜土质香味（类似异丙醇的气味），属于三环三萜类化合物。龙涎香一般是抹香鲸肠道中的一种病态分泌物，在吞食刺激性异物（主要指大乌贼和章鱼口中坚韧的角质颚和舌齿，其他鲸类未能消化且容易造成伤害的角质也属于这个范畴）后，很不容易消化，有的抹香鲸会将其吐出来，有的会留在体内，刺激了肠道，肠道就会分泌出一种特殊的蜡状物（鲸鱼肠道中的油脂和分泌物），将食物的残核包裹起来，经过生物酸和微生物的侵蚀把其他有机物分解，慢慢地就形成了龙涎香。

现代研究发现，龙涎香主要由龙涎香醇［三萜醇，又称龙涎香精（Ambrein）］和一系列胆甾烷醇类物质、少量对甲苯酚、邻苯二甲酸二乙酯等组成。其中龙涎香醇是龙涎香的主要成分，含量高达 30%~60%，其纯品为白色结晶，不具备龙涎香香气，但是其与龙涎香的香气及其他功能密切相关，天然龙涎香的组成是随着分离、纯化、分析技术的进步被逐步确定的，现已证明龙涎香醇经氧化或光降解可产生具有龙涎香香气的物质，这些香气成分中被研究最多的是降龙涎醚，降龙涎醚是龙涎香型香料的生物标记物，其余组分有不同强度的龙涎香气。

抹香鲸主要在热带和温带海域活动，我国的南海以及东海区域很适合抹香鲸生存，但由于古人对龙涎香的认识不足，因此在古代，龙涎香是作为一种贵重的贡品通过海路进入我国的。公元 6~7 世纪阿拉伯人发现龙涎香具有香料价值，他们开始在印度洋沿岸广泛采集该香料并加以利用，唐朝末年，龙涎香由阿拉伯传入中国。龙涎香最早的文字记载见于中土文献《酉阳杂俎》（唐段成式著）第四卷："拨拔力国，在西南海中……土地唯有象牙及阿末香。"拨拔力国，非洲古国，古代索马里北部地区亚丁湾南岸的柏培拉（Berbera）或者巴巴利（Barbary）的译音。一般认为其旧址在柏培拉，在宋代赵汝适《诸蕃志》一书中被译作弼琶罗，是古代东西方交通线上的一座重要良港。阿末香是唐代的一种叫法，为龙涎香阿拉伯语 Amber 的谐音，宋时称为龙涎。

宋朝龙涎香的进口也主要来自大食国（今阿拉伯地区），南宋周去非《岭外代答》卷三大食诸国中记载："大食者，诸国之总名也。有国千余所，知名者特数国耳。有麻离拔国。广州自中冬以后发船……再乘东北风，六十日顺风方到此国。产乳香、龙涎……蔷薇水等货"，所谓的麻离拔国是古代大食重要国家之一，古代东西方交通线上的重要港口，在今阿曼以南及也门地区，作为当时阿拉伯地区产出香料最主要的国家，当地不仅产龙涎香，更是宋人为获取各种香料的进口地，古代来自东西方的船舶以及商人多会于此。直到今天这一地区也是世界上最优质乳香的产地，并在黎凡特时代就有关于使用龙涎香、乳香、沉香等制作 Bakhoor 和香的记载。另外，龙涎香的产地还有层拨国、弼琶啰国、中理国等。

古代关于龙涎香的传说很多，使其自古就带有神秘的色彩，由于其非常罕见，而且采集困难，所以在宋代，龙涎香是进口香料中最贵的一种，可谓是不可多得的高价奢侈品，清代王士雄在《潜斋》云："龙涎如胶，每两与金等，舟人得之则巨富矣"；南宋张世南在《游宦记闻》中提到："诸香中'龙涎'最贵重，广州市值，每两不下百千，次等亦五六十千"，甚至更高；南宋张知甫在《张氏可书》记载："仆见一海贾鬻真龙涎香二钱，云三十万缗可售鬻。时明节皇后（宋徽宗的安妃刘氏）许酬以二十万缗，不售，遂命开封府验其真赝。吏问：'何以为别？'贾曰：'浮于水则鱼集，熏衣则香不竭。'果如所言"。由此可知，在当时，龙涎香的售价很高，在香料市场中占有极高的地位。

作为宋代最为奢侈高贵的香气，龙涎香受到社会各阶层的喜爱和推崇，但由于其价格高昂，非普通世人消费得起，因此龙涎香最大消费对象依旧是皇室贵族阶层，且由于龙涎香以皇帝独享的"龙"字赐名，因此使其身份被潜移默化地赋予了有别于其他稀有昂贵商品之外的附加属性，因此在世人及皇室贵族看来，使用龙涎香更能凸显其尊贵的身份地位，是一种身份象征，因此深受我国古代皇室的喜爱与追捧。

龙涎香数量有限，购买不易，且价格昂贵，给商贩们带来暴利的同时也引发了一个问题，出现了大量龙涎香的赝品。当然也带来一种现象，人工制作龙涎香，（宋）陈敬著的《香谱》中记载了很多合成龙涎香的方法，如北宋名医杨吉老所创制的龙涎香——杨吉老龙涎香："沉香一两，紫檀半两，甘松一两（去土拣净）脑、麝少许。右先以沉檀为细末，甘松别碾罗候。研脑、麝极细，入甘松内，三味再同研，分作三分，将一分半入沉香末中和合匀，入磁瓶密封，窨一宿。又以一分，用白蜜一两半重汤煮，干至一半，放冷入药，亦窨一宿；留半分，至调合时掺入搜匀。更用苏合油、蔷薇水、龙涎别研，再搜为饼子，或搜匀入磁盒内，掘地坑深三尺余，窨一月取出，方作饼子。若更少入制甲香，尤清绝"。此外，还有王将明太宰龙涎香、南蕃龙涎香、智月龙涎香、古龙涎香等人工合成的龙涎香。

## （三）灵猫香

灵猫香（Civet）为灵猫科动物大灵猫的香腺囊中的分泌物。灵猫分非洲灵猫和亚洲灵猫两类。非洲大灵猫生产于埃塞俄比亚、几内亚和塞内加尔等国，小灵猫主产于印度、孟加拉、苏门答腊、马来西亚和菲律宾等地。我国秦岭、长江流域以南及西藏等地有大灵猫，小灵猫则分布于我国淮河流域、长江流域、珠江流域以及福建、湖南、海南、云南、西藏等地。灵猫香鲜品为蜂蜜样的稠厚液，白色或黄白色，经久则色泽渐变，由黄色变成褐色，质稠呈软膏状。气香似麝香而浊，近嗅带尿臭，远嗅则类麝香，味苦。可辟秽，行气，止痛，此外还有治心腹卒痛、梦寐不安、疝痛的功效。

据我国古代本草记载，灵猫香与麝香的功效相似，可代替麝香[11]。唐代著名医学家陈藏器在《本草拾遗》中载："灵猫生南海山谷，状如狸，文似土豹，粪溺皆香如麝气。"古代医药本草记载"类（狸）"历来被作为药用，除了"食者不妒""佩不妒忌"系据"自为牝牡"而臆想的功效外，它的香确实可以代麝香使用。对瘴气深厚而热疾多发的南方地区，有很重要的药用价值。

灵猫香含特殊酮"香猫酮"。又含吲哚、粪臭素、乙胺、丙胺及几种未详的游离酸类。主含多种大分子环酮，如灵猫香酮、环十五酮、环十七酮等。

**（四）海狸香**

海狸香（Castoreum）为河狸科动物欧亚河狸（*Castor fiber* Linnaeus）及加拿大河狸（*Castor canadensis* Kuhe）的香囊分泌物，是一种名贵的定香剂。经干燥取出的海狸香呈褐色树脂状。海狸香分布于我国新疆、内蒙古、东北及北美、加拿大、阿根廷、阿拉斯加和西伯利亚等地。在海狸的生殖器附近有两个梨状腺囊，其内的白色乳状黏稠液即为海狸香，雄雌两性海狸均有分泌。具有通窍活络、镇惊止痛、清热解毒的功效。常用于治疗肢体瘫痪、四肢麻木、手足搐搦、小儿惊风，目赤肿痛等疾病。

海狸香已知的化学成分有水杨素、苯甲醇、安息香酸、对乙基苯酚以及结晶性的海狸香素（4%~5%），其中海狸香素是其主要的化学成分。天然海狸香成分取决于它所摄取食物的种类。

## 二、植物性天然香料

相比于动物性天然香料，植物性天然香料分布很广泛，种类也最繁多。在生物信息技术相对落后的古代中国，发现并被人们利用的香料植物品种就已达到100多种。许多植物的根、杆、茎、枝、皮、叶、花、果、树脂等均可成香。

植物香料按功用划分，可分为香辛蔬菜与调味类、药用保健类和香化环境类，例如，葱、姜、蒜、燕、韭、芹、茴香、花椒、马芹（孜然）、胡椒、桂皮等就属于香辛蔬菜与调味类；白芷、当归、黄精等属于药用保健类；而沉香、檀香、乳香、茉莉等属于香化环境类。需要特别指出的是，很多时候一种芳香植物可兼备几种功能，例如：沉香，既是香药又是环境薰香料；白芷，既是香药还可作为香辛调味料。按加工后的形态，植物香料又可分为原态香材、线香、蔑香、盘香、香丸、香粉、香膏、香汤、香脑油等。

按取材部位划分，大致可分为树脂类、香花类、香材类、果类、叶类和根茎类。例如，沉香、乳香、樟脑、龙脑、安息香等采自树脂；蔷薇、茉莉、水仙、玫瑰、紫罗兰等采自鲜花；降真香、檀香、肉桂采自香材；豆范、砂仁、草果、丁香、胡椒、花椒、辣椒、茴香、佛手柑、柠檬、柑橘等采自香果；蕾香、薄荷、桂叶等采自叶；郁金、白芷、姜等采自根茎。

另外，古代中国对外交流繁荣，从域外传入了不少外来品种的香料，因此，还可将植物香料分为本土植物香料和外来植物香料。本土植物香料主要包括土沉香、白芷、芍药、蕙草（零陵香）、花椒、桂、草果、砂仁、蔷薇、桂花、玫瑰等，域外植物香料主要有蕃沉香、檀香、龙脑香、乳香、安息香、豆范、丁香、胡椒、迷迭香、郁金香、金银香、苏合香、艾纳香、瓶香、耕香等。

### （一）龙脑香

龙脑香（Borneol 或 Camphol）现代又称冰片，古代还称之为瑞脑、梅片、梅冰或者羯布罗香，宋代多称为"脑子"，为龙脑香科植物龙脑香树凝结成的一种近于白色的晶体，干燥之后会发出浓烈的香味。龙脑香质地纯净，熏燃时不仅香气浓郁，而且烟气很小。天然的龙脑香多形成于树干的裂缝中，将其树干或树枝凿开就能引出树脂，除此之外，古人还掌握了利用加热蒸馏的方法将龙脑香从龙脑树中"逼出来"（火逼成片）。

龙脑香作为一种来自南洋的名贵进口香料很受世人偏爱，甚至被视为宫廷珍稀，唐代中外交往繁盛，龙脑从域外大量输入中国，也曾通过别国朝贡等途径得到。到了宋代，外邦来华朝贡龙脑就更为频繁，数量也大增。据《宋会要辑稿》《宋史》等史籍记载，外邦向宋朝进贡龙脑达 28 次之多。

由于龙脑香价值高昂，多为宫廷贵族所享用。龙脑香可以营造出仙境缥缈、香雾缭绕的氛围，所以龙脑香在佛教用香中也占据相当重要的地位，在佛教里，龙脑既是礼佛的上等供品，也是"浴佛"的主要香料之一。龙脑香与沉香、檀香、麝香并称为四大香中圣品，同时也是密宗五香之一（沉香、檀香、丁香、郁金香、龙脑香）。在当时香料的使用中占据特别尊贵及重要的地位。此外。龙脑香也有药用、祭祀、皇家赏赐、茶饮、入食、入酒等多种用途[12,13]。

### （二）乳香

乳香（英文 frankincense、gum olibanum、incense，拉丁文 *Boswellia frereana*）为橄榄科（Burseraceae）乳香属（*Boswellia*）植物卡氏乳香树（*Boswellia carterii* Birdw）及同属植物鲍达乳香树（*Boswellia bhaw dajiiana* Birdw）、野乳香树（*Boswellia neglects* M. Moore）等皮部渗出的胶状香味树脂，点燃后香气浓郁。乳香多产于红海沿岸的索马里、北埃塞俄比亚、南阿拉伯半岛、苏丹、土耳其及印度等地[14]。古代一般在春夏两季采收乳香，采集乳香时，先以刀具割开树皮，待树脂流出、凝固后即成。中国古代又称之为薰陆香，干燥后多呈小型乳头状、泪滴状或不规则的小块，所以称之为乳香、乳头香。

常用的乳香品种有 5 种，分别产自不同的国家：*Boswellia sacra*，产自阿拉伯国家的阿曼、也门和南部阿拉伯地区；*Boswellia carterii* 与 *Boswellia frereana*，产自非洲索马里；*Boswellia papyifera*，产自非洲埃塞俄比亚西部；*Boswellia serrata*，产自印度西部。我国常用品为埃塞俄比亚乳香和索马里乳香，欧洲、美国和印度等国家常用品为印度乳香[15]。

乳香在西方应用历史悠久，是西方最重要的两种香料之一（另一种为没药）。在西方宗教活动中，乳香是营造神圣气氛最重要的熏烧类香料，在《圣经》中提及最多的香料就是乳香，在古代的阿拉伯地区，乳香是一种极为昂贵奢侈的香料，受到古埃及、古罗马人的高度赞美，当时乳香必须以等重的黄金来换取。乳香自秦汉时期传入我国，在我国古代，乳香被宗教用于祭典，又由于其香气温和，留香持久，因此也常常当作熏香原料，用于合制香药，早在东汉就有应用乳香合香的记载。乳香还是重要的中医药材，具有消炎、止痛、形气、生肌、活血化瘀的功效[16]。主治气血凝滞、心腹疼痛、痈疮肿毒、跌打损伤、痛经等[17]，《本草纲目》记载："消痈疽诸毒，托里护心，活血定痛，治妇人难产，折伤"。"乳香香窜，能入心经，活血定痛，故为痈疽疮疡、心腹痛要药。……产科诸方多用之，亦取其活血之功耳"；《本草汇言》记载："乳香，活血祛风，舒筋止痛之药也。……又跌仆斗打，折伤筋骨，又产后气血攻刺，心腹疼痛，恒用此，咸取其香辛走散，散血排脓，通气化滞为专功也"。

由于乳香植物在我国并无野生分布，主要从域外传入，因此在传播过程中由于不同年代、不同地区古人认知的不同，会对乳香产生不同的叫法，在对乳香进行研究的过程中就发现乳香与熏陆香经常混用，而它们是否为同一种物质，古代就有争议，查阅古籍发现大部分认为熏陆香与乳香为同一物，而少数学者认为乳香与熏陆香并不是同一种药材，宁夏回族医药研究所的何婷、杨丽娟等通过本草学、文献学的方法确认乳香即熏陆香，即橄榄科 *Boswellia carterii* Birdw 及同属植物 *Boswellia bhawdajiana* Birdw 树皮渗出的树脂。而由于翻译的原因，有时也会将玛蹄脂（乳香脂）与乳香混淆，但其实两者是完全不同的树脂，两者的区别见表4-1。

**表4-1 玛蹄脂与乳香的区别[18,19]**

| 区别 | 玛蹄脂 | 乳香 |
| --- | --- | --- |
| 中文名称 | 玛蹄脂、乳香脂、洋乳香 | 乳香、熏陆香 |
| 英文名称 | mastic、mastiche | frankincense、olibanum |
| 科属 | 漆树科乳香黄连木（*Pistacia lentiscus*） | 橄榄科乳香树属（*Boswellia*） |
| 产地 | 叙利亚到西班牙的地中海沿岸，特别是希腊爱情海沿岸，以及葡萄牙、摩洛哥和加纳利群岛 | 索马里、北埃塞俄比亚以及南阿拉伯半岛苏丹、土耳其及印度等地 |
| 用途 | 主要用于制造保护金属、油画、水彩画的浅色漆。溶解在熟亚麻仁油(加热增稠)中作为油画调色用溶油，也用作色载色体，或者牙科黏结剂(不作药用) | 在古代用于祭典，也作药用，现仍是一种重要的香用树脂，在中国及东方各国都作内科和外科用药(不作漆用) |

乳香之路，是西亚阿曼前"来"中国的道路。3000 年前的陆上乳香之路见证了乳香成为古埃及、古希腊药物和香料的历史；乳香传入中国后，多用作香料，至唐代后被当做中药上品。随着乳香认知的发展和航海技术的提升，宋代海上乳香之路极为兴盛[20]。而至于乳香何时传入我国，目前还没有定论，有待进一步研究考证。1984 年，广州南越王墓发掘出土了乳香，这些乳香应是从中东经海路传入中国，因此，陈宝强认为乳香至迟于西汉初年就已出现在中国[21]，但由于当时技术限制，对南越王墓出土乳香的确定只采用了红外光谱技术，将其与现代乳香和松香标样进行对比分析，发现考古样品与松香完全不同，且其与乳香也并非完全相同[22]。大量研究表明，松香等二萜类树脂及乳香等三萜类树脂虽然可以通过红外光谱技术加以区分，但由于大多数三萜类树脂的红外特征十分相似，加之考古出土样品的复杂性，仅仅依靠红外光谱分析很难对其种类进行准确的判断[23]。

近年来，国内外已经采用过紫外光谱、红外光谱、核磁共振光谱、气相色谱质谱（GC-MS）等多种分析技术对乳香的化学成分进行了深入的研究[24-28]。乳香的主要成分包括树脂（60%~70%）、树胶（27%~35%）和挥发油（3%~8%），乳香树脂中主要含五环三萜类、四环三萜类和大环二萜类化合物。其中，五环三萜类是乳香属植物中分布最多的化合物类型，从乳香中分离出来特征性有效成分具有鲜明的结构特征，根据其结构特征可以将其分为乌苏烷型（Ursane，又称 α-香树脂烷型或熊果烷型）、齐墩果烷型（Oleanane，又称 β-香树脂烷型）以及羽扇豆烷型（Lupane）（图 4-1）[28-31]。其中最具代表性的是游离乳香酸（α-乳香酸、β-乳香酸）及其衍生物（图 4-2），可作为乳香的标志性化合物[32]。

乌苏烷型　　　　　齐墩果烷型　　　　　羽扇豆烷型

图 4-1　乳香中主要的三萜类化合物结构式

### （三）苏合香

苏合香为金缕梅科（Hamamelidaceae）枫香属植物苏合香树 *Liquidambar orientalis* Mill. 树干所分泌的香树脂，是一种半流动性的半透明黏稠液体，经加工精制而成，呈黄白色至暗灰棕色，气芳香。又称流动苏合香油、苏合香油、苏

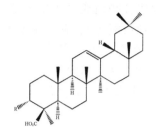
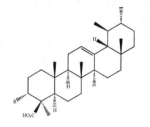

R= OH: α-乳香酸(1)           R= OH: β-乳香酸(2)

R= OAc: 3-O-乙酰基-α-乳香酸(3)    R= OAc: 3-O-乙酰基-β-乳香酸(4)

图4-2 乳香酸（α-乳香酸、β-乳香酸）及其衍生物结构式

合油、帝油流、帝膏[33-34]。苏合香是一种进口香料，产于异域，经由丝绸之路传入中国。

苏合香不仅可以熏香防腐、祭祀、礼佛，在古代还是一种非常有名的进口香药，广泛应用于古代的中医治疗，用来养生疗病，其善治昏厥、活血散结、开窍通淤，因此又被称为"还魂香"。秦汉时期，南朝梁陶弘景的《名医别录》中记载"味甘，温，无毒。主辟恶，杀鬼精物，温疟蛊毒，痫痓，去三虫，除邪，令人无梦魇。久服通神明，轻身长年"。明代李时珍的《本草纲目》中记载："苏合香气香窜，能通诸窍脏腑，故其功能辟一切不正之气。"晋代张华《博物志》曾记载，汉武帝时，长安发大疫，汉武帝在宫中烧天下异像，驱走了疫病，焚烧的香中就有苏合香。

苏合香一词最早见于《后汉书·西域传》卷八十八："大秦国，一名犁鞬，以在海西亦名云海，海西国地方数千里，有四百余城，人俗有类中国，故谓之大秦国，人合香谓之香，煎其汁为苏合油，其滓为苏合油香"，叶庭珪云："苏合香油亦出大食国，气味类于笃耨，以浓净无滓者为上。蕃人多以之吐身。以闽中病大风者亦做之。可合软香及入药用"。据此描述可知，苏合香应产于大秦国。而在其他史书中却又不同的记载，如《隋书》卷八十三记载："波斯国，都达曷水之西苏蔺城，即条支之故地也……土多…薰陆、郁金、苏合、青木等诸香"，《魏书》卷一百零二记载："波斯国，都宿利城，在忸密西，古条支国也……土地平正，出金、银、鍮石、珊瑚……郁金、苏合、青木等香"。而《本草纲目》记载："此香出苏合国，因以名之。梵书谓之，咄鲁瑟剑"。因此根据史料记载，苏合香可能产于大秦国、波斯国和苏合国等地区[34-36]。

苏合香主要由树脂（约36%）、水分（14%~21%）及部分油状液体构成，其中树脂部分由树脂酯类及树脂酸类组成，树脂酯是树脂醇类和芳香酸（主要成分是桂皮酸、苯甲酸）结合而成的酯类。树脂酸主要成分为齐墩果酮酸和3-表齐墩果酮酸。油状液体主要由萜类及芳香族化合物组成（主要成分：异松油烯、柠檬烯、桂皮酸、$\alpha$-蒎烯、$\beta$-蒎烯、莰烯、桂皮醛等），萜类主要为单萜及倍半萜类，芳香族化合物主要为桂皮酸及其酯类[37,38]。王世宇等、石聪文等曾通过不同的提取方法，采用气相色谱质谱（GC-MS）技术对其挥发油成分进行了鉴定，鉴定出乙醇、肉桂烯、长叶烯、石竹烯、柠檬烯、$\alpha$-蒎烯、$\beta$-蒎烯等多种化学成分[39,40]。

## （四）沉香

沉香又称"沉水香""水沉香"，或写作"沈香"（"沈"同"沉"），瑞香科（Thymelaeaceae）沉香属（*Aquilaria*）植物。阿迦嚧（agaru）是在唐代特别受人们喜爱的一种香材的梵文名称，从这个名称中衍生了许多沉香英文同义词，"aglewood"（沉香）、"agalloch"（沉香），就是从马来文"gahru"、希伯来文"ahaloth"和葡萄牙文"Aguila"等词语中衍生而来。这些字及其关系词都是指东南亚土生沉香属各种树的产品。沉香属的树主要是印度尼西亚的"*Aquilaria agallocha*"，马来西亚的"*A. malaccensis*"，苏门答腊的"*A. moszkowskii*"，以及中国海南的"*A. garandiflora*"[41]。

沉香不是木材，是混合了油脂（树脂）和木质成分的树脂，这类香树的木材本身并没有特殊的香味。在自然条件下，健康白木香树并不产生沉香，只有受到外界伤害或真菌侵染时才能合成、积累沉香树脂。

真菌入侵是沉香木结香的关键环节，当沉香树受到意外伤害会立即产生相应的应激反应，然后树体分泌大量的树液（树液主要成分：凝固因子、营养成分、抗体因子）来弥补伤口，树体在受伤愈合的过程中，如果其周边环境中的温湿度等条件适宜，且树体伤口周边也恰好存在适合的真菌，菌群就会通过沉香树的伤口表皮入侵树体，并且迅速将树液中的营养因子作为其培养基而进行一系列复杂的生物化学反应，在厌氧环境下，真菌会产生很多的代谢物，这些代谢物中含有大量沉香树原本没有的新的芳香物质，这些芳香物质就是沉香香气的来源，此时，沉香树内会生成大量凝固因子，并逐渐凝固被感染区域内的部分脉管中的树液，以此来抵抗真菌的进一步入侵。这时虽然沉香树已有芳香物质，但其量很少，并不成形，还不能成为沉香。真正形成沉香还需要感染的持续和扩散。真菌感染和代谢不仅停留在伤口位置，还会沿着树体的营养管道进一步入侵。在各种条件满足下，在沉香树内，真菌不断扩大感染，不断与树体内的各种因子相互作用，持续产生芳香物质，又不断被沉香树内的凝固因子凝结在脉管中，这个感染、反应、产生芳香物质、被凝固、再扩散感染的过程，周而复始，循环往复，被称为持续感染阶段。这一阶段是持续结香并最终结出成块沉香的保证。

最终，在沉香树体内，新生成的发香物质、真菌本体、真菌其他不发香代谢物、真菌死亡残留物、沉香树组织残留物以及树液中的部分物质在沉香树的凝固因子作用下，与树的木质纤维凝结固化在一起，这时，沉香树种就出现了一种由凝固的有机化合物群和木质纤维所组成的新的固体物质，这个新的固态混合物才是沉香。这个"树体受伤、真菌感染、感染扩散、树体抗感染、真菌代谢、产生芳香物质、被凝固、与木纤维一起形成混合物"的过程就是沉香的结香过程。

根据产地，沉香可分为国产沉香和进口沉香，国产沉香基原植物为沉香属 *Aquilaria sinensis*，白木香树（gharu- wood）是国产沉香的植物来源，主要分布在我国海南、广东、广西、福建等地，又称土沉香、莞香、海南沉香等；进口沉香基源植物多为沉香属 *Aquilaria malaccensi*、*Aquilaria crassna*，有马来沉香、越南沉香等，主要产于马来西亚、印度尼西亚、越南、缅甸、柬埔寨、印度等[42]。沉香自古以来就被中国及其他亚洲国家视为传统的名贵药材和天然香料。

沉香的成分显然不是树木，而是树脂和真菌经过漫长的岁月所形成的产物，而且感染越严重，油脂含量就越高，香味就越醇厚。沉香焚烧时发出的固有特殊气味根本原因在于其中富含大量的各种芳香族化合物，这也是沉香与未结香的正常生长的沉香树木材之间的根本区别。国内外众多学者一直致力于研究沉香中特定的芳香有机物的组成，为此先后发表过多篇论文，为沉香的研究做出了极大的贡献。在当代有机化学以及分析化学知识的指导下，利用高效液相色谱、波谱分析、气相色谱质谱（GC-MS）、顶空进样气相色谱质谱（HS-GC-MS）、热裂解气相色谱质谱（Py-GC/MS）、核磁共振等分析技术对沉香的化学成分进行了深入的研究[43-49]，对其成分有了全新的认识和了解。其化学成分主要是倍半萜类（挥发性成分）、芳香族类化合物及 2-(2-苯乙基) 色酮类衍生物，此外还有三萜类、脂肪酸类及其他成分。其中倍半萜类成分、2-(2-苯乙基) 色酮和芳香族化合物的种类和含量决定沉香品质，2-(2-苯乙基) 色酮类化合物的含量能够指示其树脂及结香程度，而倍半萜类则可能对沉香的香味产生影响，对于不同产地、不同结香方式的沉香，其化学成分及相对含量存在一定的差异。但总体而言，这两类成分含量越高，沉香的含香量越高[50-53]。

根据化合物骨架结构，沉香中的倍半萜类大致可分为沉香呋喃型（agarofurans）、沉香螺烷型（agarospiranes）、愈创木烷型（guaianes）、桉叶烷型（eudesmanes）、艾里莫芬烷型（eremophilanes）等类型[54-56]；沉香中的芳香族化合物则包括苄基丙酮（benzylacetone）、甲氧基苄基丙酮（*p*- methoxybenzyl acetone）、茴香酸（anisic acid）和白木香酸（baimuxinic acid）等[57]，王凌等曾采用气相色谱法对进口沉香中苄基丙酮的含量进行了测定[58]；2-(2-苯乙基) 色酮 [2-(2-phenylethyl) chromone] 类化合物是沉香的标志性组分，除沉香外，此类化合物在仅禾本科白羊草（*Bothriochloa ischaemum*）、葫芦科甜瓜（*Cucumis melo* L. var. Reticulatus）等植物中也有少量发现[59]。由于 NIST、Wiley 等数据库中关于2-(2-苯乙基) 色酮类物质的质谱数据很有限，因此很难通过质谱库的检索鉴定出该类化合物。近年来，越来越多的学者通过人工检索的方式推断其结构与质谱信息，通过研究发现2-(2-苯乙基) 色酮类化合物的特征碎片离子峰为 $m/z$ 91、107、121、137、160、190 等[51,60-61]。刘军民、Alkhathlan[62-65]等采用色谱等技术对沉香中2-(2-苯乙基) 色酮类成分进行了研究。目前，已从沉香中分离检测得到100多种2-(2-苯乙基) 色酮类化合物，主要有6种类型：fidersia 型 2-(2-苯乙基) 色酮、2-(2-苯乙烯基) 色酮，环氧5，6，7，8-四氢-2-(2-苯乙基) 色酮、5，6，7，8-四氢-2-(2-苯乙基) 色酮，2-(2-苯乙基) 色酮聚合物和2-(2-苯乙基) 色酮糖苷等[66]。为了便于对比分析，将已发表文献中常见的2-(2-苯乙基) 色酮类化合物及其质谱特征总结于表4-2。

**表4-2　沉香中2-(2-苯乙基) 色酮类化合物及其质谱特征**[59,60,64-65,67-71]

| 编号 | 化合物 | 分子式 | 分子量 | 特征离子($m/z$) |
|---|---|---|---|---|
| 1 | 2-(2-苯乙基)色酮 | $C_{17}H_{14}O_2$ | 250 | 91,250 |
| 2 | 6-羟基-2-(2-苯乙基)色酮 | $C_{17}H_{14}O_3$ | 266 | 91,266 |
| 3 | 7-羟基-2-(2-苯乙基)色酮 | $C_{17}H_{14}O_3$ | 266 | 91,266 |
| 4 | 8-羟基-2-(2-苯乙基)色酮 | $C_{17}H_{14}O_3$ | 266 | 91,266 |
| 5 | 4'-羟基-2-(2-苯乙基)色酮 | $C_{17}H_{14}O_3$ | 266 | 107,160,266 |
| 6 | 6-甲氧基-2-(2-苯乙基)色酮 | $C_{18}H_{16}O_3$ | 280 | 91,280 |
| 7 | 2-[2-(4'-甲氧基苯乙基)]色酮 | $C_{18}H_{16}O_3$ | 280 | 121,280 |
| 8 | 5,8-二羟基-2-(2-苯乙基)色酮 | $C_{17}H_{14}O_4$ | 282 | 91,282 |
| 9 | 6,8-二羟基-2-(2-苯乙基)色酮 | $C_{17}H_{14}O_4$ | 282 | 91,176,282 |
| 10 | 6-羟基-2-[2-(4-羟基苯乙基)]色酮 | $C_{17}H_{14}O_4$ | 282 | 107,147,176,282 |
| 11 | 6-羟基-2-[2-(2'-羟基苯乙基)]色酮 | $C_{17}H_{14}O_4$ | 282 | 107,137,176,282 |
| 12 | 6-羟基-7-甲氧基-2-(2-苯乙基)色酮 | $C_{18}H_{16}O_4$ | 296 | 91,296 |
| 13 | 6-羟基-6-甲氧基-2-(2-苯乙基)色酮 | $C_{18}H_{16}O_4$ | 296 | 91,296 |
| 14 | 6-羟基-2-[2-(4'-甲氧基苯乙基)]色酮 | $C_{18}H_{16}O_4$ | 296 | 121,296 |
| 15 | 4'-羟基-2-[2-(3'-甲氧基苯乙基)]色酮 | $C_{18}H_{16}O_4$ | 296 | 160,296 |
| 16 | 3'-羟基-2-[2-(4'-甲氧基苯乙基)]色酮 | $C_{18}H_{16}O_4$ | 296 | 137,296 |
| 17 | 2'-羟基-2-[2-(4'-甲氧基苯乙基)]色酮 | $C_{18}H_{16}O_4$ | 296 | 137,296 |
| 18 | 6,7-二甲氧基-2-(2-苯乙基)色酮 | $C_{19}H_{18}O_4$ | 310 | 91,310 |

续表

| 编号 | 化合物 | 分子式 | 分子量 | 特征离子($m/z$) |
|---|---|---|---|---|
| 19 | 6-甲氧基-2-[2-(3′-甲氧基苯乙基)]色酮 | $C_{19}H_{18}O_4$ | 310 | 121,310 |
| 20 | 6-甲氧基-2-[2-(4′-甲氧基苯乙基)]色酮 | $C_{19}H_{18}O_4$ | 310 | 121,310 |
| 21 | 5,8-二羟基-2-[2-(4′-甲氧基苯乙基)]色酮 | $C_{18}H_{16}O_5$ | 312 | 121,312 |
| 22 | 6,7-二羟基-2-[2-(4′-甲氧基苯乙基)]色酮 | $C_{18}H_{16}O_5$ | 312 | 121,312 |
| 23 | 6-羟基-2-[2-(3′-甲氧基-4′-羟基苯乙基)]色酮 | $C_{18}H_{16}O_5$ | 312 | 137,176,312 |
| 24 | 6-羟基-2-[2-(4′-甲氧基-3′-羟基苯乙基)]色酮 | $C_{18}H_{16}O_5$ | 312 | 137,176,312 |
| 25 | 6-甲氧基-2-[2-(3′-甲氧基-4′-羟基苯乙基)]色酮 | $C_{18}H_{16}O_5$ | 326 | 137,190,326 |
| 26 | 6,7-二甲氧基-2-[2-4′-羟基苯乙基)]色酮 | $C_{18}H_{16}O_5$ | 326 | 107,220,326 |
| 27 | 6-甲氧基-7-羟基-2-[2-(4′-甲氧基苯)乙基]色酮 | $C_{18}H_{16}O_5$ | 326 | 121,326 |
| 28 | 6,8-二羟基-2-[2-c3′-甲氧基-4′-羟基苯乙基)]色酮 | $C_{18}H_{16}O_6$ | 328 | 137,190,328 |
| 29 | 6,8-二羟基-2-[2-c4′-甲氧基-3′-羟基苯乙基)]色酮 | $C_{18}H_{16}O_6$ | 328 | 137,328 |
| 30 | 6,7-二甲氧基-2-[2-c4′-甲氧基苯)色酮 | $C_{18}H_{20}O_5$ | 340 | 121,340 |
| 31 | 6-甲氧基-8-羟基-2-(苯乙基)色酮 | $C_{18}H_{16}O_4$ | 296 | — |
| 32 | 6-羟基-8-氯-2-[2-(4-羟基苯基)乙基]色酮 | $C_{17}H_{13}ClO_4$ | 316 | — |
| 33 | 6-甲氧基-7-羟基-2-[2-(4-甲氧基苯)乙基]色酮 | $C_{19}H_{18}O_5$ | 326 | — |
| 34 | rel-(1$a$R,2R,3R,7$b$S)-5,6-环氧-7,8-二羟基-5,6,7,8-四氢-2-[2-(4-甲氧基苯)乙基]色酮 | $C_{18}H_{18}O_6$ | 330 | — |
| 35 | 7$\beta$,8$\beta$-环氧-6$\alpha$-羟基-5$\alpha$-甲氧基-5,6,7,8-四氢-2-[2-(4-甲氧基苯)乙基]色酮 | $C_{19}H_{20}O_6$ | 344 | — |
| 36 | (5$S^*$,6$R^*$,7$S^*$)-5,6,7-三羟基-2-(3-羟基-4-甲氧基苯乙基)-5,6,7,8-四氢-4H-色烯-4-酮 | $C_{18}H_{20}O_7Na$ | 371 | — |
| 37 | (5$S^*$,6$R^*$,7$R^*$)-5,6,7-三羟基-2-(3-羟基-4-甲氧基苯乙基)-5,6,7,8-四氢-4H-色烯-4-酮 | $C_{18}H_{20}O_7Na$ | 371 | — |

注:"—"代表不确定。

## (五)檀香

檀香为檀香科檀香属植物树干的干燥心材,一种生长极其缓慢的半寄生热带阔叶植物,又称真檀、旃檀、檀香木、白檀香。檀香是一种名贵的香料、药材及高级工艺雕刻品原料[72,73],能够散发浓郁芳香气味,素有"香料之王"的美誉。在自然条件下,檀香生长极其缓慢,通常要10年以上才开始形成心材,30~40

年左右完成结香。檀香也因此价格昂贵，被称为"黄金之树""摇钱树"[74]。

檀香浑身上下几乎都是宝，具有多种用途，自古以来檀香便深受欢迎，从印度到埃及、希腊、罗马的贸易路线上，常见蓬车载满着檀香。檀香可以入药，治心腹疼痛、噎膈呕吐、胸膈不舒；檀香树的树枝等部位质地坚硬、耐腐蚀，可用于雕刻、制作器具等；檀香树根部、主干碎材也可以提炼精油，甚至号称"液体黄金"。檀香具有防蚁的功能，许多古代的庙宇或家具，都是由檀香木所做。因其焚烧时独特的香味，令人身心放松、消除焦虑、安抚神经，对于冥想很有帮助，广泛被用在宗教仪式中制备传统燃香产品[73]，特别是印度和中国，对檀香的需求量至今不曾减少。

檀香种类有产自澳大利亚的大果澳洲檀香（*Santalum spicatum*）、产自印度和印尼的檀香（*Santalum album* L.），产自美国夏威夷的滨海夏威夷檀香（*Santalum ellipticum*）、大花澳洲檀香（*Santalum lanceolatum*）及斐济檀香（*Santalum yasi*）等。

虽然我国使用檀香已有 2000 年左右的历史，但引种檀香的历史还不到 100 年，并且使用的品种较混乱，紫檀、黄檀等豆科植物都曾与檀香混用[75]，根据史料记载，两汉时期，最早向中国进献白檀香料的异域国度有天竺、扶南、盘盘国等。我国历来所使用的进口檀香主要来源于印度（商品名为老山檀香）、澳洲（商品名为雪梨檀香）、印度尼西亚（商品名为新山檀香）。进口檀香以印度、印度尼西亚的檀香（*Santalum album* L.）作为檀香属中最为正宗、品质最佳、产量最高的一个品种，是最早传入中国的品种，也是收载于《中国药典》的唯一品种[76]。

檀香所含挥发油的主要成分为倍半萜类化合物，其中 $\alpha$-檀香醇和 $\beta$-檀香醇约占 90% 以上，是赋予檀香独特香气、发挥多种生物活性的特征性有效成分，也是檀香的特征化学成分，根据相关文献报道，鉴别檀香以是否含有主成分 $\alpha$-檀香醇、$\beta$-檀香醇作为关键性指标。此外，还含有檀萜烯、$\alpha$-檀香萜烯和 $\beta$-檀香花烯、檀萜烯酮、檀萜烯酮醇及少量的檀香萜酸、檀油酸、紫檀萜醛等成分。

对于檀香的研究多集中在生药学鉴定、栽培技术、质量研究、炮制加工、药理研究、临床应用等方面[77]，而对檀香的化学成分虽然也进行了广泛的研究，但研究角度也多局限于挥发油[78,79]，檀香挥发油的分析最常采用的方法是气相色谱质谱[80-83]。

（六）安息香

安息香（benzoin）是波斯语"mukul"和阿拉伯语"aflatoon"的汉译，为安息香科植物白花树（*Styrax tonkinensis*，又称越南安息香）的干燥树脂，表面为橙黄色，蜡样光泽，不规则的小块，稍扁平，常黏结成团块（自然出脂）；或为表面灰白色至淡黄白色,不规则的圆柱状、扁平块状(人工割脂)。味微辛,气芳香,嚼之有沙粒感,常温下质脆,易碎,加热则软化熔融,断面平坦,白色,放置后逐渐变为淡黄棕色至红棕色。

安息香最初产自西域诸国(安息国、龟兹国、漕国、阿拉伯半岛等),可能是由安息商人输入中国而得名,早期的安息香主要通过陆上丝绸之路进入中原,至迟北宋尚有此香自西而来的记载[36]。

在古代,安息香主要用作熏香、调香、药用等,如《新修本草》曰:"安息香,味辛,香、平、无毒。主心腹恶气鬼。西戎似松脂,黄黑各为块,新者亦柔韧";《本草》云:"出西戎。树形似松柏,脂黄色为块,新者亦柔韧。味辛苦,无毒,主心腹恶气、鬼疰";《后汉书·西域传》云:"安息国,去洛阳二万五千里,北至康。其香乃树皮胶,烧之,通神明,辟众恶";《酉阳杂俎》云:"出波斯国。波斯呼为辟邪。树长二三丈,皮色黄黑,叶有四角,经冬不凋。二月开花,黄色,花心微碧,不结实。刻其树皮,其胶如饴,名安息香";叶庭珪云:"出三佛齐国,乃树之脂也。其形色类胡桃瓤,而不宜于烧,然能发众香,故多用之,以和香焉"[36,84]。

安息香主要的化学成分有木脂素类化合物(苯并呋喃类、双四氢呋喃类、四氢呋喃类,其中苯并呋喃类是安息香属植物中最为多见的木脂素类)、萜类化合物(多为五环三萜类)、芳香类及挥发性成分(以苯甲酸的含量最高),目前已从安息香中分离鉴定出 61 种化学成分[85-89]。

## (七)降真香

降真香,又称降真、降香、鸡骨香、紫藤香(与植物紫藤无关)。降真香木为豆科植物,降香属,含有树脂的木材,其心材呈紫红色,是熏香、药用及染料的佳品。当降真香木受到环境因素(纬度、土壤、气候、地形)或外力(风、雨、雷、电及虫、蚁、鸟、兽)侵袭感染时,为求自我保护,防止伤口恶化,本树会启动愈伤组织,分泌多种元素油汁,再与堆积的养分结合,形成油脂固态凝聚物,最后再愈伤组织将之修复,长出新的组织。时间越久,油脂密度越高。与白木树身脱离后体积不等,形成各异含脂油物。

降真香主要产地在马来半岛、婆罗洲北部及苏门答腊、中南半岛柬埔寨以及中国。中国境内广东、广西、云南、安南、汉中、施州、永顺、保靖及占城、逼罗、渤泥、琉球诸番皆有之。《真腊记》记载:"降真生从林中。番人颇费坎降真生从林中。番人颇费坎祈之功乃树心也,其外白皮厚八九寸,或五六寸,焚之气之功乃树心也,其外白皮厚八九寸,或五六寸,焚之气劲而远。出三佛齐国者佳,其气劲而远,辟邪气。泉人每岁除,家无贫富皆熟之如播柴,虽在处有之,皆不及三佛齐国者。今有番降、广降、土降之别。"[2]降真香自唐宋以来,在宗教、香文化中占有重要的位置，甚至是人们不可或缺的日常用品，从唐诗的记载来看，唐代常用降真香。醮星辰用降真香，说明降真香在道教祭祀仪式中起着重要作用，是道家修身养性、祈求长生、行气修炼过程中不可或缺的"工具"，从众多的唐诗中便可看出[12]：

殿前松柏晦苍苍，杏绕仙坛水绕廊。垂露额题精思院，博山炉袅降真香。苔侵古碣迷陈事，云到中峰失上方。便拟寻溪弄花去，洞天谁更待刘郎（薛逢《题春台观》）；

仪容白皙上仙郎，方寸清虚内道场。两翼化生因服药，三尸卧死为休粮。醮坛北向宵占斗，寝室东开早纳阳。尽日窗间更无事，唯烧一炷降真香（白居易《赠朱道士》）。

1940 年以来，国内外学者对降真香化学成分进行了大量研究，对其中的结构进行不断的分离和鉴定，发现其主要成分为生物碱、挥发油、酚类等化合物。生物碱是降真香植物中的主要化学成分之一，结构类型常以呋喃喹啉生物碱出现。从降真香的叶、茎、果等不同部位可分离得到多种挥发油类成分，不同地域的降真香植物的挥发油主要成分存在一定的差异，国内外学者对其中的酚类化合物也曾进行了大量的研究[90]。

# 第二节　应用多种科技手段对现代香料标样的分析研究

## 一、香料的科技分析方法

通过傅里叶变换红外光谱（FTIR）、逸出气体分析与质谱联用（EGA-MS）、在线紫外照射/逸出气体分析与质谱（UV/EGA-MS）、热裂解气相色谱质谱（Py-GC/MS）、原位硅烷化裂解气相色谱质谱［Py（HMDS）GC-MS］等分析手段能够从分子层面提供植物遗存的生物来源、组成及利用方式等信息，尤其是对于保存不佳或者不具有形态鉴定特征的植物遗存的分析鉴定具有很大的优势，并且此类方法只需要微量的样品就可以提取到丰富的信息，十分适合对诸如古代香料这类珍贵且成分复杂样品的分析研究。以福建泉州湾宋代沉船出土香料为研究对象，利用 FTIR、EGA-MS、UV/EGA-MS、Py-GC/MS 等方法对其进行全面详细的分析，其中 FTIR、Py-GC/MS 的原理在本书第一章节已做详细介绍，在此不再赘述，而 EGA-MS、UV/EGA-MS 在文物材质分析中的应用较少，将对这两种技术的原理做详细介绍。

### （一）逸出气体分析与质谱联用

逸出气体分析与质谱联用（EGA-MS）技术结合了逸出气体分析（EGA）和

质谱（MS）这两种技术（图4-3），是一种特别适用于分析未知待测样品的技术。该技术通过对待测未知样品程序升温的过程，使得待测样品在热裂解炉内进行热释放以及热裂解反应，挥发出来的小分子由氦气作为载气载入无任何固定相的超合金空柱子EGA柱中，经由这根EGA柱将样品在不同温度下释放或裂解出来的小分子成分载入质谱检测器中检测，将获得一张真实反映样品在不同温度下所释放的气体的热谱图。

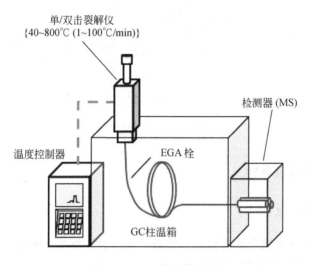

图4-3　EGA模式结构图

本书首次尝试将EGA-MS技术应用于考古研究。作为一种新方法，可以提供样品的热化学和热复杂性（EGA）信息，可以同时测定样品各成分的分解温度并鉴定逸出气体的详细成分信息以及化合物分布（MS）。而且该技术只需要微量样品，且样品不需要复杂的前处理过程，仪器操作方便简单、快速、重现性好，是对未知材料进行初步分析研究非常有用的工具。

（二）在线紫外照射/逸出气体分析与质谱联用

在线紫外照射/逸出气体分析与质谱联用（UV/EGA-MS）技术是紫外线照射、逸出气体分析与质谱技术相结合（图4-4）的一种技术，主要利用氙（Xe）灯发出的紫外线通过光纤电缆传送到热解器的中心，并直接照射样品。此过程中，高温热裂解仪给予样品一定温度，气相色谱提供一定的载气气氛。

当样品被紫外线照射时，样品可以在空气或任何其他气体气氛中保持所需的温度。等老化结束后，老化后的聚合物成分，可以继续采用EGA-MS模式进行进一步的检测分析。该技术可以很直观地评估样品在紫外线照射下的劣化情况，同时快速准确地判断样品各成分的稳定性，为下一步的深入研究奠定基础、提供参考。

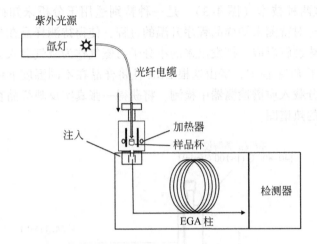

图 4-4 UV/EGA-MS 装置图

## 二、样品信息及实验条件

### (一) 样品信息

总共选取了 5 个现代参考样品：乳香、龙涎香、沉香、檀香、降真香，均购自中药材店，以及部分考古样品。

### (二) 分析仪器和条件

1. 样品显微形貌观察

HX-900 型超景深三维视频显微镜（日本大阪 KEYENCE/基恩士公司），镜头：VH-Z20R，照明方式：内置光源垂直照明，景深（mm）：34~0.44，工作距离：25.5，放大倍数：20~200。

2. 逸出气体分析与质谱联用技术

色谱柱：钝化金属毛细管，型号 UADTM-2.5N（2.5m×0.15mm I.D.），日本 Frontier Laboratories。

样品在裂解炉中升温程序：温度从 100℃升高至 600℃，升温速率：20℃/min，载气为高纯 He。

柱温箱温度为 300℃（GC），流速 3mL/min，分流比 1:20，离子源及表面温度分别为 200℃和 280℃。质荷比（$m/z$）为 50~800。

具体操作步骤为：首先设置升温程序，将样品置于样品杯内，之后将样品杯推入裂解炉，样品进入裂解炉进行程序升温，低温下，低沸点的小分子首先释放出来，最后在高温下，高分子聚合物发生裂解反应。

3. 在线紫外照射/逸出气体分析与质谱联用技术

UV-1047Xe 微型紫外线照射器，采用氙灯作为光源，波长：280 ~ 450nm，强度：700mW/cm² [日本前线实验室（Frontier Lab）]。

方法：将辐照器光纤电缆末端插入放有样品的样品杯，并置于垂直裂解炉（EGA/PY-3030D，日本 Frontier Laboratories）中直接进行辐照，裂解炉温度为恒温 60℃。

4. 傅里叶变换红外光谱分析

Nicolet 6700 高级傅里叶变换红外光谱仪（美国赛默飞世尔科技公司），测试条件：背景、样品扫描次数：16 次，波数范围：4000 ~ 500cm⁻¹；分辨率为 4cm⁻¹；测量附件为 ATR。

5. 热裂解气相色谱质谱仪

热裂解气相色谱质谱仪：日本前线实验室（Frontier Lab）热裂解仪 PY-3030D 和岛津（Shimadzu）气相色谱质谱仪 GC/MS-QP2010Ultra，色谱柱型号为安捷伦 DB-5MS UI，长 20m，内径 0.18mm，膜厚 0.18μm。

### 三、应用傅里叶变换红外光谱对香料的分析

图 4-5 为现代乳香标样（MF）与考古出土树脂香料 AR-1 红外光谱对比图，两者的红外光谱图表现出高度的相似性，不同的是样品 AR-1 在 1025cm⁻¹ 附近的峰分裂为两个小峰，推测可能是由 C—O—C 的断裂引起的，其红外吸收峰归属见表 4-3，表现出萜类化合物的特征[91-93]。

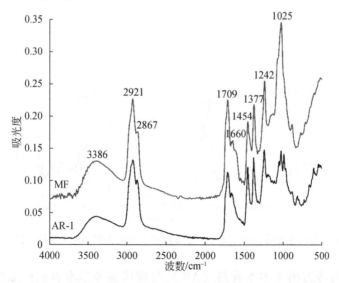

图 4-5　现代乳香标样（MF）与考古出土树脂香料 AR-1 红外光谱对比图

**表 4-3　乳香红外光谱吸收峰归属**

| 吸收峰位置/cm$^{-1}$ | 归属 |
| --- | --- |
| 3386 | O—H 的伸缩振动 |
| 2921,2867 | CH$_3$、CH$_2$ 的对称和不对称伸缩振动 |
| 1709 | 羰基 C＝O 伸缩振动 |
| 1660 | C＝C 伸缩振动 |
| 1454 | CH$_2$、CH$_3$ 的不对称弯曲振动 |
| 1377 | CH$_3$ 的对称弯曲振动 |
| 1242,1025 | C—O—C 伸缩振动特征峰 |

考古出土树脂香料 AR-2、AR-4 与 AR-1 的红外分析结果一致，同样表现出萜类化合物的特征，而 AR-3 的红外光谱与其他三个样品很不一样，推测样品 AR-3 可能为古代的动物香料龙涎香，因此将样品 AR-3 的红外光谱图与现代龙涎香标样进行比较，从两者的红外光谱图可以看出（图 4-6），相比于现代龙涎香标样，考古出土树脂香料 AR-3 由于长时间的老化降解，除了个别峰，其余很多峰的峰强很弱，甚至变为一个很大、很宽的峰，因此，通过红外光谱，不能确定样品 AR-3 是否为古代的龙涎香，需要其他实验进行进一步验证。

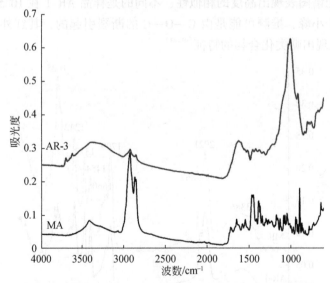

图 4-6　现代龙涎香标样（MA）与考古出土树脂香料 AR-3 红外光谱对比图

图 4-7 为考古出土木本香料（AW）与现代参考木本香料样品檀香（TS）、降真香（JS）、沉香（CS）的红外光谱对比图，对其主要吸收峰的归属进行总

结，结果见表4-4，主要光谱峰一致，主要表现出木质纤维素、半纤维素、木质素等的特征。

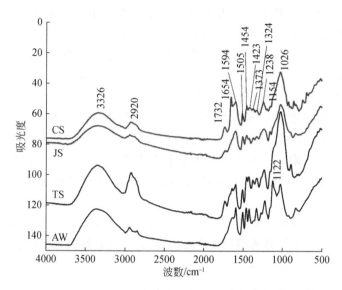

图4-7　考古出土木本香料（AW）与现代参考木本香料檀香（TS）、降真香（JS）、
沉香（CS）的红外光谱对比图

**表4-4　木本香料红外光谱吸收峰归属**

| 吸收峰位置/cm⁻¹ | 归属 |
| --- | --- |
| 3326 | O—H 的伸缩振动 |
| 2920 | C—H 伸缩振动 |
| 1732 | 半纤维素乙酰基上 C=O 伸缩振动 |
| 1654 | C=O 伸缩振动，对位取代共轭芳酮的吸收 |
| 1594 | 木质素侧链上的 C=O 伸缩振动加上芳香核振动的吸收 |
| 1505 | 木质素苯环骨架伸缩振动 |
| 1454 | 木质素中甲基与亚甲基 C—H 不对称弯曲振动 |
| 1423 | 综纤维素 O—H 面内振动/木质素甲基 C—H 弯曲振动 |
| 1373 | 综纤维素 C—H 弯曲振动 |
| 1324 | 木质素中紫丁香基单元 C—O 变形振动 |
| 1238 | 半纤维素酰氧键—COO 伸缩振动 |
| 1154 | 综纤维素 C—O—C 变形振动 |
| 1026 | 纤维素、木质素 C—O 伸缩振动 |
| 1122 | 木质素紫丁香基单元上 C—H 面内弯曲振动 |

图4-7中三种现代参考木本香料样品均在1732cm$^{-1}$附近存在一个吸收峰，此吸收峰属于半纤维素木聚糖的 C ＝O 伸缩振动，而考古出土木本香料（AW）在此处的吸收峰几乎消失，表明考古出土木本香料半纤维素受到了严重降解；而对于与木质素相关的两个（1594cm$^{-1}$ 与 1505cm$^{-1}$ 附近）吸收峰的相对强度明显考古出土木本香料高于现代参考木本香料样品，说明考古出土木本香料中木质素的相对含量要高于现代参考木本香料样品，同样，相比于现代参考木本香料样品，考古出土木本香料（AW）在 1373cm$^{-1}$、1154cm$^{-1}$ 处综纤维素（包括纤维素和半纤维素）的吸收峰几乎消失，表明考古出土木本香料中综纤维素同样受到了严重的降解，此外，考古出土木本香料在 1122cm$^{-1}$ 附近出现了新的吸收峰，1122cm$^{-1}$ 附近的吸收峰是木质素紫丁香基单元上 C—H 面内弯曲振动，加上 1324cm$^{-1}$ 处的强吸收峰，表明考古出土木本香料含有更多的紫丁香型木质素。

通过红外光谱分析表明考古木材中的纤维素，半纤维素含量下降，木质素的相对含量提高，由于红外光谱只能表现出木材三大组分的特征及其含量，无法通过其准确地判断木材的种属。

**四、逸出气体分析与质谱联用技术对香料的分析**

逸出气体分析与质谱联用（EGA-MS）技术不仅可以显示样品在不同温度下释放气体的情况，确定样品的分解温度，而且可以鉴定释放气体的质谱图，有助于我们了解材料的适宜裂解温度和裂解产物，因此本书首先利用该技术对现代参考乳香标样及考古出土树脂样品进行了检测分析。

图4-8为现代参考乳香标样的 EGA-MS 热解析图及平均质谱图，从图4-8（a）可以看出该样品存在两段热释放行为：第一段（Zone1）释放行为从150℃开始，到280℃结束，从其平均质谱图（图4-8b1 Zone1）可以看出这一阶段主要是乳香中挥发油的解析；第二段（Zone2）释放行为从280℃开始，到550℃结束，表明样品在550℃分解完全，这一阶段（图4-8b2 Zone2）主要是乳香中树脂（主要是五环三萜类）的解析。

图4-9为考古出土树脂香料 AR-1 的 EGA、MS 热解析图及其平均质谱图，从图4-9（a）可以看出该样品存在一段热释放行为，释放行为从200℃开始，到500℃结束，最高点位于300℃。表明样品在500℃分解完全，从其平均质谱图 [图4-9（b）] 可以看出，这部分也主要是乳香中树脂（主要是五环三萜类）的解析。

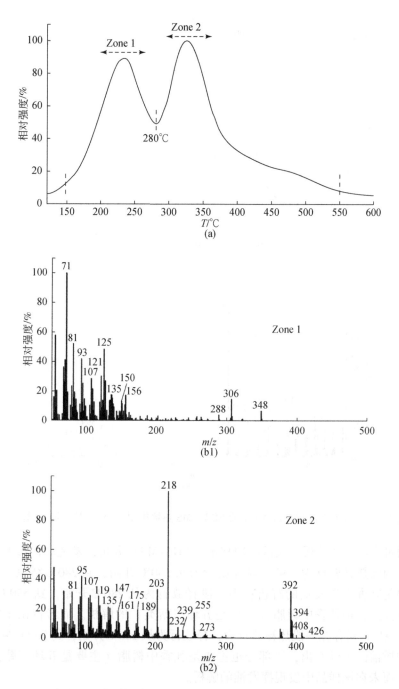

图4-8 现代参考乳香标样的 EGA/MS 热解析图（a）及其第一段（Zone1，b1）
与第二段（Zone2，b2）平均质谱图

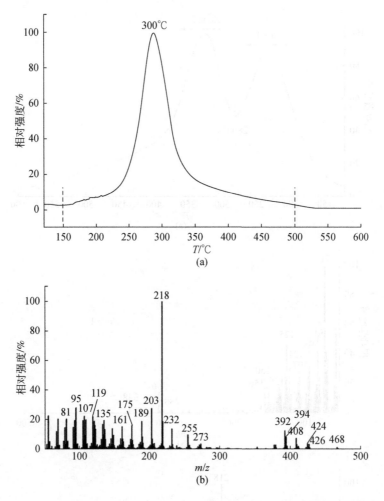

图 4-9　考古出土树脂香料 AR-1 的 EGA、MS 热解析图（a）及其平均质谱图（b）

通过逸出气体分析与质谱联用技术（EGA-MS）分析，发现现代参考乳香标样存在两段热释放行为。第一段释放行为从 150℃ 开始，到 280℃ 结束，这一阶段主要是乳香中挥发油的解析；第二段释放行为从 280℃ 开始，到 550℃ 结束，这一阶段主要是乳香中树脂（主要是五环三萜类）的解析。而考古出土树脂香料样品 AR-1 只存在一段热释放行为，释放行为从 200℃ 开始，到 500℃ 结束，从其平均质谱图可以看出，这部分也主要是乳香中树脂（主要是五环三萜类）的解析，而未在该样品中发现挥发油的解析。

为了探究现代参考乳香标样与考古出土树脂香料 AR-1 之间热释放行为的差异，采用 UV/EGA-MS 对现代乳香标样经过不同老化时间后的样品进行了对比分析，辐照时间分别为4h、10h、16h、30h。

具体分析步骤：首先将待测样品置于紫外专用的两侧带孔的样品杯中，再将样品杯置入热裂解仪内部，紫外光纤直接通过热裂解仪的进样口探入装有待测样品的样品杯中。该技术利用氙灯发出的紫外线通过光纤电缆传送到热解器的中心，并直接照射样品，对样品进行一定波长（280~450nm）、一定光照强度（100%）的照射。样品在此条件下不断老化降解，老化结束后，老化后的聚合物成分，可以继续采用EGA-MS释放气体分析模式进行进一步的检测分析。

从图4-10可以看出，与未老化（No UV）样品相比，随着老化时间的延长，第一阶段（Zone1）峰强显著降低，且信号峰有一个向较高温度的转变，尤其是老化30h后，几乎合并成一个单一峰。这也进一步印证了现代乳香标样与考古出土树脂香料AR-1的EGA、MS热解析图之间的差异可能是由于乳香长时间的老化降解导致乳香中挥发油的含量不断减少，从而引起其热解析图的变化，同时也说明香料中三萜类化合物的性质比较稳定，在埋藏环境中不易老化降解，或者老化降解的速度很慢，能够在考古样品中长期并稳定地存在。

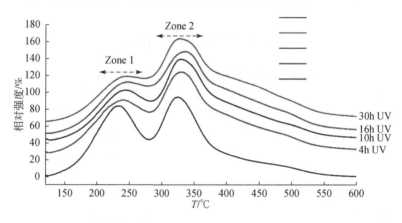

图4-10　现代乳香标样EGA、MS热解析图

## 五、应用热裂解气相色谱质谱对香料的分析

热裂解气相色谱质谱仪设置参数如下：裂解温度300℃，裂解时间0.2min，裂解器接口温度280℃，进样口温度250℃，色谱柱的初始温度35℃，保持2min，然后以8℃/min的速率升至240℃，以3℃/min的速率升至250℃，保持4min，之后以20℃/min的速率升至300℃，保持23min，流速3mL/min，分流比1∶20，离子源及表面温度分别为200℃和280℃。质谱仪电离电压：145.3eV；质荷比（$m/z$）为50~800，载气：高纯氦气。用NIST14和NIST14s质谱数据库

来鉴定分离后的化合物。

（一）檀香

图 4-11 为现代檀香标样的 TIC 图，其热裂解气相色谱质谱分析结果见表 4-5，检测到大量的挥发油成分，尤其是检测到 $\alpha$-檀香醇和 $\beta$-檀香醇，其分子结构式及质谱图见图 4-12 与图 4-13，檀香醇是檀香发挥药理作用的有效成分，也是檀香挥发油的主要化学成分[76]，可用来鉴定檀香。

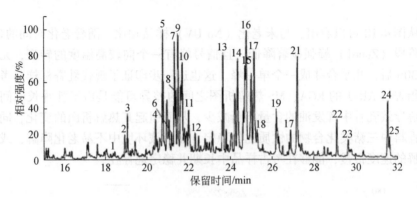

图 4-11　现代檀香标样的 TIC 图

**表 4-5　现代檀香标样的 PY-GC/MS 分析结果**

| 编号 | 保留时间/min | 裂解化合物 | 分子量 | 主要离子峰(m/z) |
|---|---|---|---|---|
| 1 | 18.02 | $\alpha$-法尼烯 | 204 | 69,79,93,107,123,151 |
| 2 | 18.93 | — | — | 91,119,137,165,180 |
| 3 | 19.06 | (E)-3-(4,8-二甲基-3,7-二烯基)-呋喃 | 218 | 69,81,175,203 |
| 4 | 20.42 | — | — | 93,132,182,234 |
| 5 | 20.71 | $\alpha$-檀香醇 | 220 | 79,94,107,122,159,187 |
| 6 | 21.18 | (Z)-epi-$\beta$-檀香醇 | 220 | 79,94,122,134 |
| 7 | 21.32 | 金合欢醇 | 222 | 69,81,136,161,191 |
| 8 | 21.38 | $\beta$-檀香醇 | 220 | 79,**94**,107,122,189 |
| 9 | 21.49 | (S,Z)-2-甲基-6-(对甲苯基)庚-2-烯-1-醇 | 218 | 91,105,119,132,145,200 |
| 10 | 21.65 | 松柏醛 | 178 | 69,107,135,147,178 |
| 11 | 21.95 | — | — | 79,93,121,139,167,210 |

续表

| 编号 | 保留时间 /min | 裂解化合物 | 分子量 | 主要离子峰(m/z) |
|---|---|---|---|---|
| 12 | 22.32 | 顺式澳檀醇 | 220 | 79,93,121,137,161,189 |
| 13 | 23.57 | — | — | 79,93,107,121,149,167 |
| 14 | 24.33 | — | — | 69,81,93,109,121,137,151 |
| 15 | 24.68 | — | — | 79,94,107,121,167,187 |
| 16 | 24.75 | 十六烷酸 | 256 | 73,97,129,185,213,256 |
| 17 | 25.12 | 反式芥子醇 | 210 | 77,121,149,167,210 |
| 18 | 25.26 | — | — | 79,94,122 |
| 19 | 26.18 | 齐墩果腈 | 263 | 83,97,122,136,150,220,234 |
| 20 | 26.86 | 油酸 | 282 | 83,97,111,125,264 |
| 21 | 27.19 | 十八烷酸 | 284 | 73,87,129,185,241,284 |
| 22 | 29.09 | 3-(4-甲氧基苯基)2-丙烯酸-2-乙基己酯 | 290 | 121,133,161,178 |
| 23 | 29.63 | (Z)-9-十八碳烯酰胺 | 281 | 59,72,112,136,281 |
| 24 | 31.53 | — | — | 97,121,136,150,164,234,276,290 |
| 25 | 31.61 | 十六烷酸正辛酯 | 368 | 71,83,112,239,256 |

注:"—"代表不确定。

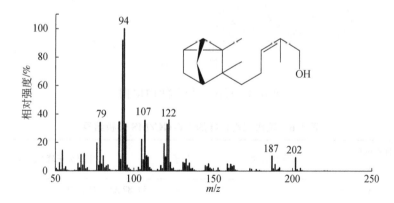

图 4-12 α-檀香醇的质谱图及其对应的分子结构式

## (二)沉香

图 4-14 为现代沉香标样的 TIC 图,其热裂解气相色谱质谱分析结果见表 4-6,检测到大量的挥发性芳香族化合物和脂肪酸等成分。虽然沉香的特征成分 2-(2-

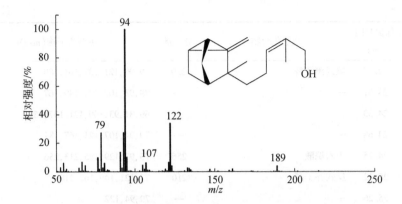

图 4-13　β-檀香醇的质谱图及其对应的分子结构式

苯乙基）色酮类化合物未在数据库中识别，但是通过抽提离子，在现代沉香标样中发现了多种色酮类化合物（表 4-7），对应的质谱图见图 4-15。

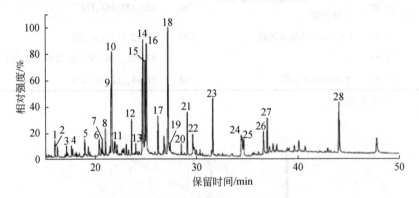

图 4-14　现代沉香标样的 TIC 图

### 表 4-6　现代沉香标样的 PY-GC/MS 分析结果

| 编号 | 保留时间/min | 裂解化合物 | 分子量 | 主要离子峰(m/z) |
|---|---|---|---|---|
| 1 | 16.02 | — | — | 59,87,98,115,172 |
| 2 | 16.26 | 3-羟基-4-甲氧基苯甲醛 | 152 | 81,109,123,151 |
| 3 | 17.13 | 反式异丁香酚 | 164 | 77,103,131,149,164 |
| 4 | 17.63 | 6-甲氧基-3-甲基苯并呋喃 | — | 91,119,130,147,162 |
| 5 | 18.95 | — | — | 55,91,137,165,180,207 |
| 6 | 20.43 | 4-羟基-3,5-二甲氧基苯甲醛 | 182 | 65,93,139,182 |

续表

| 编号 | 保留时间<br>/min | 裂解化合物 | 分子量 | 主要离子峰(m/z) |
|------|------|------|------|------|
| 7 | 20.74 | — | — | 51,77,131,177,192 |
| 8 | 21.06 | (E)-2,6-二甲氧基-4-(1-丙烯-1-基)苯酚 | 194 | 77,91,131,194 |
| 9 | 21.61 | 4-羟基-2-甲氧基肉桂醛 | 178 | 77,107,135,147,161,178 |
| 10 | 21.68 | (E)-4-(3-羟基-1-丙烯)-2-甲氧基苯酚 | 180 | 77,91,124,137,180 |
| 11 | 21.93 | 十四烷酸 | 228 | 73,115,129,185,228 |
| 12 | 23.61 | 正十六烷醇 | 228 | 55,69,83,97,111,125 |
| 13 | 24.02 | 反式芥子醇 | 210 | 77,121,149,167,210 |
| 14 | 24.75 | 十六烷酸 | 256 | 73,97,129,<br>185,213,256 |
| 15 | 24.98 | 3,5-二甲氧基-4-羟基肉桂醛 | 208 | 77,91,137,165,208 |
| 16 | 25.11 | 反式芥子醇 | 210 | 77,121,149,167,182,210 |
| 17 | 26.24 | 1-壬烷醇 | 284 | 83,97,111,125,139 |
| 18 | 27.21 | 十八烷酸 | 284 | 73,129,185,227,241,284 |
| 19 | 27.41 | 十八烷酰胺 | 283 | 59,72,114,128 |
| 20 | 28.50 | — | — | 73,147,221,281,295,341,369 |
| 21 | 29.11 | 3-(4-甲氧基苯基)-2-丙烯酸-2-乙基己酯 | 290 | 121,161,178 |
| 22 | 29.65 | (Z)-9-十八碳烯酰胺 | 281 | 59,72,112,126,184 |
| 23 | 31.65 | 十六烷酸辛酯 | 368 | 55,71,83,112,256 |
| 24 | 34.43 | 6-苄氧基-3,4-二氢-4,4-二甲基-香豆素 | 282 | 65,91,282 |
| 25 | 34.66 | — | — | 57,69,128,155,241,259,272,282 |
| 26 | 36.64 | (Z)-13-二十二碳酰胺 | 337 | 59,72,112,126 |
| 27 | 37.01 | 角鲨烯 | 410 | 69,81,95,136 |
| 28 | 44.05 | 2,4-二(1,1-二甲基乙基)-苯酚亚磷酸盐(3:1) | 646 | 57,91,147,441 |

注："—"代表不确定。

**表 4-7　现代沉香标样中色酮类化合物的 PY-GC/MS 分析结果**

| 保留时间/min | 化合物 | 特征离子 |
|---|---|---|
| 29.52 | 2-(2-苯乙基)色酮 | 91,250 |
| 32.47 | 6-羟基-2-(2-苯乙基)色酮/7-羟基-2-(2-苯乙基)色酮/8-羟基-2-(2-苯乙基)色酮 | 91,266 |
| 33.62 | 6-甲氧基-2-(2-苯乙基)色酮 | 91,280 |
| 34.45 | 5,8-二羟基-2-(2-苯乙基)色酮 | 91,282 |
| 37.58 | 6,7-二甲氧基-2-(2-苯乙基)色酮 | 91,310 |
| 37.85 | 5,8-二羟基-2-[2(4′-甲氧基苯基)乙基]色酮/6,7-二羟基-2-[2(4′-甲氧基苯基)乙基]色酮 | 121,312 |

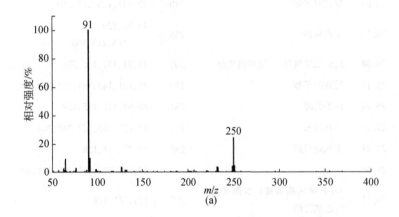

(a)

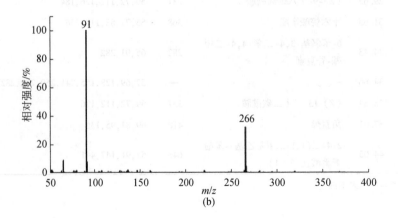

(b)

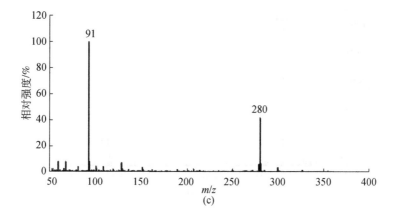

(c)

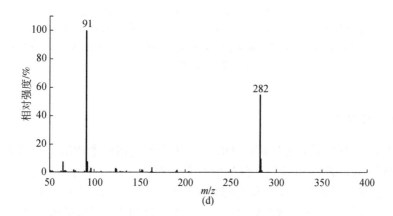

(d)

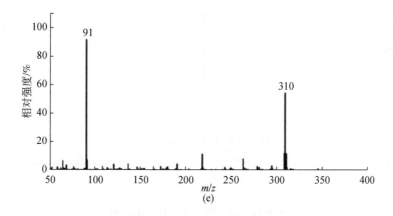

(e)

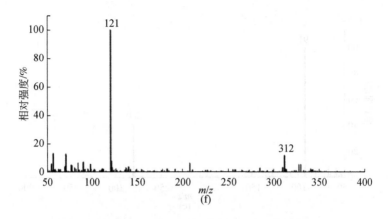

图 4-15　现代沉香标样中色酮类化合物的质谱图

（a）2-(2-苯乙基）色酮；（b）6-羟基-2-(2-苯乙基）色酮/7-羟基-2-(2-苯乙基）色酮/8-羟基-2-(2-苯乙基）色酮；（c）6-甲氧基-2-(2-苯乙基）色酮；（d）5,8-二羟基-2-(2-苯乙基）色酮；（e）6,7-二甲氧基-2-(2-苯乙基）色酮；（f）5,8-二羟基-2-[2（4′-甲氧基苯基）乙基]色酮/6,7-二羟基-2-[2（4′-甲氧基苯基）乙基]色酮

### （三）降真香

图 4-16 为现代降真香标样的 TIC 图，热裂解气相色谱质谱分析结果见表 4-8，检测到大量的挥发油成分，包括间愈创木酚、反式异丁香酚、橙花叔醇、α-法尼烯等，尤其是橙花叔醇，作为降真香的主要成分，占挥发性成分的一半以上，是其特征性成分[94]，可用来鉴定降真香，其分子结构式及其质谱图见图 4-17。

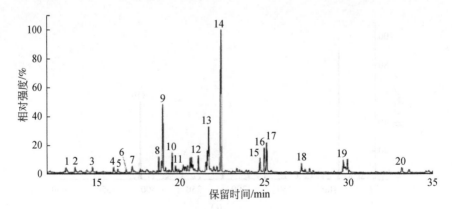

图 4-16　现代降真香标样的 TIC 图

**表 4-8　现代降真香标样的 PY-GC/MS 分析结果**

| 编号 | 保留时间/min | 裂解化合物 | 分子量 | 主要离子峰(m/z) |
|---|---|---|---|---|
| 1 | 13.17 | 间愈创木酚 | 124 | 81,94,124 |
| 2 | 13.71 | 3-甲氧基-1,2-苯二醇 | 140 | 51,97,125,140 |
| 3 | 14.75 | 2-甲氧基-4-乙烯基苯酚 | 150 | 77,107,135,150 |
| 4 | 16.04 | — | — | 59,87,98,115,172 |
| 5 | 16.30 | — | — | 81,97,125,140,151 |
| 6 | 16.79 | 3,4-二甲氧基苯酚 | 154 | 65,93,111,139,154 |
| 7 | 17.16 | 反式异丁香酚 | 164 | 77,103,149,164 |
| 8 | 18.75 | 1,2,3-三甲氧基-5-(2-丙烯基)苯 | 208 | 77,105,133,193,208 |
| 9 | 19.00 | 橙花叔醇 | 222 | 69,93,136,180,204,222 |
| 10 | 19.55 | E-环氧化物法尼烯 | 220 | 93,107,119,134 |
| 11 | 19.94 | α-法尼烯 | 204 | 81,93,135,177 |
| 12 | 21.10 | (E)-2,6-二甲氧基-4-(1-丙烯基)苯酚 | 194 | 77,91,131,194 |
| 13 | 21.71 | (E)-4-(3-羟基-1-丙烯基)-2-甲氧基苯酚 | 180 | 124,137,180 |
| 14 | 22.45 | — | — | 55,67,85,119,150,203 |
| 15 | 24.73 | 十六烷酸 | 256 | 73,97,129,213,256 |
| 16 | 24.99 | 3,5-二甲氧基-4-羟基肉桂醛 | 208 | 77,91,137,165,208 |
| 17 | 25.13 | 反式芥子醇 | 210 | 77,91,149,167,210 |
| 18 | 27.21 | 十八烷酸 | 284 | 73,97,129,185,241,284 |
| 19 | 29.70 | (Z)-9-十八碳烯酰胺 | 281 | 59,72,112,126 |
| 20 | 33.16 | 美迪紫檀素 | 270 | 148,255,270 |

注："—"代表不确定。

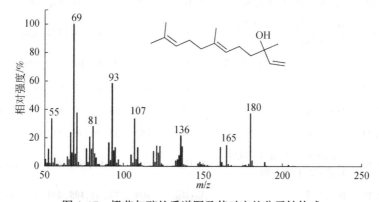

图 4-17　橙花叔醇的质谱图及其对应的分子结构式

（四）龙涎香

图4-18为龙涎香标样的TIC图，热裂解气相色谱质谱分析结果见表4-9，在该样品中检测到了大量的烯烃（1-壬烯、1-十一烯、1-十二烯、1-十三烯等）、挥发油、胆甾烷醇类物质、胆固烷醇类物质（胆甾-3-烯、胆甾-2-烯、胆甾-4-烯、5β-胆甾烷-3-酮、5α-胆甾烷-3-酮），以及龙涎香的主要有效成分龙涎香醇（分子结构式及其质谱图见图4-19）等物质。

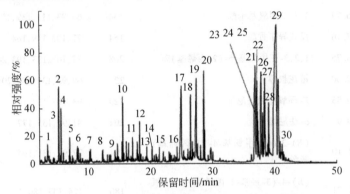

图4-18　现代龙涎香标样的TIC图

**表4-9　现代龙涎香标样的PY-GC/MS分析结果**

| 编号 | 保留时间/min | 化合物 | 分子式 | 分子量 | 主要离子峰(*m/z*) |
|---|---|---|---|---|---|
| 1 | 3.39 | 甲苯 | $C_7H_8$ | 92 | 51, 65, 79, **91**, 92 |
| 2 | 5.26 | 1,1-二甲基-4-亚甲基环己烷 | $C_9H_{16}$ | 124 | 67, 81, 109, 110, 124 |
| 3 | 5.49 | 邻二甲苯 | $C_8H_{10}$ | 106 | 51, 77, **91**, 106 |
| 4 | 5.62 | 1,4-双(亚甲基)环己烷- | $C_8H_{12}$ | 108 | 77, 79, 91, **93**, 108 |
| 5 | 7.02 | 反式-5-甲基-3-(1-甲基乙烯基)环己烯 | $C_{10}H_{16}$ | 136 | 79, **93**, 107, 121, 136 |
| 6 | 8.26 | 2,5,6-三甲基-1,3,6-庚三烯 | $C_{10}H_{16}$ | 136 | 79, **93**, 105, 121, 136 |
| 7 | 10.37 | 1-十一烯 | $C_{11}H_{22}$ | 154 | **55**, 56, 70, 83, 97, 111, 154 |
| 8 | 12.40 | 1-十二烯 | $C_{12}H_{24}$ | 168 | **55**, 56, 69, 83, 97, 111, 125, 168 |
| 9 | 14.32 | 1-十三烯 | $C_{13}H_{26}$ | 182 | **55**, 56, 69, 83, 97, 111, 125, 182 |
| 10 | 15.56 | 1-(2,6,6-三甲基-1-环己烯-1-基)-2-丁烯-1-酮 | $C_{13}H_{20}O$ | 192 | 69, **81**, 95, 107, 122, 177, 192 |
| 11 | 17.10 | β-衣兰烯 | $C_{15}H_{24}$ | 204 | 79, 91, **105**, 121, 134, 147, 190 |

续表

| 编号 | 保留时间/min | 化合物 | 分子式 | 分子量 | 主要离子峰($m/z$) |
|---|---|---|---|---|---|
| 12 | 18.27 | 长叶烯 | $C_{15}H_{24}$ | 204 | 79, 91, **105**, 119, 133, 147, 161, 189, 204 |
| 13 | 19.40 | (E)-9-二十碳烯 | $C_{20}H_{40}$ | 280 | **55**, 69, 83, 97, 111, 125 |
| 14 | 20.27 | (−)-蓝桉醇 | $C_{15}H_{26}O$ | 222 | **55**, 69, 81, 95, 107, 119, 133, 161, 189, 204 |
| 15 | 21.42 | 3,7,11-三甲基1-十二烷醇 | $C_{15}H_{32}O$ | 228 | 55, **56**, 69, 70, 111, 126, 147 |
| 16 | 24.31 | 顺式-Z-α-二苯环氧化物 | $C_{15}H_{24}O$ | 220 | 55, 69, 81, **95**, 107, 121, 147, 191, 259, 274 |
| 17 | 25.01 | 十六烷酸 | $C_{16}H_{32}O_2$ | 256 | 60, **73**, 85, 129, 256 |
| 18 | 26.50 | 香紫苏醇 | $C_{20}H_{36}O$ | 308 | **69**, 81, 95, **109**, 121, 177, 19, 195, 304 |
| 19 | 27.44 | 十八烷酸 | $C_{18}H_{63}O_2$ | 284 | 57, **73**, 85, 97, 116, 129, 171, 185, 241, 284 |
| 20 | 28.66 | 10,11-二甲基-三环[4.3.11(2,5)]十一烷-10,11-二醇 | $C_{13}H_{22}O_2$ | 210 | 79, **94**, 107, 122, 149, 177, 192 |
| 21 | 36.93 | 胆甾-3-烯 | $C_{27}H_{46}$ | 370 | 55, 81, 108, 215, 257, 355, **370** |
| 22 | 37.20 | 胆甾-2-烯 | $C_{27}H_{46}$ | 370 | 55, 81, 107, 161, 203, 257, 301, 316, 355, **370** |
| 23 | 37.27 | 胆甾-4-烯 | $C_{27}H_{46}$ | 370 | 55, 81, **108**, 147, 215, 257, 355, 370 |
| 24 | 37.36 | 未知化合物 | — | — | 55, 69, 81, 95, 109, 149, 215, 257, 301, 316, 355, 370, 395 |
| 25 | 37.44 | 未知化合物 | — | — | **81**, 95, 107, 177, 192, 301, 352, 370, 395 |
| 26 | 37.87 | 未知化合物 | — | — | 55, 69, **81**, 95, 109, 137, 149, 177, 368, 395, 410 |
| 27 | 38.45 | 18-齐墩果烯 | $C_{30}H_5O$ | 410 | 55, **81**, 109, 177, 191, 271 395, 410 |
| 28 | 39.09 | 龙涎香醇 | $C_{30}H_{52}O$ | 428 | 69, **81**, 95, 109, 122, 177, 192, **203**, 218, 272, 395 |
| 29 | 40.67 | 5β-胆甾烷-3-酮 | $C_{29}H_{50}O_3$ | 446 | 55, 81, 95, 161, 213, 231, 316, 353, **386** |
| 30 | 40.96 | 5α-胆甾烷-3-酮 | $C_{27}H_{46}O$ | 386 | **69**, 95, 109, 161, 191, 231, 271, 386 |

注:"—"代表未确定。

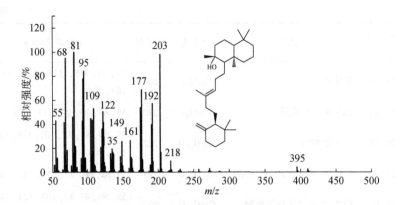

图 4-19　龙涎香醇质谱图及其对应的分子结构式

## 六、乳香、龙涎香、檀香、沉香与降真香的生物标记物

乳香的生物标记物及其质谱特征（碎片离子）：$\alpha$-乳香酸、$\beta$-乳香酸的衍生物裂解产物（表 4-10）；

**表 4-10　乳香的生物标记物及其质谱特征（碎片离子）**

| 编号 | 化合物 | 分子式 | 分子量 | 主要离子峰($m/z$) |
|---|---|---|---|---|
| 1 | 24-去甲-3,9(11),12-齐墩果三烯 | $C_{29}H_{44}$ | 392 | 185, 239, 255, 377, **392** |
| 2 | 24-去甲-3,9(11),12-乌苏三烯 | $C_{29}H_{44}$ | 392 | 185, 239, 255, 377, **392** |
| 3 | 24-去甲-3,12-齐墩果二烯 | $C_{29}H_{46}$ | 394 | 189, 203, **218**, 379, 394 |
| 4 | 24-去甲-3,12-乌苏二烯 | $C_{29}H_{46}$ | 394 | 189, 203, **218**, 379, 394 |
| 5 | 24-去甲-3,12-乌苏二烯-11-酮 | $C_{29}H_{44}O$ | 408 | **232**, 273, 353, 393, 408 |

龙涎香的生物标记物及其质谱特征（碎片离子）：龙涎香醇、胆甾烷醇类物质（表 4-11）；

**表 4-11　龙涎香的生物标记物及其质谱特征（碎片离子）**

| 编号 | 化合物 | 分子式 | 分子量 | 主要离子峰($m/z$) |
|---|---|---|---|---|
| 1 | 胆甾-3-烯 | $C_{27}H_{46}$ | 370 | 55, 81, 108, 215, 257, 355,**370** |
| 2 | 胆甾-2-烯 | $C_{27}H_{46}$ | 370 | 55, 81, 107, 161, 203, 257, 301, 316, 355, **370** |

| 编号 | 化合物 | 分子式 | 分子量 | 主要离子峰($m/z$) |
|------|--------|--------|--------|-------------------|
| 3 | 胆甾-4-烯 | $C_{27}H_{46}$ | 370 | 55, 81, **108**, 147, 215, 257, 355, 370 |
| 4 | 5β-胆甾烷-3-酮 | $C_{29}H_{50}O_3$ | 446 | 55, 81, 95, 161, 213, 231, 316, 353, **386** |
| 5 | 5α-胆甾烷-3-酮 | $C_{27}H_{46}O$ | 386 | **69**, 95, 109, 161, 191, 231, 271, 386 |
| 6 | 龙涎香醇 | $C_{30}H_{52}O$ | 428 | 69, **81**, 95, 109, 122, 177, 192, **203**, 218, 272, 395 |

檀香的生物标记物及其质谱特征（碎片离子）：$α$-檀香醇、$β$-檀香醇（表4-12）；

沉香的生物标记物及其质谱特征（碎片离子）：2-(2-苯乙基)色酮类化合物（表4-12）；

降真香的生物标记物及其质谱特征（碎片离子）：橙花叔醇（表4-12）。

**表 4-12　檀香、沉香、降真香的生物标记物及其质谱特征（碎片离子）**

| 名称 | 特征裂解产物 | 主要离子峰($m/z$) |
|------|--------------|-------------------|
| 檀香 | $α$-檀香醇 | 79,94,107,122,187,202 |
|  | $β$-檀香醇 | 79,94,107,122,189 |
| 沉香 | 2-(2-苯乙基)色酮 | 91,250 |
|  | 6-羟基-2-(2-苯乙基)色酮/7-羟基-2-(2-苯乙基)色酮/8-羟基-2-(2-苯乙基)色酮 | 91,266 |
|  | 6-甲氧基-2-(2-苯乙基)色酮 | 91,280 |
|  | 5,8-二羟基-2-(2-苯乙基)色酮 | 91,282 |
|  | 6,7-二甲氧基-2-(2-苯乙基)色酮 | 91,310 |
|  | 5,8-二羟基-2-[2(4,-甲氧基苯基)乙基]色酮/6,7-二羟基-2-[2(4,-甲氧基苯基)乙基]色酮 | 121,312 |
| 降真香 | 橙花叔醇 | 69,81,93,107,136,165,180,222 |

利用 FTIR、EGA-MS、UV/EGA-MS、Py-GC/MS 等方法对这部分香料进行了全面详细的分析讨论，确定了乳香、龙涎香、檀香、沉香与降真香的生物标记物及其质谱特征（碎片离子）。

# 第三节　古代香料分析研究

按照上述参考样品分析的实验条件对考古出土香料 AR-1 和 AR-3 样品进行 Py-GC/MS 分析。

## 一、考古出土树脂香料 AR-1 与乳香的对比

树脂香料 AR-1 的 TIC 谱图见图 4-20，本次分析直接将样品（大约 50μg）置于热裂解器里，在 300℃下裂解，裂解后的产物进入气相色谱质谱中进行分离检测，采用面积归一化法得出样品中主要成分及其相对含量见表 4-13，检测到少量的挥发油（5~25min）以及大量的三萜类化合物（35~55min）。

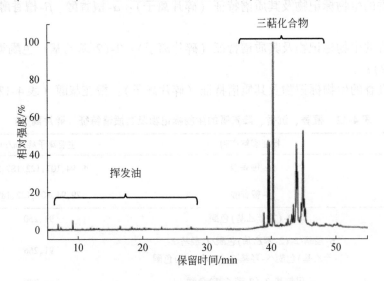

图 4-20　考古出土树脂香料 AR-1 的 TIC 图

**表 4-13　考古出土树脂香料 AR-1 的 PY-GC/MS 分析结果（5~25min）**

| 编号 | 保留时间/min | 化合物 | 分子式 | 分子量 | 主要离子峰(m/z) |
|---|---|---|---|---|---|
| 1 | 6.78 | α-蒎烯 | $C_{10}H_{16}$ | 136 | **93**,121,136 |
| 2 | 7.22 | 茨烯 | $C_{10}H_{16}$ | 136 | **93**,121,136 |
| 3 | 8.69 | α-水芹烯 | $C_{10}H_{16}$ | 136 | 77,**93**,136 |
| 4 | 8.74 | 3-蒈烯 | $C_{10}H_{16}$ | 136 | 77,**93**,136 |
| 5 | 9.15 | 伞花烃 | $C_{10}H_{14}$ | 134 | 91,**119**,134 |

| 编号 | 保留时间/min | 化合物 | 分子式 | 分子量 | 主要离子峰($m/z$) |
|---|---|---|---|---|---|
| 6 | 10.68 | 1-甲基-4-(1-甲基乙烯基)苯 | $C_{10}H_{12}$ | 132 | 91,117,**132** |
| 7 | 11.34 | 莳醇 | $C_{10}H_{18}O$ | 154 | **81**,93,121,154 |
| 8 | 11.95 | 莰酮 | $C_{10}H_{18}O$ | 152 | 81,**95**,108,152 |
| 9 | 12.28 | 异龙脑 | $C_{10}H_{18}O$ | 154 | **95**,110,136 |
| 10 | 12.46 | 莰醇 | $C_{10}H_{18}O$ | 154 | **95**,110,154 |
| 11 | 13.19 | 马鞭草烯酮 | $C_{10}H_{14}O$ | 150 | **83**,107,150 |
| 12 | 16.33 | $\beta$-波旁烯 | $C_{15}H_{24}$ | 204 | **80**,123,161,204 |
| 13 | 16.48 | — | — | — | 80,123,161,204 |
| 14 | 16.55 | $\beta$-榄香烯 | $C_{15}H_{24}$ | 204 | 81,**93**,107,204,147,204 |
| 15 | 18.01 | 巴伦西亚橘烯 | $C_{15}H_{24}$ | 204 | 105,119,133,**161**,204 |
| 16 | 18.30 | $\beta$-瑟林烯 | $C_{15}H_{24}$ | 204 | 79,93,**105**,189,204 |
| 17 | 18.41 | 瓦伦烯 | $C_{15}H_{24}$ | 204 | 93,**105**,161,189,204 |
| 18 | 18.72 | 雪松烯 | $C_{15}H_{24}$ | 204 | 105,119,134,**161**,204 |
| 19 | 18.79 | 去氢菖蒲烯 | $C_{15}H_{22}$ | 202 | 131,**159**,202 |
| 20 | 19.12 | $\alpha$-二去氢菖蒲烯 | $C_{15}H_{20}$ | 200 | 81,142,157,200 |
| 21 | 19.22 | 榄香醇 | $C_{15}H_{26}O$ | 222 | 59,**93**,107,161,189,204 |
| 22 | 20.24 | 长叶烯 | $C_{15}H_{24}$ | 204 | 95,**161**,189,204 |
| 23 | 20.94 | — | — | — | 59,105,**161**,189,204 |
| 24 | 22.93 | $\alpha$-水芹烯二聚体 | $C_{20}H_{32}$ | 272 | 77,**93**,136 |

　　图4-21为考古出土树脂香料 AR-1 的 TIC 图（5~25min），其中检测到的挥发油（表4-13）主要为：$\alpha$-蒎烯、莰烯、3-蒈烯、伞花烃、长叶烯、$\alpha$-水芹烯、莳醇、莰酮、莰醇、马鞭草烯酮、$\beta$-波旁烯、雪松烯等。

　　图4-22为考古出土树脂香料 AR-1 在 35~50min 的 TIC 色谱图，检测到大量的三萜类化合物（表4-14），以五环三萜类化合物为主。

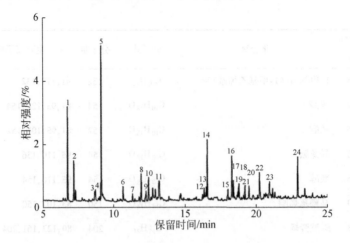

图 4-21 考古出土树脂香料 AR-1 的 TIC 图 （5～25min）

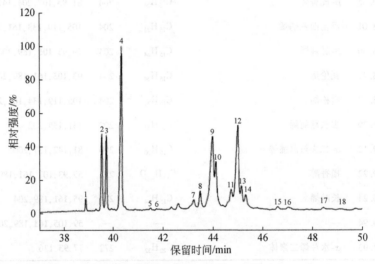

图 4-22 考古出土树脂香料 AR-1 的 TIC 图 （35～55min）

表 4-14 考古出土树脂香料 AR-1 的 PY-GC/MS 分析结果 （35～55min）

| 编号 | 保留时间/min | 化合物 | 分子式 | 分子量 | 主要离子峰(m/z) |
|---|---|---|---|---|---|
| 1 | 38.90 | 24-去甲-3,9(11),12-齐墩果三烯 | $C_{29}H_{44}$ | 392 | 185,239,255,377,**392** |
| 2 | 39.64 | 24-去甲-3,9(11),12-乌苏三烯 | $C_{29}H_{44}$ | 392 | 185,239,255,377,**392** |
| 3 | 39.87 | 齐墩果酸-12-烯-3β-醇乙酸酯 | $C_{32}H_{52}O_2$ | 468 | 95, 175, 189, 203, **218**, 468 |

续表

| 编号 | 保留时间/min | 化合物 | 分子式 | 分子量 | 主要离子峰(m/z) |
|---|---|---|---|---|---|
| 4 | 40.35 | 24-去甲-3,12-齐墩果二烯 | $C_{29}H_{46}$ | 394 | 189,203,**218**,379,394 |
| 5 | 41.50 | 未知化合物 | — | — | 109,189,203,**218**,393,406,420 |
| 6 | 41.74 | 11,13(18)-齐墩果二烯 | $C_{30}H_{48}$ | 408 | 95,255,408 |
| 7 | 43.23 | 9(11),12-乌苏二烯-3-酮 | $C_{30}H_{46}O$ | 422 | 232,**255**,269,422 |
| 8 | 43.49 | 9(11),12-乌苏二烯-3-醇 | $C_{30}H_{48}O$ | 424 | 255,391,**424** |
| 9 | 43.98 | 24-去甲-3,12-乌苏二烯-11-酮 | $C_{29}H_{44}O$ | 408 | **232**,273,353,393,408 |
| 10-16 | 44.12-47.04 | β-香树脂醇 | $C_{30}H_{50}O$ | 426 | 189,203,**218**,426 |
| 17 | 47.77 | 乙酸羽扇醇酯 | $C_{32}H_{52}O_2$ | 468 | 235,189,**218**,468 |
| 18 | 49.08 | 12-齐墩果烯-11-酮 | $C_{30}H_{48}O$ | 424 | 135,232,273,424 |

注:"—"代表未确定。

主要分离出三类具有鲜明结构特征的五环三萜类化合物:

(1) 齐墩果烷型 (图4-23):24-去甲-3,9 (11),12-齐墩果三烯、24-去甲-3,12-齐墩果二烯、12-齐墩果烯-3β-醇-乙酸盐、11,13 (18) -齐墩果二烯、12-齐墩果烯-11-酮、β-香树脂醇等。

(2) 乌苏烷型 (图4-24):9 (11),12-乌苏二烯-3-酮、9 (11),12-乌苏二烯-3-醇、α-香树脂醇、24-去甲-3,12-乌苏二烯、24-去甲-3,9 (11),12-乌苏三烯、24-去甲-3,12-乌苏二烯-11-酮等。

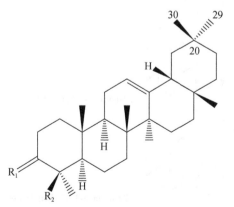

图4-23 齐墩果烷型五环三萜类
化合物的分子结构式

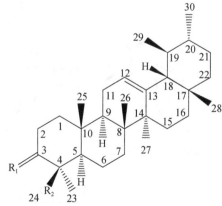

图4-24 乌苏烷型五环三萜类
化合物的分子结构式

（3）羽扇豆烷型（图4-25）：乙酸羽扇豆醇酯等。

乳香生物标记物——α-乳香酸、β-乳香酸的衍生物裂解产物见图4-26，本样品中共检出 4 种，包括 24-去甲-3，9（11），12-齐墩果三烯、24-去甲-3，9（11），12-乌苏三烯、24-去甲-3，12-齐墩果二烯、24-去甲-3，12-乌苏二烯-11-酮（图4-22 中的#1、2、4、9），四种裂解产物的质谱图见图4-27，确认考古出土树脂香料 AR-1 为古代的乳香。

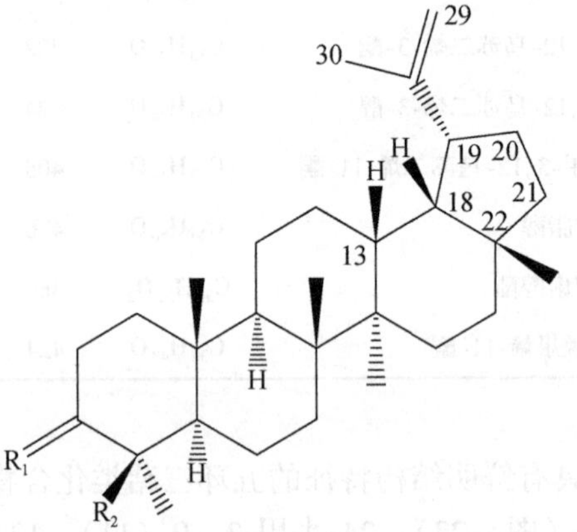

图4-25　羽扇豆烷型五环三萜类化合物的分子结构式

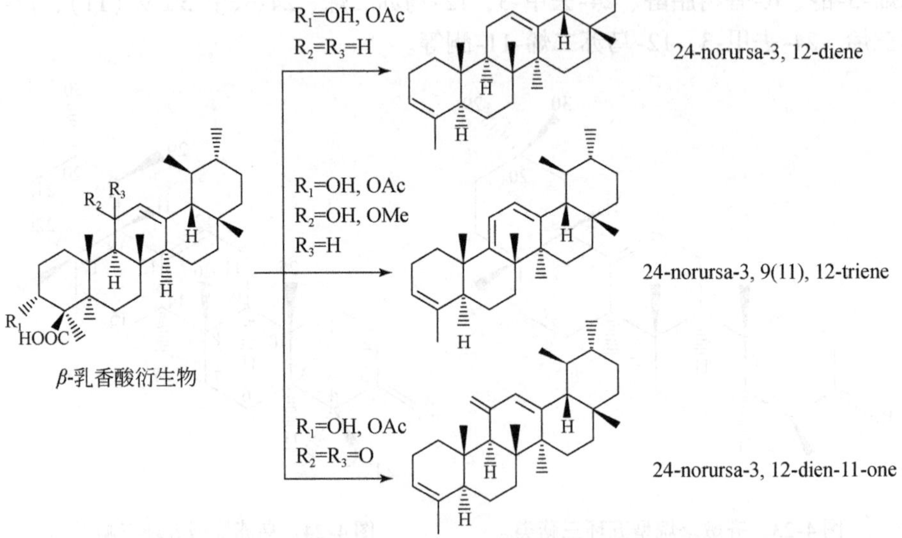

24-norursa-3, 12-diene

24-norursa-3, 9(11), 12-triene

24-norursa-3, 12-dien-11-one

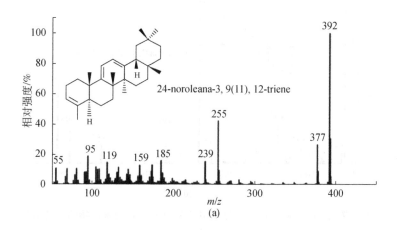

图 4-26　$\beta$-乳香酸与 $\alpha$-乳香酸及其衍生物的裂解产物[95]

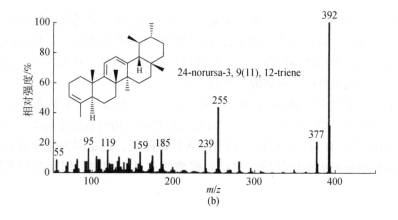

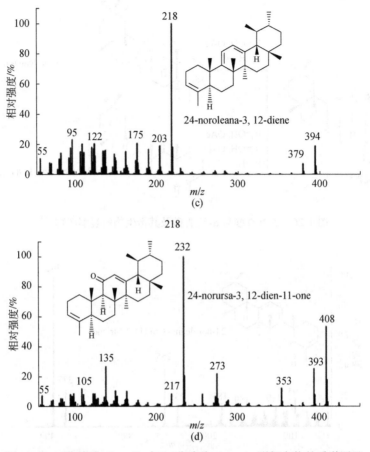

图 4-27　β-乳香酸（b、d）与 α-乳香酸（a、c）裂解产物的质谱图及
所对应的分子结构式

　　萜类化合物为乳香中的主要化学成分，其中的五环三萜类化合物是乳香属植物中含量最高的一类化合物，也是乳香最具特征性的有效成分，是目前研究最多的一类成分，其母核结构即为上述三种类型：齐墩果烷型、乌苏烷型、羽扇豆烷型，其中最具代表性的是乳香酸及其衍生物。

　　α-乳香酸的裂解产物 24-去甲-3，9（11），12-齐墩果三烯的质谱图分别与β-乳香酸的裂解产物 24-去甲-3，9（11），12-乌苏三烯的质谱图基本一致，但从图 4-22 可以看出 β 构型总是比 α 构型的保留时间长，这是因为化合物的保留时间受官能团数量和类型的影响，可以根据物质在色谱图中的保留时间来区分异构体。

## 二、考古出土树脂香料 AR-3 与龙涎香的对比

图 4-28 为考古出土香料 AR-3 的 TIC 图，热裂解气相色谱质谱分析结果见表 4-15，同样检测到了大量的烯烃 [1-辛烯、1-十二烯、1-十一烯、1-十三烯、(E)-9-十八烯等]，尤其是胆甾-3,5-二烯与龙涎香醇的检出，确认该样品为古代的动物香料——龙涎香，此外，还检测到动物蛋白质的特征氨基酸–羟脯氨酸的主要特征裂解产物甲基吡咯及甲苯等化合物，说明该样品中含有动物蛋白。

表 4-15　考古出土树脂香料 AR-3 的 PY-GC/MS 分析结果

| 编号 | 保留时间 /min | 化合物 | 分子量 | 主要离子峰($m/z$) |
|---|---|---|---|---|
| 1 | 3.38 | 甲苯 | 92 | 95,89,91,92 |
| 2 | 3.83 | 1-辛烯 | 112 | 55,70,83,97,112 |
| 3 | 5.05 | 1-甲基-1$H$-吡咯 | 81 | 80,81 |
| 4 | 5.48 | 邻二甲苯 | 106 | 77,91,106 |
| 5 | 5.96 | — | — | 56,78,91,104 |
| 6 | 8.13 | 苯酚 | 94 | 66,94 |
| 7 | 8.20 | 顺式-1,2-二氢邻苯二酚 | 112 | 66,94 |
| 8 | 8.39 | 氨基甲酸苯基酯 | 137 | 66,94,117 |
| 9 | 8.83 | (1-甲基乙基)-苯 | 120 | 79,105,120 |
| 10 | 9.76 | 2-甲基苯酚 | 108 | 79,108 |
| 11 | 10.36 | 壬基环丙烷 | 168 | 55,70,83,97 |
| 12 | 12.39 | 1-十二烯 | 168 | 55,69,83,97 |
| 13 | 14.30 | 1-十二烯 | 168 | 55,69,83,97 |
| 14 | 16.09 | 1-十三烯 | 182 | 55,69,83,97 |
| 15 | 17.79 | (E)-9-十八碳烯 | 252 | 55,69,83,97,111,125 |
| 16 | 19.39 | — | — | 55,69,83,97,111,125 |
| 17 | 20.91 | (E)-9-二十碳烯 | 280 | 55,69,83,97,111,125 |
| 18 | 21.40 | 1-十四烯 | 196 | 57,70,83,97,111,280 |
| 19 | 22.35 | — | — | 83,97,111,125,139 |
| 20 | 23.72 | — | — | 83,97,111,125,139 |
| 21 | 24.67 | 十六烷酸 | 256 | 73,83,97,115,129 |
| 22 | 25.03 | (E)-9-二十碳烯 | 280 | 83,97,111,125,139 |
| 23 | 26.21 | 18-壬烯-1-醇 | 282 | 69,82,96,109,138 |
| 24 | 27.15 | 十八烷酸 | 284 | 73,97,129,185,241,284 |

续表

| 编号 | 保留时间<br>/min | 化合物 | 分子量 | 主要离子峰($m/z$) |
|---|---|---|---|---|
| 25 | 27.49 | ($E$)-9-二十碳烯 | 280 | 83,97,111,125,139 |
| 26 | 28.70 | 1-十九碳烯 | 266 | 83,97,111,125,139 |
| 27 | 30.03 | 1-二十烷醇 | 312 | 83,97,111,125,139,167 |
| 28 | 31.55 | 十一烷基-2-乙基己基酯碳酸 | 328 | 57,71,83,112 |
| 29 | 36.79 | 1-二十烷醇 | 298 | 83,97,111,125,139 |
| 30 | 37.7 | 胆甾-3,5-二烯 | 368 | 81,91,105,147,353,368 |
| 31 | 38.73 | 五氟丙酸二十二烷酯 | 472 | 71,83,97,111,125,139,167 |
| 32 | 39.74 | 龙涎香醇 | 428 | 69,81,95,109,177,192,203 |

注："一"代表不确定。

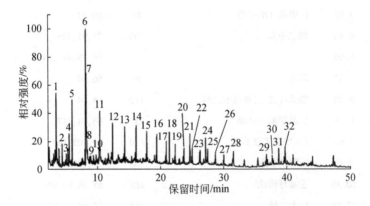

图 4-28　考古出土树脂香料 AR-3 的 TIC 图

# 第四节　结　　论

通过对现代参考样品及考古出土样品的科学对比分析，确定了可考古出土香料的化学成分、香料种类以及老化降解情况。对于香料这类有机遗存的具体分析步骤为：首先利用体视显微镜观察样品的保存状况和外观形貌（包括形状、大小、颜色与光泽、附属物和表面特征等），对研究对象形成初步的了解与认识；然后利用红外光谱判断样品中所含的特征性基团，实现对被测物质的结构定性分析，从而对样品进行初步的种类鉴别，大致了解样品的主要成分，为下一步的分析工作提供基础信息；然后利用 Py-GC/MS 对现代参考样品进行检测分析，确定不同样品的特征裂解产物（可作为其生物标记物）及其质谱特征（碎片离子），之后采用与现代参考样品同样的方法对考古出土样品进行检测，通过与现代参考样品的科学对比分析，确定考古出土样品的化学成分、种类以及老化降解情况；对于一些难以通过化学成分分析法来确定其种属的木材，应考虑采取传统的木材切片法，以观察其显微构造特征来进行种属鉴定，之后根据种属鉴定结果收集相应的现代标准品，利用现代标准品采用 EGA-MS、UV/EGA-MS、Py-GC/MS 等分析手段来确定其老化程度及其生物标记物。

## 参 考 文 献

[1] 陈鸿彝. 古代欧洲对茶和香料的巨大需求［N］. 学习时报，2017-10-30.

[2] 严小青. 中国古代植物香料生产、利用与贸易研究［D］. 南京：南京农业大学，2008.

[3] 薛爱华. 唐代的外来文明［M］. 西安：陕西师范大学出版社，2005.

[4] 汪秋安. 中国古近代香料史初探［J］. 香料香精化妆品，1999，（2）：36-39.

[5] 陈东杰，李芽. 从马王堆一号汉墓出土香料与香具探析汉代用香习俗［J］. 南都学坛，2009，29（1）：6-12.

[6] 孔含鑫，吴丹妮. 香满丝绸之路与古代中国社会发展［J］. 西北民族大学学报（哲学社会科学版），2015，（4）：46-57.

[7] 夏时华. 宋代香料与宗教活动［J］. 安徽广播电视大学学报，2005，（4）：120-122.

[8] 夏时华. 宋代香药走私贸易［J］. 云南社会科学，2011，（6）：153-157.

[9] 纪昌兰. 异域来香：宋代宴饮中的香药［J］. 安徽史学，2018，（6）：18-25.

[10] 胡云生，张玮. 唐代外来药物的输入［J］. 周口师范学院学报，1996，（S1）：5.

[11] 朱传义，费远志，席玉莲. 灵猫香药理作用研究（第一报）［J］. 中成药研究，1981，（8）：39-41.

[12] 陈艺鸣. "异国名香满袖熏"——从唐诗香料语词看外来文明［J］. 和田师范专科学校学报，2008，（1）：98-100.

[13] 吕源. 龙脑入华与唐宋社会生活［J］. 暨南史学，2013：120-140.

[14] Thulin M，Warfa A M. The frankincense trees (*Boswellia* spp.，Burseraceae) of Northern Somalia and Southern Arabia［J］. Kew Bulletin，1987，42（3）：487-500.

[15] 孙磊，张超，田润涛，等. 色谱指纹图谱结合化学计量学用于3种乳香的鉴别和质量评价［J］. 中国药学杂志，2015，50（2）：140-146.

[16] 权飞. 法门寺唐塔地宫出土唐代香料初探［J］. 农业考古，2016，（4）：246-250.

[17] 崔锐，周金云. 乳香化学和药理的研究进展［J］. 中国药学杂志，2003，（6）：7-10.

[18] 嘉蔚. 玛（王帝）脂与乳香的区别［J］. 美术研究，1988，（4）：91-92.

[19] 何婷，杨丽娟，杨森，等. 回药乳香的本草考证［J］. 时珍国医国药，2016，27（1）：167-168.

[20] 王阳. 乳香之路：对丝绸之路的另一种认知［J］. 社会科学战线，2015，（7）：105-112.

[21] 陈宝强. 宋朝香药贸易中的乳香［D］. 广州：暨南大学，2000.

[22] 广州市文物管理委员会，中国社会科学院考古研究所，广东省博物馆. 西汉南越王墓

（上）［M］．北京：文物出版社，1991.

［23］Regert M, Devièse T, LE HÔ A S, et al. Reconstructing ancient yemeni commercial routes during the middle ages using structural characterization of terpenoid resins［J］. Archaeometry, 2008, 50（4）：668-695.

［24］Baeten J, Deforce K, Challe S, et al. Holy smoke in medieval funerary rites: chemical fingerprints of frankincense in Southern Belgian Incense Burners［J］. PloS One, 2014, 9（11）：e113142.

［25］赵晨苗．乳香化学成分的研究［D］．长春：吉林大学，2015.

［26］任晋．乳香的化学成分研究［D］．北京：北京协和医学院，2015.

［27］张玉柱．中药乳香的化学成分及生物活性研究［D］．上海：东华大学，2014.

［28］Mathe C, Culioli G, Archier P, et al. Characterization of archaeological frankincense by gas chromatography-mass spectrometry［J］. Journal of Chromatography A, 2004, 1023（2）：277-285.

［29］王峰，华会明，王淑美，等．乳香的化学成分研究［J］．中草药，2011,（7）：51-54.

［30］蒋永和，覃文红．乳香属植物化学成分的研究进展［J］．医药前沿，2012,（20）：325-327.

［31］常允平．乳香的化学成分和药理活性研究进展［J］．现代药物与临床，2012, 27（1）：52-59.

［32］Bergen P F V, Peakman T M, Leigh-Firbank E C, et al. Chemical evidence for archaeological frankincense: boswellic acids and their derivatives in solvent soluble and insoluble fractions of resin-like materials［J］. Tetrahedron Letters, 1997, 38（48）：8409-8412.

［33］王洋，徐珠屏，王建，等．苏合香概述［J］．中药与临床，2013, 4（3）：49-52.

［34］马梦茜，俞仪萱，陆青，等．苏合香的本草名物考证及应用研究［C］．第十九届全国药学史本草学术研讨会暨2017年江苏省药学会药学史专业委员会年会，中国江苏苏州，2017.

［35］李丹．古典文献中的苏合香考证［J］．广东开放大学学报，2019, 28（4）：56-58.

［36］洪刍．香谱［M］．北京：中华书局，1985.

［37］李坤．苏合香化学成分和药理学研究进展［J］．中国老年保健医学，2010, 8（5）：58-59.

［38］王峰，崔红花，王淑美．苏合香化学成分研究［J］．中国实验方剂学杂志，2011, 17（8）：89-91.

［39］王世宇，彭颖，夏厚林，等．苏合香挥发性化学成分的GC-MS研究［J］．中国药房，2012, 23（15）：1393-1394.

［40］石聪文，朱文彩，姚发业．苏合香挥发油化学成分的研究［J］．山东教育学院学报，2009, 24（3）：79-83.

［41］薛爱华．撒马尔罕的金桃——唐代舶来品研究［M］．北京：社会科学文献出版社，2016.

［42］黄俊卿，魏建和，张争，等．沉香结香方法的历史记载、现代研究及通体结香技术［J］.

中国中药杂志, 2013, 38 (3): 302-306.

[43] 杨林. 国产沉香的化学成分研究 [D]. 北京: 清华大学医学部, 北京协和医学院, 中国医学科学院, 2010.

[44] 李凯明, 马清温, 孙震晓. 中药沉香主要化学成分与质量评价研究进展 [J]. 中国新药杂志, 2017, 26 (13): 1538-1545.

[45] 陈福欣, 张军兴, 李立, 等. 基于PY-GC-MS技术对沉香挥发性成分的研究 [J]. 现代食品科技, 2018, 34 (2): 241-245.

[46] 林立东, 戚树源. 国产沉香中的三萜成分 [J]. 中草药, 2000, 31 (2): 89-90.

[47] 李志远. 基于电子鼻技术的沉香气味识别及其物质基础研究 [D]. 北京: 北京中医药大学, 2015.

[48] 梁永枢, 刘军民, 魏刚, 等. 沉香药材挥发油成分的气相色谱-质谱联用分析 [J]. 时珍国医国药, 2006, 17 (12): 2518.

[49] 马永青, 袁丽华, 刘永利. 沉香化学成分与分析方法研究进展 [J]. 沈阳药科大学学报, 2017, 34 (2): 181-192.

[50] 易博, 张力军, 冯世秀, 等. 国产沉香挥发性化学成分的研究 [J]. 解放军药学学报, 2015, (2): 100-105.

[51] 杨德兰, 梅文莉, 杨锦玲, 等. GC-MS分析4种奇楠沉香中致香的倍半萜和2-(2-苯乙基) 色酮类成分 [J]. 热带作物学报, 2014, 35 (6): 1235-1243.

[52] 郭晓玲, 田佳, 高晓霞, 等. 不同产区沉香药材挥发油成分GC-MS分析 [J]. 中药材, 2009, 32 (9): 1354-1358.

[53] 董梅月, 杨中一, 马祯, 等. 国产沉香化学成分及药理作用研究进展 [J]. 山东中医杂志, 2020, 39 (2): 189-194.

[54] Chen H, Wei J, Yang J, et al. chemical constituents of agarwood originating from the endemic genus *Aquilaria* plants [J]. Chemistry & Biodiversity, 2012, 9 (2): 236-250.

[55] Naef R. The volatile and semi- volatile constituents of agarwood, the infected heartwood of *Aquilaria* species: a review [J]. Flavour & Fragrance Journal, 2015, 26 (2): 73-87.

[56] 李远彬. 基于色谱联用技术的沉香标志性差异成分分析研究 [D]. 广州: 广州中医药大学, 2017.

[57] 梅文莉, 曾艳波, 刘俊, 等. 五批国产沉香挥发性成分的GC-MS分析 [J]. 中药材, 2007, 30 (5): 551-555.

[58] 王凌, 季申. 气相色谱法测定进口沉香中苄基丙酮的含量 [J]. 中草药, 2003, 34 (3): 226-228.

[59] Wang T, Li L, Zhang K, et al. New 2- (2- phenylethyl) chromones from *Bothriochloa ischaemum* [J]. Journal of Asian Natural Products Research, 2001, 3 (2): 145-149.

[60] Mei W, Yang D, Wang H, et al. Characterization and determination of 2- (2- phenylethyl) chromones in agarwood by GC-MS [J]. Molecules, 2013, 18 (10): 12324-12345.

[61] 梅文莉, 杨德兰, 左文健, 等. 奇楠沉香中2-(2-苯乙基) 色酮的GC-MS分析鉴定 [J]. 热带作物学报, 2013, 34 (9): 1819-1824.

[62] 刘军民，高幼衡，徐鸿华，等. 沉香化学成分研究（Ⅱ）[J]. 中草药, 2007, 38
　　　(8): 1138-1140.

[63] 刘军民，高幼衡，徐鸿华，等. 沉香的化学成分研究（Ⅰ）[J]. 中草药, 2006, 37
　　　(3): 325-327.

[64] Alkhathlan H Z, Al-Hazimi H M, Al-Dhalaan F S, et al. Three 2-(2-phenylethyl)
　　　chromones and two terpenes from agarwood [J]. Natural Product Research, 2005, 19 (4):
　　　367-372.

[65] Konishi T, Konoshima T, Shimada Y, et al. Six new 2-(2-phenylethyl) chromones from
　　　agarwood [J]. Chemical & Pharmaceutical Bulletin, 2002, 50 (3): 419-422.

[66] 田浩，董文化，王昊，等. 一种国外沉香中2-(2-苯乙基) 色酮类化合物研究 [J]. 热
　　　带作物学报, 2019, 40 (8): 1626-1632.

[67] 陈亚，江滨，曾元儿. 沉香色酮类化学成分研究 [J]. 中国现代中药, 2011, 13 (1):
　　　21-22.

[68] 杨峻山，王玉兰，苏亚伦. 国产沉香化学成分的研究：Ⅴ—三个2-(2-苯乙基) 色酮衍
　　　生物的分离和鉴定 [J]. 药学学报, 1990, (3): 186-190.

[69] 杨峻山，王玉兰，苏亚伦. 国产沉香化学成分研究：Ⅳ. 2—(2-苯乙基) 色酮类化合物
　　　的分离与鉴定 [J]. 药学学报, 1989, (9): 678-683.

[70] Dai H, Liu J, Han Z, et al. Two new 2-(2-phenylethyl) chromones from Chinese eaglewood
　　　[J]. Journal of Asian Natural Products Research, 2010, 12 (2): 134-137.

[71] 夏录录，李薇，梅文莉，等. 柬埔寨柯拉斯那沉香中1个新的2-(2-苯乙基) 色酮 [J].
　　　中草药, 2019, 50 (20): 4863-4866.

[72] 晏婷婷，陈媛，尚丽丽，等. 不同产地檀香木心材挥发性化学成分比较及识别 [J].
　　　木材工业, 2019, 33 (4): 18-21+26.

[73] 涂永元，黄玉香，邱飞. 热脱附–气质联用法分析檀香及其燃香烟气成分 [J]. 中成
　　　药, 2020, 42 (1): 243-247.

[74] 余文新，林励，李智，等. 聚类分析和主成分分析法研究檀香 HPLC 特征图谱 [J]. 中
　　　药材, 2019, 42 (3): 584-587.

[75] 陈晓颖，高英，李卫民. 市售檀香挥发油化学成分的 GC-MS 分析 [J]. 中药材, 2012,
　　　35 (3): 418-421.

[76] 颜仁梁，刘志刚，林励. 不同产地檀香的氨基酸成分比较分析 [J]. 广州中医药大学
　　　学报, 2006, (3): 262-264.

[77] 温志国. 蒙药材檀香的化学成分研究 [D]. 呼和浩特：内蒙古医科大学, 2008.

[78] 廖超林，何洛强. 两种檀香油分析探讨 [C]. 上海香料香精和化妆品洗涤用品专题学
　　　术论坛论文集, 2009: 11-15.

[79] 陈志霞，林励. 不同提取方法对檀香挥发油含量及成分的影响 [J]. 广州中医药大学
　　　学报, 2001, 18 (2): 174-177.

[80] Krishnakumar N, Parthiban K T. Comparison of phytochemical constituents of the identified
　　　sandalwood (*Santalum album* L.) genetic resources in India [J]. Journal of Essential Oil

Bearing Plants, 2018, 21 (3): 658-666.

[81] Misra B B, Dey S. Differential extraction and GC-MS based quantification of sesquiterpenoids from immature heartwood of East Indian sandalwood tree [J]. Journal of Natural Sciences Research, 2012, 2 (2): 29-33.

[82] 梅萍. 基于 GC-MS 鉴别木材树种方法的研究 [D]. 南京: 南京林业大学, 2017.

[83] 刘志刚, 颜仁梁, 罗佳波, 等. 檀香挥发油成分的 GC-MS 分析 [J]. 中药材, 2003, (8): 561-562.

[84] 洪刍. 香谱·卷上 [M]. 合肥: 黄山书社, 2015.

[85] 王峰, 鄢琼芳, 华会明. 安息香属植物化学成分及药理作用研究进展 [J]. 广东药学院学报, 2009, 25 (5): 541-545.

[86] 王一波. 安息香化学成分分离与鉴定 [D]. 广州: 广东药学院, 2015.

[87] 王峰. 安息香和乳香化学成分及抗肿瘤活性研究 [D]. 沈阳: 沈阳药科大学, 2007.

[88] 李碧君, 刘瑶, 王峰. 安息香的化学成分研究 [J]. 中国药房, 2016, 27 (15): 2095-2096, 2097.

[89] 张丽, 张卿, 梁秋明, 等. 安息香化学成分及其体外抗肿瘤活性 [J]. 中国实验方剂学杂志, 2020, 26 (4): 191-197.

[90] 孙懂华, 庞玉新, 杨全, 等. 降真香化学成分及药理作用研究进展 [J]. 中国实验方剂学杂志, 2015, 21 (18): 231-234.

[91] Bruni S, Guglielmi V. Identification of archaeological triterpenic resins by the non-separative techniques FTIR and $^{13}$C NMR: the case of Pistacia resin (mastic) in comparison with frankincense [J]. Spectrochimica Acta Part A: Molecular and Biomolecular Spectroscopy, 2014, 121: 613-622.

[92] 魏永恒. TG-DTA 热分析技术及红外光谱技术在乳香质量评价中的应用研究 [D]. 北京: 北京中医药大学, 2017.

[93] Nakamura R, Naruse M. Scientific analysis of Japanese ornamental adhesives found in Shosoin treasures stored since the mid-eighth century [J]. Journal of Cultural Heritage, 2016, 18: 355-361.

[94] 曹利, 卢金清, 叶欣, 等. 降香及其伪品挥发性成分对比研究 [J]. 国际药学研究杂志, 2017, 44 (3): 282-287.

[95] Basar S. Phytochemical investigations on *Boswellia* species: comparative studies on the essential oils, pyrolysates and boswellic acids of *Boswellia carterii* Birdw., *Boswellia serrata* Roxb., *Boswellia frereana* Birdw., *Boswellia neglecta* S. Moore and *Boswellia rivae* Engl. [D]. Hamburg: Hamburg University, 2005.

# 第五章　古代纺织品所用染料

衣食住行，是人类生活的四大要素。自古以来，除了裘皮与树皮以外，几乎所有的衣料都是纺织品[1]。在漫长的历史过程中，中国古代人们独立发明和发展了纺织生产技术，并创造了丰富灿烂的纺织文化，伴随着纺织技术发展起来的植物染料染色工艺也取得了举世瞩目的成就。《周礼·地官》中记载有"掌染草"之职："掌一春秋敛染草之物，以权量受之，以待时而颁之"。染草就是草木染料。《唐六典》中亦有记载："凡染大抵以草木而成，有以花叶、有以茎实、有以根皮，出有方土，采以时月"[2]。这说明草木染料是我国古代染色的主要材料。由于先人对染色工艺的熟练掌握，才有了品种丰富、色彩艳丽的服饰。

古代纺织品的研究包括纺织品结构的分析、刺绣技术研究、出土纺织品清洗加固等方面[3]，以及纺织品天然植物染料的研究，如新疆山普拉墓群出土毛织品上蓝色染料成分鉴定[4]，马王堆一号汉墓出土丝织品的研究等[5]。本文重点介绍中国古代纺织品文物中各种天然植物染料的提取、检测分析等技术手段。古代纺织品文物在埋藏过程中由于受到各种因素的影响，其颜色多有脱落。尤其是南方潮湿地区墓葬环境中，地下水位的起伏变化会将纤维表面的染料带走，同时水中的污染物附着于纺织品纤维上，给染料的提取和鉴定分析造成很大的困扰。

## 第一节　我国出土纺织品概况

绚丽多彩的古代丝织品，是古人通过反复实践而创造出来的艺术瑰宝。数千年来，它不仅与中国人的物质与精神生活息息相关，而且也是中国与世界沟通的重要载体。我国丝绸染色技术源远流长，人们最早用于着色的颜料是矿物，而利用矿物颜料对纺织品着色的方法称为石染。早在新石器时代，先民利用矿物颜料染色的同时，也开始使用天然的植物染料进行染色。使用天然植物染料给纺织品上色的方法称为草木染。至周代，植物染料在品种及数量上达到了一定的规模，朝廷设置了专门管理植物染料的官员，负责收集染草，以供浸染衣物之用。秦汉时，染色已基本采用植物染料，形成独特的风格。史册记载，染色之术始于轩辕氏之时，"黄帝制定玄冠黄裳，以草木之汁染成文彩"。西周之时，礼制浩繁，由专人担任染色一职，名为"染人"，又称"染草之官"。汉代时，植物染料被视为专门的货物。《史记·货殖列传》中有"千亩栀茜，其人与万户侯等"一说，既说明了种植植物染料获利之厚，又说明了植物染料的需求量大。直至清朝海禁未开以前，植物染料一直在染色用品中占据主要地位[6]。

我国是丝绸文明的发源地和发祥地，因此考古工作中出土的丝织品数量庞大。据不完全统计，我国考古出土纺织品分布见表 5-1[7]。

表 5-1　我国考古出土纺织品一览表

| 出土地点 | 年代 | 品种及概况 | 文物形式 | 出土情况 | 染料鉴定 |
|---|---|---|---|---|---|
| 浙江吴兴钱山漾 | 新石器 | 丝帛 | 文物实体 | — | 否 |
| 河南安阳武官村殷墟 | 商代 | 铜钺表面织物残痕 | 印痕文物 | — | 否 |
| 大司空村 | 商代 | 绢文残痕 | 印痕文物 | — | 否 |
| 洛阳东郊下瑶村 | 商代 | 随葬丝织帐幔 | 实体文物 | — | 否 |
| 陕西长安 | 西周 | 织物残片 | 实体文物 | — | 否 |
| 山西绛县横水墓地 | 西周 | 荒帷印痕 | 印痕文物 | 墓葬曾多次进水 | 颜料 |
| 江西靖安县水乡口东周墓 | 东周 | 丝织品 | 实体文物 | 潮湿环境 | 否 |
| 陕西秦公一号墓 | 春秋战国 | 丝织品 | 实体文物 | — | 否 |
| 长沙广济桥战国墓 | 战国 | 圆形丝带、丝带及织锦丝织品，深棕地红黄色 | 实体文物 | 潮湿环境 | 否 |
| 长沙左家塘楚墓 | 战国中期 | 菱形纹、褐地红黄矩纹锦等 | 实体文物 | 潮湿环境 | 否 |
| 长沙战国墓 | 战国 | 褐紫色菱纹绸片等 | 实体文物 | 潮湿环境 | 否 |
| 湖北江陵马山砖厂一号墓 | 春秋战国 | 丝织品，刺绣、锦、罗、纱、绢等 | 实体文物 | 潮湿环境 | 否 |
| 安徽六安战国墓 | 战国 | 荒帷 | 实体文物 | 潮湿环境 | 否 |
| 蒙古诺言乌兰的匈奴古墓 | 秦汉 | 绢、刺绣 | 实体文物 | — | 否 |
| 湖北荆州谢家桥一号汉墓 | 汉代 | 丝织品 | 实体文物 | 潮湿环境 | 否 |
| 蒙古的通瓦拉古墓 | 汉代 | 丝织品 | 实体文物 | — | 否 |
| 西汉南越王墓 | 汉代 | 丝织品，深棕色绢、纱、罗、锦等 | 实体文物 | — | 否 |
| 湖南长沙马王堆一号汉墓[5] | 汉代 | 丝织品，凸纹锦、绢、纱、罗、绮、刺绣等 | 实体文物 | 潮湿环境 | 蓝青色、深红色、黄色织物染料已鉴定[8] |

续表

| 出土地点 | 年代 | 品种及概况 | 文物形式 | 出土情况 | 染料鉴定 |
|---|---|---|---|---|---|
| 新疆的于田和阿斯塔纳 | 六朝 | 印染品 | 实体文物 | 干燥环境 | — |
| 且末扎滚鲁克墓地、楼兰、尼雅、托库孜萨来、哈喇和卓等遗址和墓地 | 汉魏 | 丝绸 | 实体文物 | 干燥环境 | 扎滚鲁克墓地蓝色织物上染料已鉴定[9] |
| 敦煌莫高窟[10,11] | 北魏、唐 | 丝织品 | 实体文物 | 干燥环境 | 蓝色染料已鉴定 |
| 青海省都兰热水吐蕃墓地 | 唐 | 丝织品 | 实体文物 | 干燥环境 | 蓝色染料已鉴定[12] |
| 陕西省法门寺地宫 | 唐 | 丝织品 | 实体文物 | — | 否 |
| 福州黄昇墓 | 宋 | 丝织品 | 实体文物 | 潮湿环境 | 否 |
| 江苏金坛周瑀墓 | 宋 | 丝织品 | 实体文物 | 潮湿环境 | 否 |
| 浙江方溪宋墓 | 宋 | 丝织品 | 实体文物 | 潮湿环境 | 否 |
| 苏州瑞光塔 | 宋 | 丝织品 | 实体文物 | — | 否 |
| 江西德安宋墓 | 宋 | 丝织品 | 实体文物 | 潮湿环境 | 否 |
| 新疆阿拉尔 | 宋 | 锦和刺绣 | 实体文物 | 干燥环境 | 否 |
| 辽宁法库叶茂台 | 辽 | 丝织品 | 实体文物 | 潮湿环境 | 否 |
| 北京庆寿寺 | 元 | 纳石矢 | 实体文物 | — | 否 |
| 新疆乌鲁木齐 | 元 | 锦 | 实体文物 | 干燥环境 | 否 |
| 辽宁大城子 | 元 | 锦 | 实体文物 | — | 否 |
| 内蒙古集宁市集宁路古城遗址 | 元 | 丝织品、刺绣 | 实体文物 | 干燥环境 | 否 |
| 北京十三陵的定陵 | 明 | 丝织品 | 实体文物 | — | 柘黄织物已鉴定[12] |
| 江苏武进横山桥明墓 | 明 | 服装 | 实体文物 | 潮湿环境 | 否 |
| 江苏泰州明墓 | 明 | 丝织品、百余件服装 | 实体文物 | 潮湿环境 | 否 |
| 江苏无锡明墓 | 明 | 丝织品 | 实体文物 | 潮湿环境 | 否 |
| 山东沂南清墓 | 明 | 丝织品 | 实体文物 | 潮湿环境 | 否 |

　　我国考古工作中纺织品出土数量巨大，随着埋藏环境的不同，出土纺织品的保存状况也大不相同，大部分没有进行相关纺织品的染料检测鉴定。

## 第二节　我国古代常用染料及染色工艺

我国出土纺织品的颜色丰富多彩，但是由于长期埋藏在地下，其色彩变化很大，我们所看到的颜色已非原色，是经过老化变色后的颜色。要想了解其原来的色彩，对染料的科学分析和鉴定是非常必要的。纺织品文物染料的鉴定工作是在对古代染料的种类和染色工艺有一定了解的基础上进行的。

### 一、古代染料的分类

古代染料种类繁多，成分复杂各异，上染色素也各有不同，分析和鉴定所用的材料和方法存在差异，因此对纺织品染料进行合适的分类是必要的。

染料的分类方法大致有三种，按照来源、所染颜色及分子结构分类，此外还有其他分类方法。

#### （一）按照来源分类

我国地域辽阔，植物种类丰富，用来染色的物种也是多种多样。按照来源可以分为矿物染料、植物染料和动物染料。

矿物染料是各种无机金属盐和金属氧化物，一般不溶于水，通常作为颜料使用，少数可以用作染料。矿物染料只有在与胶黏剂合用时才能较牢固地附着于纺织物上，否则容易脱落。古代对矿物染料的纺织物染色，称为"石染"。如赭石、朱砂、石黄、空青、石青、胡粉等均属于矿物染料。从现在的考古资料看，矿物染料可能是人类使用最早的一种染料。

植物染料是植物的花、叶、皮、根、果以及分泌液所得来的染料。如《唐六典》中记载："凡染大抵以草木而成，有以花叶，有以茎实，有以根皮，出有方土，采以明月"。自战国以来的几千年间，基本上已达到色相齐全，如有靛蓝、茜草、红花、苏坊、栀子、紫草、荩草、皂斗、地黄、苔、荔等。

动物染料是由动物的分泌物或尸体等形成的一种染料。动物染料数目较少，主要有五倍子虫、胭脂红虫等。如胭脂虫吸附在树叶上以后就不再挪动直到在卵上死去，以前人们误把它们当成从树叶中长出的浆果，因此用它制作的染料被称为"胭脂红"。

其中，植物染料是最常见、应用最多的染料，也是本章的重点研究对象。古代有原产于中国的染料植物，如茜草、蓼蓝、栀子、槐花等，也有在历史的发展中被引入中国的染料植物，如番红花。

## （二）按照所染颜色分类

根据所染色系可以将植物染料分为蓝色系、红色系、黄色系、紫色系、灰黑色系和绿色系等。

### 1. 蓝色系植物染料

我国古代染蓝主要通过提取蓝草类植物中的靛蓝进行的。在诸多植物染料中，蓝草是应用最早的一种。《夏小正》记载我国在夏代已种植蓝草，并且已经摸清了它的生长习性。《诗经》《礼记》《齐民要术》《天工开物》等著作中均对蓝草类植物的种植、制靛、染色工艺等有所提及。蓝草类植物的主要染色成分为靛蓝，又称靛青，英文名称 indigo，分子式 $C_{16}H_{10}O_2N_2$，分子量 262，结构式如图 5-1 所示。

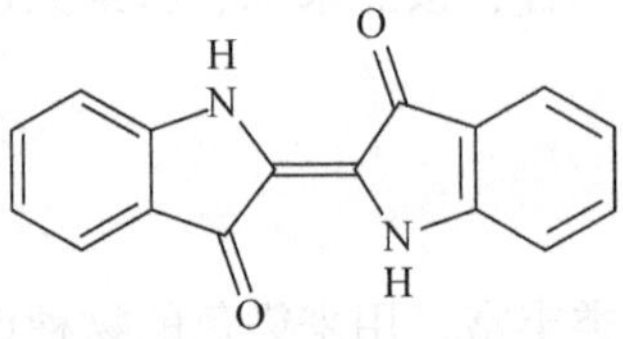

图 5-1　靛蓝结构式

靛蓝属于还原染料，不溶于水和乙醇，对纤维没有亲和力，无法直接染色，必须在碱性溶液中经过还原生成碱性隐色体后才能上染纤维。宋应星在《天工开物》中提到："蓝凡五种（即蓼蓝、苋蓝、茶蓝、马蓝和吴蓝），皆可为靛"。在靛蓝染色方面，书中指出："凡靛入缸，必用稻灰水先和，每日手执竹棍搅到不可计数。其最佳者曰标缸"。在染液发酵过程中，补充适量碱液是十分必要的。

### 2. 红色系植物染料

红色是我国古代常见的颜色，古代可染红的无机矿物颜料有很多，如朱砂、铁红等，可染红色的有机染料种类也较为丰富，如动物染料的胭脂虫，植物染料主要有茜草、苏木、红花等。

（1）茜草：多年生攀援草木，根呈红黄色，其主要色素为茜草和茜紫素，为媒染性染料，其染色方法在商周时已经普及。茜草在汉代仍很昂贵，《史记·货殖列传》中有"千亩卮茜，其人与万户侯等"的说法。东汉京城洛阳，有朝廷经营的栀茜园，专门种植栀子、茜草，为生产黄色、红色染料提供原料。直到唐代，茜草仍为重要的红色染料，《新修本草》记载茜根"可以染绛"。宋代以后，红花染红的技术得到改进，所染红色更为鲜艳，南方广为种植，取代了茜草染红的重要地位。

（2）红花：又称红蓝草，为菊科植物，花朵内含红花素，以红花苷形式存在，用于多种纺织纤维的直接染色，所染红色色光鲜明。红花原产非洲，后传到中亚。据传为张骞通西域时将红花种子带回并种植于长安，此后红花的种植区域不断向南扩展。红花含红花黄色素和红花红色素。前者溶于水，染黄；后者溶于碱性水溶液，染红。很长一段时间内，人们并不知道这一特性，只知红花用来染红或黄。唐代红花已用于染红，宋代则完全掌握了红花的染红技术。明代《天工开物·彰施》记载了从红花中提取红色染料的生产工艺：“大红色。（其质红花饼一味，用乌梅水煎出，又用碱水澄数次。或稻稿灰代碱，功用亦同。澄得多次，色则鲜甚。染房讨便宜者，先染芦木打脚。凡红花最忌沉、麝，袍服与衣香共收，旬月之间其色即毁。凡红花染帛之后，若欲退转，但浸湿所染帛，以碱水、稻灰水滴上数十点，其红一毫收转，仍还原质。所收之水藏于绿豆粉内，放出染红，半滴不耗。染家以为秘诀，不以告人）。莲红、桃红色、银红、水红色（以上质亦红花饼一味，浅深分两加减而成，是四色皆非黄黄丝所可为，必用白丝方现）”。红花染红鲜艳于茜草，持久于苏木，直到清代仍用于丝、棉、毛、麻等纺织品的染红。

（3）苏木：又称苏枋，豆科高大乔木，内含苏木红素，用铬媒染剂可染绛红至紫色，用铝媒染剂可染橙色，用铜媒染剂可染红棕色，用铁媒染剂可染褐色，用锡媒染剂可染浅红至深红色。苏木原产东南亚及我国岭南地区，大约在魏唐之际引入中原地区，大量应用于染织业，至明代以后，苏木的染织价值逐渐被药用价值取代。

3. 黄色系植物染料

黄色是我国古代应用最广、数量最多的染料。杜燕孙编著的《国产植物染料》中提及可以染黄的染料包括栀子、黄栌、黄柏、槐花、姜黄、地黄、林檎、青茅、荩草、银杏、番红花、芒、海州常山（臭梧桐）等十余种植物。

（1）栀子：又称鲜支或支子，栀子为常绿灌木，茜草科栀子属。栀子为中国最早使用、染黄效果最好的染料之一。《汉官仪》记载“染园出卮茜，供染御黄”，说明当时栀子所染黄色可以作为最高级别的黄色。作为栀子染色的主要部位，栀子花含有两种主要色素，分别为栀子素和藏红花酸，前者为媒染染料，后者为直接染料。栀子直接染为鲜黄色，铜盐媒染为嫩黄色，铁盐媒染为暗黄色，也可以用铝盐明矾等媒染剂媒染。

（2）黄栌：又称栌木，漆树科黄栌属，为可染黄色的染料植物，木材可用于染色。唐代陈藏器在《本草拾遗》中说：“黄栌生商洛山谷，四川界甚有之，叶圆木黄，可染黄色”。《天工开物·彰施》提到“金黄色。（芦木煎水染，复用麻稿灰淋，碱水漂）”。黄栌中主要染黄色素为硫磺菊素，为媒染染料。

（3）黄柏：旧称黄檗、檗木，是一种芸香科落叶乔木，树干和树皮均可染黄。东汉《周易参同契》中说：“若檗染为黄兮，似蓝成绿组”。《天工开物·彰施》也曾反复提及黄柏染色，如鹅黄色、豆绿色、蛋青色等。黄柏经煎煮后，可直接染丝帛和纸。黄柏中染黄的主要色素为小檗碱，为直接染料，色泽及鲜艳度极好。

（4）槐花：又称槐黄，未开花时又称槐米，豆科植物。槐花和槐米均可用于染色。槐花染色出现在唐代以后，元代已用于染色。方以智《物理小识》中有"花涩，和灰蒸之供染"的说法。槐花的染色成分为芸香苷，又称芦丁，为媒染染料，用锡媒染剂得艳黄色，用铝媒染剂得草黄色，用铬媒染剂得灰绿色。《天工开物·彰施》中有用槐花和明矾、青矾染大红官绿色、油绿色的记载。

其他黄色染料如姜黄、荩草、银杏等也为常见的、可以染黄的植物染料，虽然上染色素不同、染色方法不同，但是均可以染成各种鲜艳的黄色。

4. 紫色系植物染料

我国古代直接染紫的植物种类不多，记载最多的染紫植物是紫草。紫草为多年生草本植物，紫草根可以染色，主要上染色素为乙酰紫草素，为媒染染料。紫草和椿木灰、明矾媒染可使织物呈紫红色。一说紫草在春秋战国时就已经用于染紫，《尔雅·释草》中就有"一名紫茢……根可以染紫"的说法。此外，还有一些使用野苋、瑞木、黑豆、紫檀等植物进行染色的。

在国外古代紫色染料中，有一种古代地中海沿岸出产的骨螺，可提取其紫液进行染色。由于骨螺非常稀少贵重，罗马帝国只将其用于皇帝服装，又称"帝王紫"。近来的研究表明，骨螺染成的帝王紫可能在我国春秋战国期间出现。《荀子·王制》篇说："东海则有紫蚨鱼盐焉，然而中国得而衣食之"。据著名学者王㐨考证，紫蚨可能就是用于染色的一种骨螺，这种红或橘红色的骨螺的大小如拳，壳表通常长满寄居的"藤壶"科软体动物，外套膜腺体呈粉黄绿色，是染紫的绝佳材料。根据史料记载，战国时齐国的染紫最为著名，又称"齐紫"。《韩非子·外储说左上》曾有"五素不得一紫"之说，《史记·苏秦列传》也有"齐紫，败素也，而贾十倍"的记载。由于齐桓公好服紫，"齐紫"一时名噪天下。后来齐桓公想改变这种举国好紫的风气，便采用了管仲的主意，自己带头不穿紫服，而且当近臣着紫服晋见时，便说讨厌紫色的味道，"吾恶紫臭"。"紫臭"恰恰是骨螺所染紫色的特点。

5. 灰黑色系植物染料

在我国古代植物染料中，黑灰色染料占有极其重要的位置，在所有可以染黑的植物中，以皂斗的历史最为悠久。

皂斗是古代染黑色的主要植物染料。它是栎属树木的果实。栎（即今麻栎）亦名栩、杼、柞栎等。其果实为皂、皂斗、橡子等。孔颖达《正义》引陆机疏："今柞栎也。徐州人谓栎为杼，或谓之栩。其子为皂，或言皂斗，其壳为汁，可以染皂"。皂斗主要上色成分为鞣质，栎树木壳斗及树皮部都含有鞣质。

隋唐以来，黑色植物染料品种继续扩大，包括狼把草、鼠尾草、乌桕叶和五倍子等，以五倍子最为著名。五倍子为棓蚜科昆虫，寄生于盐肤木等植物所形成的虫瘿。五倍子来源丰富，采集方便，主要上色成分也为鞣质，且鞣质含量较高，可达60%~70%。

鞣质是结构复杂的有机物，由1分子葡萄糖和6~8分子鞣酸（没食子酸）合成而得的酯类化合物。鞣质中由于含有较多的亲水集团，因此易溶于水，能上染丝、棉纤维，若直接染丝、棉织物，可染得淡黄色，若用青矾等铁盐媒染可染得黑色。

6. 绿色系植物染料

绿色系植物染料较少，最常见的为鼠李[3]。由于鼠李的来源限制，古人更多选用黄色和蓝色套染的方法进行染绿。

鼠李又称红皮绿树，鼠李科，多年生落叶小乔木或灌木，又称山李子、绿子、冻绿、大绿，国外称为"中国绿"，是优良的天然染料，染料色素成分存在于嫩果实和叶、茎中，主要染色成分为大黄素、大黄酚、芦荟大黄素等，是古代为数不多的天然绿色染料之一，在我国东北、西北和南方各省均有分布，利用鼠李作染料，时间较晚，可能在宋元以后。

（三）按照分子结构分类

这一分类方法便于了解染料的分子结构，对了解染料的性能大有裨益。按照染料分子结构分类主要有以下几类。

1. 蒽醌类染料

蒽醌类染料都含有蒽醌结构或多环酮结构，涵盖还原、分散、酸性、阳离子等染料。蒽醌类染料涵盖红色、紫色、蓝色和绿色色谱。常见的茜素、红紫素、大黄素等均属于蒽醌类染料。

图5-2为蒽醌染料的结构式。其结构式中的R代表不同的官能团，R不同所对应的物质不同，见表5-2。

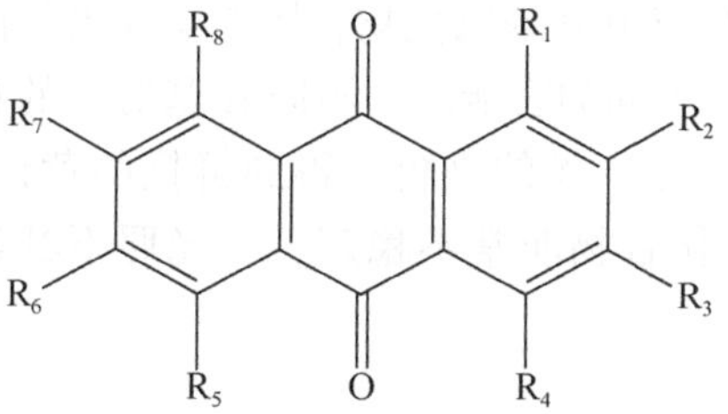

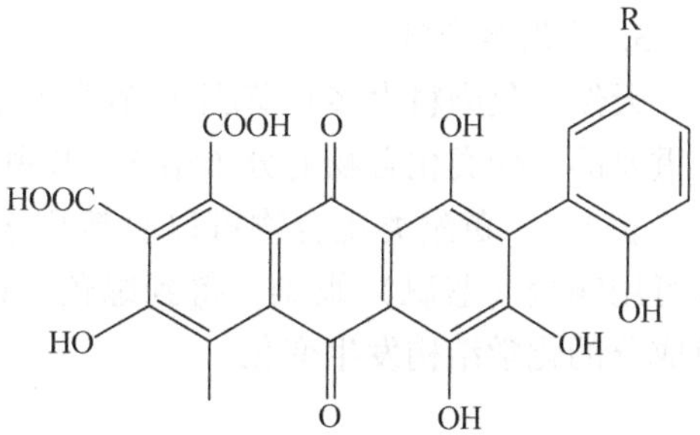

图5-2　蒽醌类染料结构式

**表 5-2　蒽醌类染料结构式（图 5-2）中不同 R 基对应的化合物**

| 蒽醌类染料结构式中的不同 R 基对应的化合物 | | | | | | | | |
|---|---|---|---|---|---|---|---|---|
| 化合物名称(结构式 a) | $R_1$ | $R_2$ | $R_3$ | $R_4$ | $R_5$ | $R_6$ | $R_7$ | $R_8$ |
| 茜素 | OH | OH | H | H | H | H | H | H |
| 异茜草素 | OH | H | OH | H | H | H | H | H |
| 蒽棓酚 | OH | OH | OH | H | H | H | H | H |
| 茜根定 | OH | CH₃ | OH | H | H | H | H | H |
| 桑酮 | OH | CH₃ | H | H | OH | OH | H | H |
| 茜草酸 | OH | COOH | OH | H | H | H | H | H |
| 红紫素 | OH | OH | H | OH | H | H | H | H |
| 假红紫素 | OH | OH | COOH | H | H | H | H | H |
| 大黄素 | OH | H | OH | H | H | CH₃ | H | OH |
| 黄胭脂酮酸 | CH₃ | COOH | H | H | OH | H | OH | OH |
| 胭脂酮酸 | CH₃ | COOH | H | H | OH | H | OH | OH |
| 胭脂红酸 | OH | 葡萄糖基 | OH | OH | H | OH | COOH | CH₃ |

| 化合物名称(结构式 b) | R |
|---|---|
| 虫胶酸 A | $CH_2CH_2NHCOCH_3$ |
| 虫胶酸 B | $CH_2CH_2OH$ |
| 虫胶酸 C | $CH_2CH(NH_2)COOH$ |
| 虫胶酸 E | $CH_2CH_2NH_2$ |

2. 靛族染料

含靛类结构的两种主要的天然染料是靛蓝和泰尔红紫，靛蓝在植物中以配糖体的形式存在，一般是从蓼蓝中提取的，将这种植物的茎叶浸泡在水中，经过发酵、水解、氧化而得到靛蓝，化学反应过程见图 5-3。

3. 黄酮类染料

天然黄色染料大多是黄酮或黄酮醇的羟基或甲氧基取代物，图 5-4 列出了两类重要的黄酮类化合物的分子结构，R 基代表不同的官能团，不同 R 基对应的物质见表 5-3。黄酮类化合物可以直接用于棉、毛、丝的染色，得到鲜艳的黄色，也可用铜盐（蓝矾）媒染，得到绿色。该类化合物非常不稳定，在光照下其显色成分的化学结构发生变化。

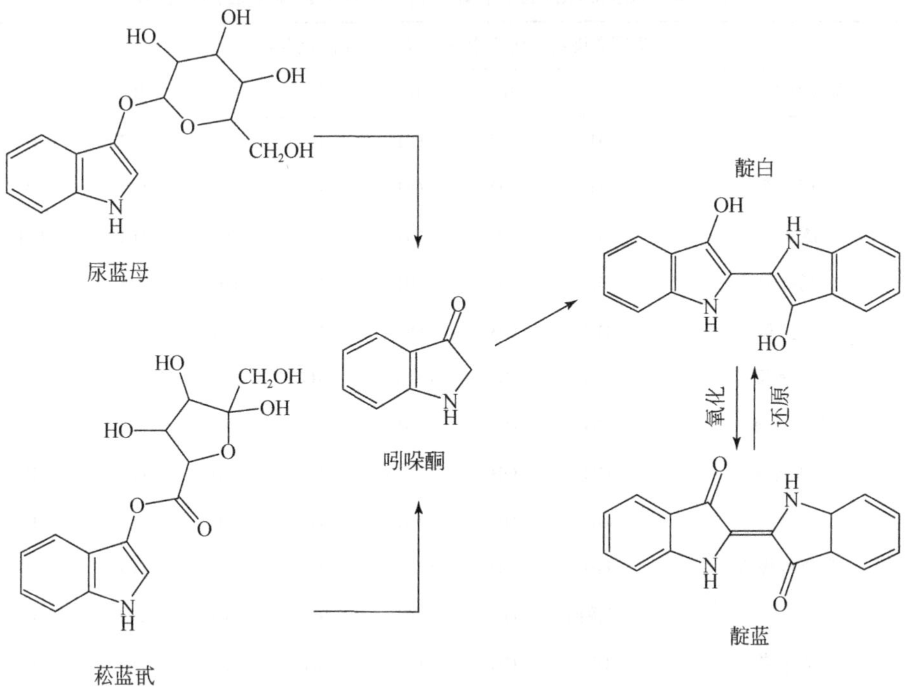

尿蓝母

菘蓝甙

吲哚酮

靛白

氧化　还原

靛蓝

图 5-3　蓼蓝经发酵、水解、氧化得到靛蓝的化学反应过程

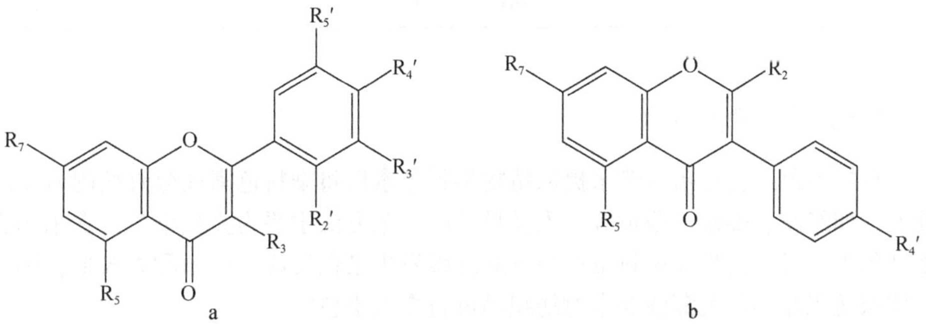

a

b

图 5-4　黄酮类染料结构式

## 二、古代植物染料的染色工艺

我国古代劳动人民在不断的摸索中总结了适用于不同植物染料的染色工艺，根据染色过程中是否添加媒染剂及所用染料种类可以将古代染色工艺总结为直接染色工艺、媒染工艺和复色染工艺。

**表 5-3　黄酮类染料结构式（图 5-4）中不同 R 基对应的化合物**

| 黄酮类染料结构式中不同 R 基对应的化合物 | | | | | | | |
| --- | --- | --- | --- | --- | --- | --- | --- |
| 黄酮类化合物(a) | $R_3$ | $R_5$ | $R_7$ | $R'_2$ | $R'_3$ | $R'_4$ | $R'_5$ |
| 木犀草素 | H | OH | OH | H | OH | OH | H |
| 芹菜素 | H | OH | OH | H | H | OH | H |
| 漆黄素 | OH | H | OH | H | H | OH | OH |
| 杨梅素 | OH | OH | OH | H | OH | OH | OH |
| 槲皮素 | OH | OH | OH | H | OH | OH | H |
| 鼠李素 | OH | OH | $OCH_3$ | H | OH | OH | H |
| 异鼠李素 | OH | OH | OH | H | OH | $OCH_3$ | H |
| 鼠李秦素 | OH | OH | OCH3 | H | OCH3 | OH | H |
| 山柰酚 | OH | OH | OH | H | H | OH | H |
| 鼠李柠檬素 | OH | OH | $OCH_3$ | H | H | OH | H |
| 芦丁 | 芸香糖 | OH | OH | H | OH | OH | H |
| 桑色素 | OH | OH | OH | OH | H | OH | H |
| 金圣草酚 | H | OH | OH | H | $OCH_3$ | OH | H |
| 异黄酮类化合物(b) | $R_2$ | $R_5$ | $R_7$ | | | $R'_4$ | |
| 染料木素 | H | OH | OH | | | OH | H |

## （一）直接染色工艺

直接染色工艺是指以热水提取植物染料色素后将染料色素成分直接附着于纤维上，如红花、靛蓝、姜黄等。人类早期的染色方法主要为直接染色。在采用直接染色工艺时，植物性染料虽可与丝麻纤维发生染色反应，但亲和力较低，因此可按照纺织品的颜色深浅要求对纺织品进行多次染色[14]。

《墨子·所染第三》记载："子墨子言，见染丝者而叹曰：'染于苍则苍，染于黄则黄，所入者变，其色亦变，五入必，而已则为五色矣"。这便提到了纺织品颜色与染料颜色和染色次数之间的关系。《尔雅·释器》云："一染谓之縓，再染谓之赪，三染谓之纁"。"縓"为浅红色，"赪"为红色，"纁"为黄而兼赤色，说明早期直接染色工艺中多次上染是存在且比较常见的，反映了当时人们的染色工艺已经有了较高的水平。

（二）媒染工艺

媒染工艺是在染色过程中，通过加入酸、蛋白质、单宁或金属离子等媒染剂，使植物染料起到发色、固色作用，并增强色牢度较差的色素分子的色牢度的染色工艺。

1. 媒染剂

媒染剂可以分为碱性媒染剂、酸性媒染剂、单宁媒染剂、蛋白质媒染剂和金属离子媒染剂等。

1）碱性媒染剂

将媒染剂溶于水中，生成碱性媒染液的媒染剂称为碱性媒染剂，一般指草灰、木灰、石灰等物质。碱性媒染剂的作用主要是通过后媒染法使色素分子沉积固着于织物纤维上。草灰、木灰一般指燃烧草本、木本植物得到的灰烬，使用时将草木灰溶于热水中并不断搅拌，静置至草木灰完全沉淀后取上层清液使用。草灰、木灰、石灰中由于含有钾离子、铝离子、钙离子等金属化合物，媒染过程中同时可以起到金属离子媒染的作用。

石灰分为生石灰与熟石灰，其媒染效果与使用方法与草木灰相同。

2）酸性媒染剂

使媒染液呈酸性的媒染剂称为酸性媒染剂，主要包括食醋、梅汁等天然媒染剂。《天工开物·彰施》篇中在介绍红花染色时就提到了"大红色。（其质红花饼一味，用乌梅水煎出，又用碱水澄数次。或稻稿灰代碱，功用亦同。澄得多次，色则鲜甚……"。这里的乌梅水就是将青梅直接烧焦碳化成乌梅后溶于水所得。在传统染色工艺中，酸性媒染剂可以增加色素上染效果，起到固色作用，还可以用来中和碱性媒染剂。

3）蛋白质媒染剂

蛋白质是复杂的有机化合物，可分为牛乳、蛋清等动物蛋白和豆类等植物蛋白两大类。由于植物色素易于上染丝、毛等动物纤维，不易于上染棉、麻等植物纤维，因而在上染棉、麻等植物纤维时，需在上染前用牛乳、豆浆等蛋白质媒染剂进行打底处理，让蛋白质渗入植物纤维使之具有蛋白质的性质，进而易于植物染料的上染。

4）金属离子媒染剂

金属离子媒染剂是金属盐溶于水后形成的溶液。金属离子媒染剂种类繁多，按照金属阳离子的不同，可以分为铝媒染剂、铜媒染剂、铁媒染剂、钛媒染剂、锡媒染剂、铬媒染剂等。金属离子媒染剂在上染过程中作为媒介物质，使上染色素分子与织物纤维形成复杂结合，从而改变色调而产生发色效果，同时增强上染色素离子的自身稳定性，达到固色的效果。

我们古代常用的媒染剂基本上可以分为铁剂和铝剂两大类。铁剂中最常用的有绿矾（$FeSO_4 \cdot 7H_2O$），又因其能用于染黑，故又称皂矾。铝剂中较常用的为明矾［$KAl(SO_4)_2 \cdot 12H_2O$］，但是其应用较晚，中原地区较早使用草木灰作为媒染剂。

《考工记》云："钟氏染羽，……三入为纁，五入为緅，七入为缁"。緅，黑中带赤者，全文原意是"钟氏染羽毛，染三次为黄赤色、五次为红黑色，七次为黑色"，一般反复浸染是很难将红色染成黑色的，因此古人在染羽毛时应该加入了媒染剂。《淮南子·俶真训》云："今以涅染缁，则黑于涅。"高诱注："涅，矾石也。"矾的种类较多，在此当指皂矾，此物本身并不太黑，但它可与许多植物媒染染料形成黑色沉淀，从而使织物染黑。所以"钟氏染羽"可能是以红色为底色，以矾石为媒染剂染成黑色的。

### 2. 媒染工艺

媒染法可以充分发挥植物染料的特性，媒染过程中，根据媒染剂与染料上染顺序不同，媒染法又可以分为同媒法、预媒法、后媒法和多媒法。

#### 1）同媒法

同媒法是将染料和媒染剂置于同一染缸中，完成上染和络合的染色方法。这是最为简便的媒染方法，早期应用较多，其特点是染色与媒染同时进行。但是由于金属离子与染液中的上染色素结合易产生沉淀，且易造成染色不均等现象而逐渐被淘汰。其典型代表是《齐民要术》中记载的"河东染御黄"法："碓捣地黄根令熟，灰汁和之，搅令匀，搌取汁，别器盛。更捣滓，使极熟，又以灰汁和之，如薄粥。泻入不渝釜中，煮生绢。数回转使匀，举看有盛水袋子，便是绢熟。抒出。著盆中，寻绎舒张，少时捩出。净搌去滓。晒极干，以别绢滤白淳汁，和热抒出，更就盆染之，急舒展令匀。汁冷捩出，曝干，则成矣"。这一段详细描述了将地黄根与植物灰置于同一染缸内完成染"御黄"的方法。

同媒法的染色顺序为：染色+媒染→水洗。

#### 2）预媒法

预媒法是将纺织品先在媒染剂溶液中处理，使染料色素分子更易与织物纤维结合，之后再放入染缸中进行染色的方法。预媒法多适用于染制棉、麻等植物纤维，采用的媒染剂一般为蛋白质媒染剂，草木灰等金属离子媒染剂有时也用于预媒法。另外，胭脂虫等动物性染料也多使用预媒法进行染色，因为胭脂虫色素遇氧气会迅速氧化变黑，因此极易在染色过程中变黑，且这种变黑在之后的媒染过程中无法消除。

预媒法的染色顺序为：媒染→水洗→染色→水洗。

#### 3）后媒法

后媒法与预媒法步骤相反，是先将纺织品在植物染料的染缸中染色，上染完全后再用金属盐离子进行络合，使之产生色调变化和增强固色效果。纤维材料和媒染材料的种类决定色调变化及色彩的牢固程度。《天工开物》和《多能鄙事》中对此有较多记载，如"紫色。（苏木为地，青矾尚之。）"、"金黄色。（芦木煎水染，复用麻稿灰淋，碱水漂。）"、"茶褐色。（莲子壳煎水染，复用青矾水盖。）"、"油绿色。（槐花薄染，青矾盖。）"和"染包头青色。（此黑不出蓝靛，用栗壳或莲子壳煎煮一日，漉起，然后入铁砂、皂矾锅内，再煮一宵即成深黑色。）"。

后媒法的染色顺序为：染色→水洗→媒染→水洗。

4）多媒法

多媒法是在染色中使用了多种媒染剂的染色工艺。在染色过程中，为了染出浓重的色调，经常使用多次染色、媒染的方法即为多媒法。这一媒染工艺在《多能鄙事》中记载较多，如染枣褐、荆褐时，均先用明矾预媒，然后染色，再用青矾后媒的媒染工艺。多媒法可以反复使用同一种媒染剂，也可以使用不同的媒染剂。与同媒法、预媒法、后媒法相比，多媒法染色工艺更为合理。

多媒法的染色顺序为：染色→水洗→媒染→水洗→染色→水洗→媒染→水洗。

（三）复色染工艺

复色染工艺又称套染工艺，是指由两种或两种以上的染料拼色而染的工艺。这种工艺在先秦就已出现，古代文献中也有很多关于复色染工艺的记载。《周礼·考工记》《天工开物》《物理小识》《本草拾遗》等书中均有关于复色染的记载，如纺织物用靛蓝染过之后再使用黄色染料复染可得绿色，黄色染料和红色染料复染可得橙色等。

复色染有两大特点，一是由浅到深，既可以节约染料，又可以丰满色光。《多能鄙事》中记载的染小红方法如下：

"以练帛十两为率，用苏木四两，黄丹一两，槐花二两，明矾一两。先将槐花炒令香，碾碎，以净水二升煎一升之上，滤去渣，下白矾末些少，搅匀，下入绢帛。却以沸汤一碗化开解余矾，入黄绢浸半时许。将苏木以水二碗煎一碗之上，滤去渣，为头汁顿起。再将渣入水一碗半，煎至一半，仍滤别器贮。将渣又水二碗煎一碗，又去渣，与第二汁和，入黄丹在内，搅极匀，下入矾了黄绢，提转令匀，浸片时扭起，将头汁温热，下染出绢帛，急手提转，浸半时许。可提转六、七次，扭起，吹于风头令干，勿令日晒，其色鲜明甚妙。"

整个工艺可分为四个步骤，一是打底，用槐花白矾媒染，属同媒法；二是对苏木用白矾预媒；三是初染，用苏木与黄丹同染；四是后染，用较浓的苏木汁液染色。这四步精心安排，是古代复色染工艺成就的表现。复色染的第二个特点是拼色，尤其以绿色、褐色为多。中国古代对色彩命名时，正色和间色的概念或许正反映了早期人们对复色染拼色的认识。明代杨慎《丹铅总录》说："绿者，青黄之杂也"。王逵《蠡海集》说："青依于黄而绿矣"。《天工开物》更详细记载了黄和青拼色所得一系列由浅至深的色彩："鹅黄色，黄檗煎水染，靛水盖上"，"豆绿色，黄檗水染，靛水盖，今用小叶苋蓝煎水盖者，名草豆绿，色甚鲜"，"蛋青色，黄檗水染，然后入靛缸"。褐色在唐代陈藏器《本草拾遗》中记载由鼠曲草与榉皮杂用染成，到元明时期褐色种类增多，其一是常用红或黄色染料明矾预媒染成，其二是多用黑色植物染料绿矾后媒染成。如《天工开物》载染藕褐色："苏木水薄染，入莲子壳，青矾水薄盖"，就是一例。此外，《天工开物》还记载了用苏木和靛蓝复色染得天青和葡萄青等色彩的方法。

# 第三节　植物染料分析方法

## 一、天然植物染料分析前处理提取方法

对纺织品文物进行分析鉴定可以为我们提供一系列有价值的信息，对纺织品上植物染料的提取是进行纺织品分析鉴定的第一步。由于植物染料种类繁多，结构各异，因此对于不同植物染料应采取不同方法进行提取。

### （一）传统盐酸提取法

盐酸提取法是植物染料提取时应用最广的方法之一。取纺织品样品约 0.2 mg 置于 37% 盐酸：甲醇：水 = 2：1：1（体积比）的溶液中，将溶液置于 100℃ 热水中水浴加热 10 min，溶液冷却至室温后用氮吹仪（或置于浓缩旋转仪中）将试剂中液体吹干，干燥后将剩余物加入甲醇：水 = 1：1（体积比）的溶液中，离心后取上层清液进行下一步分析检测[15]。

很多纺织品在染色过程中添加了金属离子媒染剂而通常含有 $Fe^{3+}$、$Al^{3+}$，由于盐酸的酸性太强，选用盐酸提取法对染料进行提取，会造成纺织品纤维分解及金属螯合物的分解。盐酸提取法对于特定的染料，如红色蒽醌类染料有较好的效果，但是并不适合于黄色染料的提取，尤其是含有黄酮类的植物染料的提取。由于黄酮类染料含有苷类结构，强酸会使其分解从而造成检测信息缺失，甚至影响染料的鉴定。基于这些原因，更多使用弱酸、较为温和的提取方法逐渐被人们发掘。

### （二）甲酸提取法

甲酸提取法是在盐酸方法的基础上发展而来的。甲酸提取法是将样品加入甲

酸∶甲醇=5∶95（体积比）的溶液中，将试管置于40℃温水中水浴30min，后将试管冷却至室温后用氮吹仪将试剂中液体吹干，干燥后将剩余物加入甲醇∶水=1∶1（体积比）的试剂中，离心后取上层清液进行下一步分析检测[16]。

由于甲酸酸性较弱，在提取温度控制在40℃时，不会分解苷类物质，在经过检测器检测后，能准确鉴定黄色植物染料。

### （三）乙二胺四乙酸提取法

乙二胺四乙酸（EDTA）提取法与甲酸提取法相似，是将样品加入0.001mol/L $H_2$EDTA∶乙腈∶甲醇=2∶10∶88（体积比）的溶液中，将试管置于60℃温水中水浴加热30min，冷却至室温后，将试管内液体用氮吹仪干燥，取剩余物加入甲醇∶水=1∶1（体积比）溶液中，离心后取上层清液进行下一步检测[15]。

EDTA提取法相较于盐酸提取法，对于黄色植物染料有较好的提取效果，不会对黄色染料中的苷类进行水解。从提取结果来看，EDTA提取法明显优于盐酸提取法，与甲酸提取法效果相当。而对于蒽醌类染料来说，甲酸提取法的提取效果要好于EDTA提取法。

### （四）草酸提取法

草酸提取法是将样品加入草酸∶甲醇∶丙酮∶水=0.1∶3∶3∶4（体积比）的溶液中，试管密闭后置于60℃温水中水浴30min，将试管打开冷却至室温后用氮吹仪对溶液进行干燥，取剩余物加入甲醇∶水=1∶1（体积比）溶液中，离心后取上层清液进行下一步检测[17]。

草酸属于比较温和的酸，不会造成黄酮类染料的水解，对各种植物染料都有一定提取效果。

### （五）三氟乙酸提取法

三氟乙酸（TFA）提取法是近年来发展的一种较为温和的染料提取方法。其提取方法简单易行，将染色后的样品置于2mol/L的TFA溶液中，10min后将样品瓶盖打开，用氮吹仪干燥后取剩余物加入甲醇∶水=1∶1（体积比）溶液中，离心后取上层清液进行下一步检测[17]。

三氟乙酸溶解性较强，酸性也较强，对于各种染料都有较强的提取效果，且不会对织物纤维结构造成破坏。因此，TFA用作纺织品天然植物染料提取液具有较好的发展前景。

### （六）二甲基甲酰胺提取法

二甲基甲酰胺（$N$，$N$-二甲基甲酰胺，DMF）是一种化学反应的常用溶剂，也可以用来作为植物染料的提取试剂，其提取方法与草酸提取法相同。DMF 提取法则主要针对蓝色和绿色染料效果较好。

对于纺织品上的植物染料的提取，在实现对染料提取的前提下，要求既不能破坏植物染料的结构，又尽可能减少对纺织品纤维的溶解。近些年常用的植物染料提取方法中，盐酸提取法最早应用于植物染料提取，对于红色蒽醌类染料有较好的提取效果，但是其酸性太强，会造成纺织品文物纤维的水解，现在已经不常用于纺织品文物植物染料提取。其他提取方法都较为温和，对于各种类型植物染料都有较好的提取效果，甲酸和 EDTA 提取法在控制好实验条件时对黄酮类染料有较好的提取效果，草酸提取法对于姜黄素类染料提取效果略差，TFA 提取法对于各种类型植物染料都有较好的提取效果，DMF 提取法对于蓝色和绿色染料提取效果较好。

## 二、常用的分析方法

根据测试原理和测试手段的不同，植物染料分析方法可分为化学分析和仪器分析两类。

化学分析是以物质的化学反应为基础的分析方法。化学分析历史悠久，是分析化学的基础，又称经典分析法，具有仪器简单、操作方便、结果准确、应用范围广泛等特点，是分析化学中最基础、最基本的方法。但化学分析法存在着对低含量物质的分析不够灵敏、分析速度较慢等局限性。

仪器分析是以特殊的仪器测定物质的物理或物理化学性质的分析方法，这些性质有光学性质（如吸光度、发射光谱强度、旋光度、折光率等）、电学性质（如电流、电势、电导、电容等）、热学性质、磁学性质等。由于仪器分析要用到物质的物理或物理化学性质，故仪器分析法又称物理分析法或物理化学分析法。

植物染料研究的对象是纺织品实物，研究目标是获取纺织品纤维上残留的植物染料信息，最终目的是将研究结果应用于纺织品文物保护工作中。目前国内外用于植物染料研究的分析方法主要有化学分析法、光谱法、色谱法、质谱法以及综合运用各种方法进行植物染料研究的综合法。染料研究方法的选择需要根据所研究对象的具体情况来决定。若样品需要做无损检测分析，则优先选择光谱分析法；若样品可进行取样，则可对样品做化学分析和色谱、质谱分析。染料分析中通常选择多种分析方法相互印证以获得更为准确的分析结果。

### （一）化学分析法

化学分析法是以物质的化学反应为基础，根据分析化学反应的现象和特征来鉴定物质化学成分的方法[18]。在现代精密仪器快速发展并应用于纺织品染料分析之前，主要是采用化学分析法对纺织品染料进行鉴定。表 5-4 为上海纺织研究院曾采用化学方法对姜黄、槐米和栀子进行实验后得出的结果[8]。

**表 5-4　若干植物染料的化学反应测试**

| 试剂 | 各种染料在纤维上的反应 | | |
|---|---|---|---|
| | 栀子 | 槐米 | 姜黄 |
| 浓硫酸 | 纤维变为灰色,加水冲淡后黄色 | 溶液微黄,纤维棕色,加水冲淡复色 | 纤维及溶液均呈棕色,加水稀释纤维淡黄色,溶液无色 |
| 浓盐酸 | 无变化 | 呈黄色 | 纤维呈红棕色,稀释后呈鲜明之黄色 |
| 浓硝酸 | 完全脱色,作用迅速 | 纤维之色略深 | 先呈红色,然后变黄色 |
| 乙醇(沸) | 少量脱色 | 不脱色 | 脱色溶液黄色,有绿色荧光 |
| 2% NH₃(沸) | | 无变化 | 大量脱色染物变红复变黄 |
| 醚 | | | 脱色有绿色荧光,溶液黄色 |
| 蚁酸(沸) | 脱色 | | |

化学分析法由于所需样品量较大，检测准确性低，目前很少用于纺织品文物保护。

## （二）光谱法

光谱法是测定物质与电磁辐射相互作用时所产生的发射、吸收辐射的波长和强度进行定性、定量或结构分析的方法[19]。常见的应用于植物染料分析检测的光谱分析法有紫外-可见光谱法、红外光谱法、荧光光谱法和拉曼光谱法等。

### 1. 紫外-可见光谱法

紫外-可见光谱（ultraviolet-visible spectrophotometry，UV-Vis）法是利用物质的分子或离子吸收紫外-可见波段范围（200 ~ 800nm）单色辐射对物质进行定性、定量或结构分析的一种方法。紫外-可见光谱法是以紫外光或可见单色光照射吸光物质的溶液，用仪器测量入射光被吸收的程度，记录吸光度随波长变化的曲线。这一曲线就称为吸收光谱，它描述了不同物质对不同波长光的吸收能力。当有机物的分子结构中有某些能够吸收紫外光或可见光而引起电子跃迁的发色基团时，紫外-吸收光谱法就能用于其定性的测试。具有相同生色团的有机物会有相同的吸收峰值，因此在相同条件下比较未知染料和已知染料紫外-可见光谱可以帮助鉴定染料种类。但是，由于紫外-可见光谱反映的是有机物生色团的特性，不能反映整个色素分子的特征。此外，在染料提取时使用不同的有机溶剂会造成染料成分谱带的位移，影响分析结果的准确性。

随着光纤技术的发展，紫外-可见光谱法开始向无损分析发展。借助光纤技术，光谱仪可以完成对纺织品上待检测部分的原位无损分析。虽然光谱技术的发展使纺织品上植物染料的无损分析有了很大的发展空间，但是这一研究方法更加适合保存较好、颜色鲜艳的纺织品的染料分析，由于紫外-可见光谱法的工作原理，紫外光谱相同的两种化合物有时不一定相同，因此，在用紫外-可见光谱对纺织品染料进行分析时，还要借助其他分析方法获得可靠的结论。

2. 荧光光谱法

荧光光谱法分为分子荧光光谱法和原子荧光光谱法。用于天然植物染料检测的是分子荧光光谱法（molecular fluorescence analysis，MFA）。当紫外线照射某些物质时，这些物质会发射出各种颜色和不同强度的可见光，而当紫外线停止照射时，所发射的光也随之很快地消失，这种光被称为分子荧光。根据物质的荧光强度，可进行物质的定量分析；根据其荧光的波长和荧光强度的增强或减弱，可进行物质的结构及定性分析[20]。

三维荧光光谱是近二十年中发展起来的新的荧光分析技术，反映了发光强度随着激发波长变化的情况，比常规荧光光谱提供更完整的光谱信息。三维荧光光谱法具有很高的灵敏度，样品中含有 $1 \sim 100 \mu g/g$ 的生色团即可产生足够强的检测信号[21]。

三维荧光光谱法可以实现对植物染料的无损快速鉴定，但是并不是所有的植物染料都有较强的荧光，且荧光光谱反映的是物质的结构特征，很多植物染料成分主体结构都为苯环，很难只通过三维荧光光谱进行准确区分。

3. 表面增强拉曼光谱法

由于拉曼光谱易受到荧光干扰，而很多植物染料分子具有荧光性，因此阻碍了拉曼光谱法在植物染料鉴定分析方面的应用。随着表面增强拉曼散射（surface enhanced Raman scattering，SERS）效应的发展，拉曼散射信号的检测强度也随之增强，在 SERS 中荧光的干扰可有效得到抑制[22]，这增强了拉曼光谱在植物染料鉴定分析方面的应用。表面增强拉曼光谱法的原理是：吸附在极微小金属颗粒表面或其附近的化合物（或离子）的拉曼散射要比该化合物的正常拉曼散射增强 $10^3 \sim 10^6$ 倍。这种表面增强拉曼散射在银表面上最强，在金或铜的表面上也可观察到。SERS 现象主要由金属表面基质受激而使局部电磁场增强所引起。效应的强弱取决于与光波长相对应的表面粗糙度大小，以及与波长相关的复杂的金属电介质作用的程度。从少数分子获得大量结构信息的可能性使得 SERS 可用于解决高灵敏度化学分析的许多问题。

下面是应用 SERS 技术对红色蒽醌类如茜素、胭脂红酸、紫胶素等染料进行分析的案例[23]。

通过两种不同实验参数进行对比，选用纳米银（图 5-5）和氧化铝-银

（图5-6）两种涂层对茜素、胭脂红酸、紫胶虫酸三种蒽醌类染料的拉曼检出效果进行对比（图5-7），两种参数都可以增强拉曼检测效果，但是对于红色蒽醌类染料来说，氧化铝–银涂层对于SERS的检测有显著增强的效果，检出限甚至可达$7×10^{-15}$g。

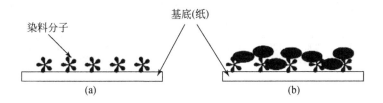

图5-5　表面覆盖纳米银颗粒效果示意图

图5-6　表面添加氧化铝和纳米银颗粒效果示意图

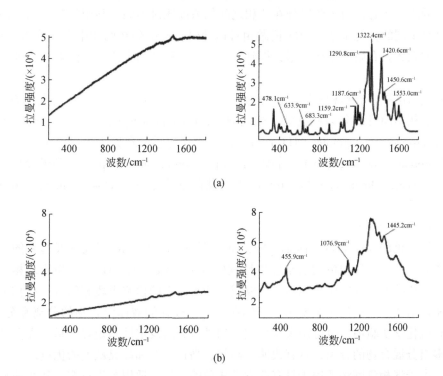

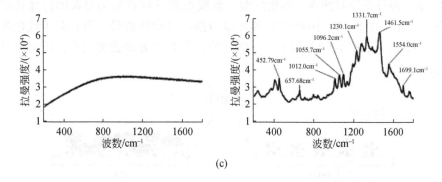

(c)

图5-7　拉曼检出峰（左）与样品表面添加厚度为10nm的纳米银涂层后拉曼（右）

检出峰的对比图：（a）茜素；（b）胭脂红酸；（c）紫胶虫酸

## （三）色谱法

色谱法是用来分离混合物中各种组分的方法，它是由俄国物理学家茨维特（Tswett）在1906年创立的。色谱系统包括固定相和流动相，当流动相流过加有样品的固定相时，由于各组分在两相之间的浓度比例不同，利用待测物质在两相中具有不同的分配系数，当两相做相对运动时，各组分在两相中进行多次分配，使分配系数只有微小差异的组分得到分离，将这种分离方法与检测器结合就是色谱法[24]。

色谱法按照流动相不同可以分为气相色谱、液相色谱、超临界流体色谱；按照固定相不同可以分为柱色谱、纸色谱（paper chromatography，PC）、薄层色谱（thin layer chromatography，TLC）等；按照物理化学分离原理可以分为吸附色谱（adsorption chromatography）、分配色谱（partition chromatography），离子交换色谱（ion exchange chromatography，IEC）、尺寸排阻色谱（size exclusion chromatography，SEC）等。

### 1. 气相色谱法

气相色谱（Gas Chromatography，GC）法是20世纪50年代发展起来的一种分离分析技术。气相色谱法是以惰性气体（$N_2$、He、Ar、$H_2$等）为流动相的柱色谱分离技术，其应用于化学分析领域，并与适当的检测手段相结合，就构成了气相色谱法。气相色谱主要用于气体和挥发性较强的液体混合物的分离和分析，在有机化学实验中，也可用来对合成产物进行分离及定性和定量分析，尤其适用于多组分混合物的分离，具有快速、高效、高选择性和高灵敏度的优点。

由于气相色谱法适用于具有挥发性成分的分析，适用范围过窄，较少应用于天然植物染料的鉴定分析中。

2. 高效液相色谱法

高效液相色谱（high performance liquid chromatography，HPLC）法是 20 世纪 60 年代末在经典液相柱色谱法的基础上引入了气相色谱的理论和技术，采用高压泵、高效固定相以及高灵敏度检测器发展而成的分离分析方法。

高效液相色谱技术由流动相输送系统、进样系统、色谱分离系统、检测记录数据处理系统组成。

在液相色谱中，流动相可以从有机溶剂到水溶液，既可用纯溶剂，也可用二元或多元混合溶剂。流动相溶剂的性质和组成对色谱柱效、分离选择性和组分的影响很大。改变流动相的性质和组成，是提高色谱系统分离度和分析速度的重要手段。流动相选择的一般要求：化学惰性好；选用的溶剂性能应与所使用的检测器相互匹配；溶剂对样品有足够的溶解能力，以提高测定的灵敏度，同时避免在柱头产生沉淀；选择的溶剂应具有低的黏度和适当低的沸点；应尽量避免使用具有显著毒性的溶剂，以保证操作人员的安全。

液相色谱的进样系统一般使用自动进样器，采用微处理机控制进样阀采样（通过阀针）、进样和清洗等操作。操作者只需把装好样品的小瓶按一定次序放入样品架上（有转盘式、排式），然后输入程序（如进样次数、分析周期等），启动，设备将自行运转。

为保护分析柱挡住来源于样品和进样阀垫圈的微粒，常在进样器与分析柱之间装上保护柱。保护柱是一种消耗性柱，一般只有 5cm 左右长，在分析 50 ~ 100 个比较脏的样品之后需要换新的保护柱芯。保护柱用分析柱的同种填料填装，但粒径要大得多，便于装填。色谱柱是高效液相色谱的"心脏"，其中的固定相（stationary phase，或称填充剂、填料），是保证色谱柱高柱效和高分离度的关键。色谱柱由柱管和固定相组成，每根柱端都有一块多孔性（孔径 1μm 左右）的金属烧结隔膜片（或多孔聚四氟乙烯片），用于阻止填充物逸出或注射口带入颗粒杂质。

柱温是液相色谱的重要参数，精确控制柱温可提高保留时间的重现性。一般情况下较高柱温能增加样品在流动相的溶解度，缩短分析时间，通常柱温升高 6℃，组分保留时间减少约 30%；升高柱温能增加柱效，提高分离效率；分析高分子化合物或黏度大的样品时，柱温必须高于室温；对一些具有生物活性的生物分子分析时柱温应低于室温。液相色谱常用柱温范围为室温至 65℃。

理想的检测器应具有灵敏度高、响应快、重现性好、线性范围宽、使用范围广、死体积小、对流动相流量和温度波动不敏感等特性。

紫外检测器是高效液相色谱应用最普遍的检测器，主要用于具有 π–π 或者 p–π 共轭结构的化合物，具有灵敏度高、精密度及线性范围较好、不破坏样品、对温度及流动相流速波动不敏感、可用于梯度洗脱、结构简单等特点，属浓度型检测器。缺点是不适用于对紫外光无吸收的样品，流动相选择有限制（流动相的截止波长必须小于检测波长），目前的仪器常用的有可变波长型及二极管阵列检测器。表 5-5 为常见天然植物染料分子式、分子量以及部分紫外吸收峰。

### 表 5-5　天然植物染料分子式、分子量以及紫外吸收峰（部分）

| 名称 | 分子式 | 分子量 | 紫外吸收峰/nm |
|------|--------|--------|---------------|
| 五倍子酸 | $C_7H_6O_5$ | 170 | 220,272 |
| 异茜草素 | $C_{14}H_8O_4$ | 240 | 244,282,412 |
| 茜素 | $C_{14}H_8O_4$ | 240 | 249,280,429 |
| 红紫素 | $C_{14}H_8O_5$ | 256 | 255,294,480 |
| 靛蓝 | $C_{16}H_{10}N_2O_2$ | 262 | 242,284,330,610 |
| 芹黄素 | $C_{15}H_{10}O_5$ | 270 | 267,338 |
| 茜草酸 | $C_{15}H_8O_6$ | 284 | 248,290,420 |
| 氧化巴西木质素 | $C_{16}H_{12}O_5$ | 284 | |
| 大叶茜草素 | $C_{17}H_{16}O_4$ | 284 | |
| 木犀草素 | $C_{15}H_{10}O_6$ | 286 | 254,348 |
| 山柰酚 | $C_{15}H_{10}O_6$ | 286 | 264,366 |
| 巴西木质素 | $C_{16}H_{14}O_5$ | 286 | |
| 二氢山柰酚 | $C_{15}H_{12}O_6$ | 288 | |
| 伪红紫素 | $C_{15}H_8O_7$ | 300 | 203,260,490 |
| 金圣草黄素 | $C_{16}H_{12}O_6$ | 300 | 267,347 |
| 氧化苏木红 | $C_{16}H_{12}O_6$ | 300 | |
| 鞣花酸 | $C_{14}H_6O_8$ | 302 | |
| 槲皮素 | $C_{15}H_{10}O_7$ | 302 | |
| 姜黄素-3 | $C_{19}H_{16}O_4$ | 308 | 417 |
| 虫漆酸 | $C_{16}H_{10}O_7$ | 314 | 284,430 |
| 杨梅素 | $C_{15}H_{10}O_8$ | 318 | |
| 藏红花酸 | $C_{20}H_{24}O_4$ | 328 | |
| 胭脂酮酸 | $C_{16}H_{10}O_8$ | 330 | 274,308,489 |
| 小檗碱 | $C_{20}H_{17}O_4N$ | 335 | |
| 去甲氧基姜黄素 | $C_{20}H_{18}O_5$ | 338 | 424 |
| 黄柏碱 | $C_{20}H_{23}NO_4$ | 341 | |

续表

| 名称 | 分子式 | 分子量 | 紫外吸收峰/nm |
|------|--------|--------|---------------|
| 姜黄素 | $C_{21}H_{20}O_6$ | 368 | 426 |
| 栀子酮苷 | $C_{16}H_{22}O_{10}$ | 374 | |
| 栀子苷 | $C_{17}H_{24}O_{10}$ | 388 | |
| 山栀子苷 | $C_{16}H_{24}O_{11}$ | 392 | |
| 槲皮苷 | $C_{21}H_{20}O_{11}$ | 448 | |
| 胭脂红酸 | $C_{22}H_{20}O_{13}$ | 492 | 275,309,493 |
| 虫胶酸 E | $C_{24}H_{17}NO_{11}$ | 495 | 285,491 |
| 虫胶酸 B | $C_{24}H_{16}O_{12}$ | 496 | 285,491 |
| 虫胶酸 A | $C_{26}H_{19}NO_{12}$ | 537 | 285,491 |
| 虫胶酸 C | $C_{25}H_{17}NO_{13}$ | 539 | 285,491 |
| 芦丁(芸香苷) | $C_{27}H_{30}O_{16}$ | 610 | |
| 红花黄 | $C_{43}H_{42}O_{22}$ | 910 | 372,520 |
| 藏红花素 | $C_{44}H_{64}O_{24}$ | 976 | |

高效液相色谱具有分离效能高、分析速度快及应用范围广等特点[25]，是近年来在植物染料鉴定分析中应用最多的分析方法。液相色谱仪常与光谱或质谱仪连用，用来有效地进行复杂样品的分析、鉴定。

### 三、超高效液相色谱–四极杆飞行时间质谱联用分析

质谱法（mass spectrometry，MS）是通过将样品转化为运动的气态离子并按质荷比（$m/z$）大小进行分离和测定的方法。样品通过导入系统进入离子源，被电离成离子和碎片离子，由质量分析器分离并按质荷比（$m/z$）大小依次进入检测器，信号经过放大、记录得到质谱图。

近年来，学者们利用质谱技术对纺织品上的染料进行了各种分析检测，如利用质谱技术分别检测了模拟染色织物上的靛蓝类染料（靛蓝）、蒽醌类染料（茜草素、羟基茜草素、伪羟基茜草素、胭脂红酸）、黄酮类染料（槲皮黄酮、桑色素、山奈酚、非瑟酮、樱花亭），并将该方法应用于古代纺织品的染料分析[26]。与其他技术相比，质谱作为检测器提供了更好的选择性、灵敏度以及结构信息。近年来，MS 检测器发展飞速，在灵敏度、扫描速率、准确性和分辨率方面不断推陈出新。通过高分辨质谱获得的准确质量数，以及杂化多功能质谱获得的多级质谱数据，可用于复杂基质中的微量化合物的分析和鉴定，避免色谱过度分离的

需要，对植物染料的成分进行高灵敏、高选择性地快速分析和鉴定。

超高效液相色谱–四极杆飞行时间质谱（UPLC-Q-TOF-MS）方法是通过超高效液相色谱系统与优质高分辨质谱结合，实现了对样品更快速、更灵敏及分离度更高的质谱分离，可精确测定分子量，准确推测分子组成，从而可准确测定成分极其复杂的染料样品[27]。

## 第四节　古代纺织品所用染料的分析案例

### 一、分析方法

采用的仪器为超高效液相色谱–四极杆飞行时间质谱仪（UPLC-Q-TOF-MS）（美国 Waters 公司）和超高效液相色谱–光电二极管紫外检测器（UPLC-DAD），选用盐酸/甲醇/水体系对纺织品染料进行提取。

#### （一）考古样品

本书选用纺织品为陕西省西安市大唐西市博物馆馆藏品，根据纺织品织物结构判定为唐代红地双鹿缎［样品名称 LU，如图 5-8（a）所示］和紫地莲瓣纹绫［样品名称 PG，如图 5-8（b）所示］。样品红地双鹿缎中出现的双鹿与新疆纳斯塔纳唐墓地出土《联珠鹿纹锦》造型相近，双鹿纹在唐代纺织品中也非常常见。样品紫地莲瓣纹绫中莲瓣纹造型也是唐代流行的典型纹饰，绫即平纹暗花类织物，是唐代比较常见的织物结构之一。样品采集时选择织物周边脱落或即将脱落的少量丝线，颜色有红色、蓝色、棕色、紫色等色调。样品及编号情况见表 5-6。

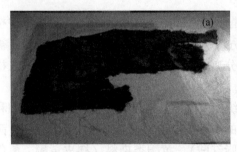

图 5-8　（a）红地双鹿缎；（b）紫地莲瓣纹绫（见彩图）

**表 5-6　测试样品列表**

| 样品名称 | 样品编号 | 样品描述 |
| --- | --- | --- |
| LU-1 | 1 | 红色,丝织品 |

续表

| 样品名称 | 样品编号 | 样品描述 |
|---|---|---|
| LU-2 | 2 | 蓝色,丝织品 |
| LU-3 | 3 | 棕色,丝织品 |
| PG | 4 | 紫色,丝织品 |

　　将纺织品文物置于超景深显微镜镜头下观察，在放大倍率为 2000 时可以清晰观察到样品纤维的保存情况，如图 5-9 所示。

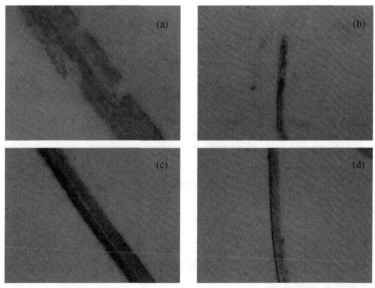

图 5-9　样品单根纤维在放大 2000 倍时的微观形态：（a）样品 LU-1 的单根纤维保存状况；
（b）样品 LU-2 的单根纤维保存状况；（c）样品 LU-3 的单根纤维保存状况；
（d）样品 PG 的单根纤维保存状况（见彩图）

　　从图 5-9 中可以判断四个样品保存状况均不理想，纤维破损严重，染料剥落现象明显，有些部分已看不出原始色彩。因此，对于这一批样品进行染料测定尤其重要。

（二）分析步骤及测试条件

1. 分析步骤

　　选用盐酸/甲醇/水体系对纺织品染料进行提取，提取后取上层清液，采用 UPLC-Q-TOF-MS 和 UPLC-DAD 对染料色素成分进行分析测定。

## 2. 测试条件

超高效液相色谱–质谱仪是对样品进行微量快速分离和分析的工具。该仪器为美国 Waters 公司超高效液相色谱–四极杆飞行时间质谱联用仪（UPLC-Q-TOF-MS），Waters ACQUITY 自动进样器，UPLC-LG500nm 光电二极管紫外检测器（UPLC-DAD），Waters ACQUITY UPLC HSS T3 色谱柱（2.1mm × 100mm × 1.7μm），Waters Masslynx v4.1 数据处理工作站。

流动相：溶剂 A：水，溶剂 B：乙腈。流动剂冲洗浓度，如表 5-7 所示。

表 5-7　溶剂冲洗浓度梯度表

| 时间/min | A 含量/% | B 含量/% |
| --- | --- | --- |
| 初始 | 95 | 5 |
| 1 | 95 | 5 |
| 9 | 0 | 100 |
| 13 | 0 | 100 |
| 13.1 | 95 | 5 |
| 15 | 95 | 5 |

紫外检测器：检测波长 190~450nm；进样量 5 μL。

### （三）样品处理

#### 1. 试剂选择

盐酸（37%）、甲醇（色谱级）来源于国药集团化学试剂有限公司，蒸馏水由北京科技大学实验楼提供。

#### 2. 样品染料提取

取单根丝线样品长度约 0.5cm，加入 400μL 37% 盐酸：甲醇：水 = 2:1:1（体积比）溶液中，100℃ 下水浴 30min，将溶液冷却至室温后用氮吹仪（或置于浓缩旋转仪中）将试剂中液体吹干，干燥后将剩余物加入甲醇：水 = 1:1（体积比）的溶液中，离心后取上层清液进行下一步分析检测。将试管冷却至室温，放入烘箱内烘干，将剩余物加入 50μL 甲醇：水 = 1:1 的试剂中，离心取上层液体 30μL 进行检测。

## 二、纺织品所用染料的分析与讨论

### （一）LU-1 样品检测结果

红色样品 LU-1 的 UPLC-Q-TOF-MS 检测结果如图 5-10 所示，图（a）为样品的色谱图，其中黑色曲线为茜草的标准谱图，红色曲线为测试样品所得，1 和 2 为与染料相关的吸收峰。图（b）与图（d）分别为 1 号峰与 2 号峰的质谱检测结果。图（c）为 1 号峰的紫外吸收峰。

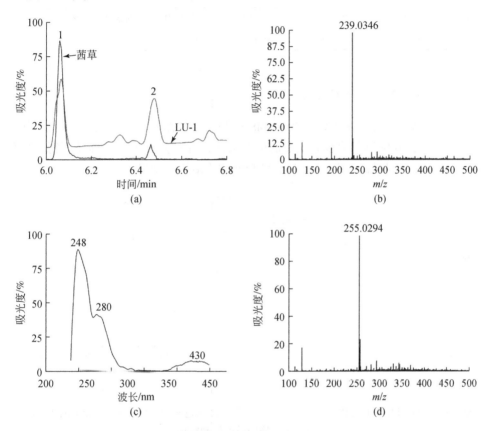

图 5-10 样品 LU-1 的色谱图及质谱图：（a）样品测试色谱图，1 和 2 为与染料相关的吸收峰；（b）1 号峰的质谱检测结果；（c）样品 LU-1 的紫外吸收峰检测结果；（d）2 号峰的质谱检测结果

样品 LU-1 中与染料相关的峰为 1 号峰（保留时间=6.06min）和 2 号峰（保留时间=6.48min），两种物质的分子量分别为 239.0346 和 255.0294（表 5-8）。根据所测得的分子量并参考文献可推断其分子式分别为 $C_{14}H_8O_4$ 和 $C_{14}H_8O_5$，对应化合物应分别是茜素（alizarin）或其同分异构体异茜草素（xanthopurpurin）和红紫素（purpurin）。通过 UPLC-DAD 检测可知该化合物在 248nm、280nm、430nm 处有吸收峰，这与数据库中的茜素紫外吸收峰一致，因此可以判定该化合物是茜素。茜素是茜草的主要染色成分，所以纺织品 LU-1 的红色部分是选用茜草进行染色。

**表 5-8　样品 LU-1 通过 UPLC-Q-TOF-MS 检测到的化合物的测定（1 号和 2 号吸收峰）**

| 峰编号 | 保留时间 /min | 测得值 $m/z$ [M-H]- | 理论值 $m/z$ [M-H]- | 测定的分子式 | 测定的化合物 | 植物来源 |
|---|---|---|---|---|---|---|
| 1 | 6.06 | 239.0346 | 239.0344 | $C_{14}H_8O_4$ | 茜素/异茜草素 | 茜草 |
| 2 | 6.48 | 255.0294 | 255.0293 | $C_{14}H_8O_5$ | 红紫素 | |

### （二）LU-2 样品检测结果

蓝色样品 LU-2 的 UPLC-Q-TOF-MS 检测结果如图 5-11 所示，图（a）为样品的色谱图，其中黑色曲线为靛蓝的标准谱图，红色曲线为测试样品所得，1 为与染料相关的吸收峰。图（b）为 1 号峰处的质谱检测结果。

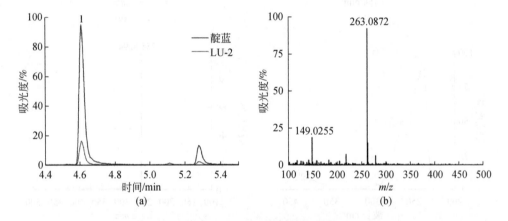

图 5-11　样品 LU-2 的色谱图及质谱图：（a）样品测试色谱图，1 为与染料相关的吸收峰；
（b）1 号峰的质谱检测结果

在保留时间为 4.61min 时有吸收峰，其对应分子量为 263.0872，与靛蓝理论值 263.0821 接近，因此判定 LU-2 的检测结果中出现了靛蓝。该纺织品最初染色时可能选用蓝草、蓼蓝、木蓝等以靛蓝为主要上染成分的蓝草类植物。

### （三）LU-3 样品检测结果

棕色样品 LU-3 的 UPLC-Q-TOF-MS 检测结果如图 5-12 所示，图（a）为样品的色谱图，其中黑色曲线为茜草的标准谱图，红色曲线为测试样品所得，1 和 2 为与染料相关的吸收峰。图（b）和（c）分别为 1 号峰与 2 号峰处的质谱检测结果。图（d）为 1 号峰的紫外吸收峰。

样品 LU-3 经过处理后用 UPLC-Q-TOF-MS 进行分析，结果中出现了分子式

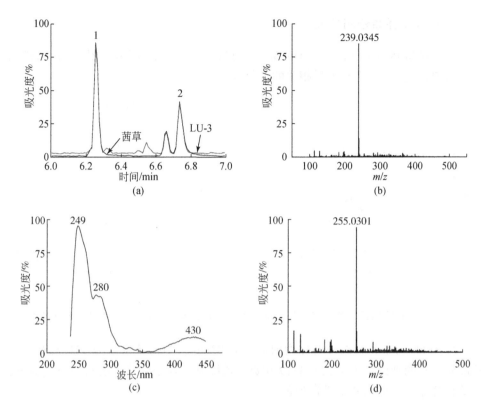

图5-12　样品 LU-3 的色谱图及质谱图：（a）样品测试色谱图，1 和 2 为与染料相关的吸收峰；（b）1 号峰的质谱检测结果；（c）样品 LU-3 的紫外吸收峰检测结果；（d）2 号峰的质谱检测结果

为 $C_{14}H_8O_5$ 和分子式为 $C_{14}H_8O_4$ 的化合物，测定出的显色化合物列于表 5-9。所得结果和红色样品 LU-1 相同，所测得的两种物质应分别为茜素（或其同分异构体异茜草素）和红紫素。通过 UPLC-DAD 检测可知该化合物在 249nm、280nm、430nm 处有吸收峰，这与资料记载中的茜素紫外吸收峰一致，因此可以判定该化合物是茜素。棕色样品 LU-3 在制作之初所选用的主要染料是茜草，可能染色的方式和红色样品不同，有待于以后深入研究。

表 5-9　样品 LU-3 通过 UPLC-Q-TOF-MS 检测到的化合物（1 号和 2 号吸收峰）

| 峰编号 | 保留时间/min | 测得值 m/z [M-H]- | 理论值 m/z [M-H]- | 测定的分子式 | 测定的化合物 | 植物来源 |
|---|---|---|---|---|---|---|
| 1 | 6.25 | 239.0345 | 239.0344 | $C_{14}H_8O_4$ | 茜素/异茜草素 | 茜草 |
| 2 | 6.73 | 255.0301 | 255.0293 | $C_{14}H_8O_5$ | 红紫素 | |

### (四) PG 样品检测结果

紫色样品 PG 的 UPLC-Q-TOF-MS 检测结果如图 5-13 所示。图 (a) 为样品的色谱图，图 (b) 为与染料相关的吸收峰。

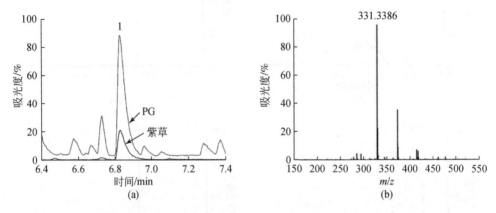

图 5-13　样品 PG 的色谱图及质谱图：(a) 样品测试色谱图；(b) 1 号峰的质谱检测结果

样品 PG 与染料相关峰的保留时间是 6.83min，测得分子量为 331.3386，与乙酰紫草素的理论分子量 331.3319 相近。乙酰紫草素是紫草中的有效染色成分，因此该样品最初选用紫草进行染色。

## 三、小结

本章利用超高效液相色谱-四极杆飞行时间质谱及二极管阵列联用技术的方法对唐代纺织品所用植物染料进行了分析测定。测定结果显示样品中红色和棕色丝线染料均来源于茜草，蓝色丝线染料来源于蓝草类植物，紫色丝线则由紫草染色而成。虽然红色样品 LU-1 和棕色样品 LU-3 的颜色不同，但是其染料均来源于茜草，显色不同的原因可能与染色过程中媒染剂的添加有关。

在蓝色样品 LU-2 中检测出了分子量为 263 的物质，根据分子量可推断为靛蓝或靛玉红，这两种物质为同分异构体。染蓝的主要色素成分为靛蓝，而靛玉红为靛蓝类植物染料中的主要杂质，植物染料中靛玉红的含量会根据不同植物来源和不同染色工艺而有所改变，因此无法通过检测结果中的靛蓝/靛玉红的含量来判定该染料中靛蓝的植物来源。

紫色样品 PG 的检测结果中出现了乙酰紫草素，为紫草的主要提取物，也是紫草的主要上色成分。古书中记载有紫草是我国古代唯一能染紫的植物，因此紫色样品 PG 的染色植物来源可以确定为紫草。

# 第五节　结　　论

我国植物染料染色历史悠久，染料种类繁多，常见植物的染料种类也随着历史变迁而有所变化。茜草、苏木、红花、姜黄、栀子、槐花、黄檗、紫草等植物是我国常见的植物染料，配合不同染色工艺，所染色泽丰富，具有极大的研究价值。目前，植物染料分析方法多样，选择有效灵敏的分析方法对植物染料研究至关重要。超高效液相色谱–四极杆飞行时间质谱技术在分析化学领域应用前景广泛，是植物染料分析的有效手段。

本章选取盐酸/甲醇/水体系对纺织品染料进行提取，并通过超高效液相色谱–四极杆飞行时间质谱技术成功确定了唐代纺织品的所用染料，红色和棕色丝线染料均来源于茜草，蓝色丝线染料来源于蓝草类植物，紫色丝线则由紫草染色而成。该结果为古代染色纺织品所用染料的科学分析提供了参考。

需要注意的是，红色和棕色丝线虽均由茜草染色，但显色不同，可能与染色过程中添加的媒染剂有关。另外，紫草是我国古籍记载中唯一能染紫的植物，而紫草中乙酰紫草素只能溶于有机溶剂，且需要与媒染剂配合来染色，因此纺织品染料的媒染剂及染色工艺研究是未来要进行的工作。

## 参 考 文 献

[1] 何堂坤，赵丰. 中华文化通志·科学技术典（纺织与矿冶志）[M]. 上海：上海人民出版社，1998.

[2] 赵丰. 丝绸艺术史 [M]. 杭州：浙江美术学院出版社，1992.

[3] 中国纺织品鉴定保护中心. 纺织品鉴定保护概论 [M]. 北京：文物出版社，2002.

[4] 陈元生，解玉林，熊樱菲. 山普拉墓群出土毛织品上蓝色染料的分析研究 [J]. 文物保护与考古科学，2000，12（1）：15-21.

[5] 湖南省博物馆，中国科学院考古研究所. 长沙马王堆一号汉墓上集 [M]. 北京：文物出版社，1973.

[6] 杜燕孙. 国产植物染料染色法 [M].4 版. 北京：商务印书馆，1950.

[7] 龚德才，孙淑云. 古代纺织品保护研究的发展趋势 [A] //中国文化遗产研究院编. 文化遗产保护科技发展国际研讨会论文集：中国文物研究所成立七十周年纪念 [C]. 北京：科学出版社，2007：152-160.

[8] 上海市纺织科学研究院，上海市丝绸工业公司文物研究组. 长沙马王堆一号汉墓出土纺织品的研究 [M]. 北京：文物出版社，1980.

[9] 陈元生，解玉林，熊樱菲，等. 扎滚鲁克墓群出土毛织品上蓝色染料的分析鉴定研究 [J]. 上海博物馆集刊，2000，（8）：677-684.

[10] 敦煌文物研究所. 新发现的北魏刺绣 [J]. 文物，1972，（2）：54-60.

[11] 樊锦诗, 马世长. 莫高窟发现的唐代丝织物及其他 [J]. 文物, 1972, (12): 55-67.

[12] 张晓梅, 魏西凝, 雷勇, 等. 古代丝织品及古建彩画蓝色染料的微量及无损分析 [J]. 光谱学与光谱分析, 2010, (12): 3254-3257.

[13] 中国社会科学院考古研究所. 定陵上 [M]. 北京: 文物出版社, 1990.

[14] 范雪荣. 纺织品染整工艺学 [M]. 北京: 中国纺织出版社, 1999.

[15] Zhang X, Laursen R A. Development of mild extraction methods for the analysis of natural dyes in textiles of historical interest using LC-diode array detector-MS [J]. Analytical Chemistry, 2005, 77: 2022-2025.

[16] Sanyova J, Reisse J. Development of a mild method for the extraction of anthraquinones from their aluminium complexes in madder lakes prior to HPLC analysis [J]. Studies in Conservation, 2006, 7: 229-235.

[17] Marques R, Sousa M M, Oliveira M C, et al. Characterization of weld (*Reseda luteola* L.) and spurge flax (*Daphne gnidium* L.) by highe-prformance liquid chromatography-diode array detection-mass spectrometry in Arraiolos historical textiles [J]. Journal of Chromatography A, 2009, 1216 (9): 1395-1402.

[18] 曾元儿, 张凌. 分析化学 [M]. 北京: 科学出版社, 2007.

[19] 杨银元. 实用仪器分析 [M]. 北京: 北京大学出版社, 2010.

[20] 李启隆, 胡劲波. 食品分析科学 [M]. 北京: 化学工业出版社, 2010.

[21] 董炎明, 熊晓鹏, 郑薇, 等. 高分子研究方法 [M]. 北京: 中国石化出版社, 2011.

[22] 刘木华. 农产品质量安全光学无损检测技术及应用 [M]. 武汉: 华中科技大学出版社, 2011.

[23] Chen K, Leona M, Vo-Dinh K. Application of surface-enhanced Raman scattering (SERS) for the identification of anthraquinone dyes used in works of art [J]. Journal of Raman Spectroscopy, 2006, (37): 520-527.

[24] 宋治军, 纪重光. 现代分析仪器与测试方法 [M]. 西安: 西北大学出版社, 1994.

[25] 孙毓庆, 胡育筑. 分析化学 (下) [M]. 3 版. 北京: 科学出版社, 2011.

[26] Olga Nakamine de Wong. The identification of natural dyes in pre-columbian andean textiles by mass spectrometry [D]. Cambridge: Massachusetts Institute of Technology, 1977.

[27] Puchalska M, Poe6-Pawlak K, Zadrozna I, et al. Identification of indigoid dyes in natural organic pigments used in historical art objects by high-performance liquid chromatography coupled to electrospray ionization mass spectrometry [J]. Journal of Mass Spectrometry, 2004, 39: 1441-1449.

附表　六种蛋白质材料的 PCA 数据

| 样本 | 特征裂解产物 | | | | | | | | | | | | | | | | | | | | | | | | | | 磷酸三甲酯 | 蛋黄标记物 |
|---|---|---|---|---|---|---|---|---|---|---|---|---|---|---|---|---|---|---|---|---|---|---|---|---|---|---|---|---|
| | Py1 | Py2 | Py3 | Py4 | Py5 | Py6 | Py7 | Py8 | Py9 | Py10 | Pg8 | A1 | A2 | A3 | A4 | I1 | B5 | B6 | B7 | B8 | B9 | B11 | C1 | C2 | C3 | C4 | | |
| 骨胶 1 | 1 | 1 | 1 | 1 | 1 | 1 | 1 | 1 | 1 | 1 | 1 | 1 | 1 | 1 | 1 | 0 | 0 | 1 | 0 | 0 | 0 | 0 | 0 | 0 | 0 | 0 | 0 | 0 |
| 骨胶 2 | 1 | 1 | 0 | 1 | 1 | 1 | 1 | 1 | 1 | 1 | 1 | 1 | 1 | 1 | 0 | 0 | 0 | 0 | 0 | 0 | 0 | 0 | 0 | 0 | 0 | 0 | 0 | 0 |
| 骨胶 3 | 1 | 0 | 1 | 1 | 1 | 1 | 1 | 1 | 1 | 1 | 1 | 1 | 0 | 1 | 0 | 0 | 0 | 0 | 0 | 0 | 0 | 0 | 0 | 0 | 0 | 0 | 0 | 0 |
| 骨胶 4 | 1 | 1 | 1 | 0 | 1 | 1 | 1 | 1 | 1 | 1 | 1 | 1 | 0 | 0 | 0 | 0 | 0 | 0 | 0 | 0 | 0 | 0 | 0 | 0 | 0 | 0 | 0 | 0 |
| 骨胶 5 | 1 | 1 | 1 | 1 | 1 | 1 | 1 | 1 | 1 | 1 | 1 | 1 | 0 | 0 | 0 | 0 | 0 | 0 | 0 | 0 | 0 | 0 | 0 | 0 | 0 | 0 | 0 | 0 |
| 骨胶 6 | 1 | 1 | 1 | 0 | 0 | 1 | 1 | 0 | 1 | 1 | 0 | 0 | 1 | 0 | 0 | 0 | 0 | 0 | 0 | 0 | 0 | 0 | 0 | 0 | 0 | 0 | 0 | 0 |
| 皮胶 1 | 1 | 1 | 0 | 1 | 1 | 1 | 1 | 1 | 1 | 1 | 1 | 0 | 1 | 0 | 0 | 0 | 0 | 0 | 0 | 0 | 0 | 0 | 0 | 0 | 0 | 0 | 0 | 0 |
| 皮胶 2 | 0 | 0 | 0 | 1 | 1 | 0 | 1 | 1 | 1 | 1 | 1 | 0 | 1 | 0 | 0 | 0 | 0 | 0 | 0 | 0 | 0 | 0 | 0 | 0 | 0 | 0 | 0 | 0 |
| 皮胶 3 | 1 | 1 | 1 | 1 | 1 | 1 | 1 | 1 | 1 | 1 | 1 | 1 | 1 | 0 | 0 | 0 | 0 | 0 | 0 | 0 | 0 | 0 | 0 | 0 | 0 | 0 | 0 | 0 |
| 皮胶 4 | 1 | 1 | 1 | 1 | 1 | 1 | 1 | 1 | 1 | 1 | 1 | 0 | 0 | 1 | 0 | 0 | 0 | 0 | 0 | 0 | 0 | 0 | 0 | 0 | 0 | 0 | 0 | 0 |
| 皮胶 5 | 1 | 1 | 1 | 1 | 1 | 1 | 0 | 1 | 1 | 1 | 1 | 0 | 0 | 0 | 0 | 0 | 0 | 0 | 0 | 0 | 0 | 0 | 0 | 0 | 0 | 0 | 0 | 0 |
| 皮胶 6 | 1 | 1 | 1 | 0 | 0 | 1 | 0 | 1 | 1 | 1 | 0 | 0 | 0 | 0 | 0 | 0 | 0 | 0 | 0 | 0 | 0 | 0 | 0 | 0 | 0 | 0 | 0 | 0 |
| 鱼鳔胶 1 | 1 | 1 | 0 | 0 | 0 | 1 | 0 | 1 | 1 | 1 | 1 | 0 | 1 | 0 | 1 | 1 | 0 | 1 | 1 | 0 | 0 | 0 | 0 | 1 | 1 | 1 | 0 | 0 |
| 鱼鳔胶 2 | 1 | 1 | 0 | 0 | 0 | 1 | 0 | 0 | 0 | 0 | 1 | 0 | 1 | 0 | 1 | 1 | 0 | 1 | 1 | 0 | 0 | 0 | 0 | 1 | 1 | 1 | 0 | 0 |
| 鱼鳔胶 3 | 1 | 0 | 0 | 0 | 0 | 1 | 0 | 0 | 1 | 1 | 1 | 0 | 1 | 0 | 1 | 1 | 0 | 1 | 1 | 0 | 0 | 0 | 0 | 1 | 1 | 1 | 0 | 0 |
| 鱼鳔胶 4 | 1 | 1 | 0 | 1 | 1 | 1 | 0 | 0 | 1 | 0 | 1 | 1 | 1 | 0 | 1 | 1 | 0 | 1 | 1 | 0 | 0 | 0 | 0 | 1 | 1 | 1 | 0 | 0 |
| 鱼鳔胶 5 | 1 | 1 | 0 | 1 | 1 | 1 | 0 | 0 | 1 | 0 | 1 | 1 | 1 | 0 | 1 | 1 | 0 | 1 | 1 | 0 | 0 | 0 | 0 | 1 | 1 | 1 | 0 | 0 |
| 鱼鳔胶 6 | 1 | 1 | 0 | 1 | 1 | 1 | 0 | 0 | 0 | 1 | 1 | 1 | 0 | 0 | 1 | 1 | 1 | 1 | 1 | 0 | 0 | 1 | 1 | 0 | 0 | 1 | 0 | 0 |
| 蛋清 1 | 1 | 0 | 1 | 1 | 0 | 0 | 0 | 0 | 0 | 0 | 1 | 0 | 0 | 0 | 0 | 1 | 1 | 1 | 1 | 1 | 1 | 1 | 0 | 0 | 0 | 0 | 0 | 0 |

续表

| 样本 | 特征裂解产物 | | | | | | | | | | | | | | | | | | | | | | | | | | 磷酸三甲酯 | 蛋黄标记物 |
|---|---|---|---|---|---|---|---|---|---|---|---|---|---|---|---|---|---|---|---|---|---|---|---|---|---|---|---|---|
| | Py1 | Py2 | Py3 | Py4 | Py5 | Py6 | Py7 | Py8 | Py9 | Py10 | Pr8 | A1 | A2 | A3 | A4 | I1 | B5 | B6 | B7 | B8 | B9 | B11 | C1 | C2 | C3 | C4 | | |
| 蛋清2 | 0 | 0 | 0 | 0 | 0 | 0 | 0 | 0 | 0 | 0 | 0 | 1 | 0 | 1 | 1 | 1 | 1 | 1 | 1 | 1 | 1 | 0 | 0 | 0 | 0 | 0 | 1 | 0 |
| 蛋清3 | 0 | 0 | 0 | 0 | 0 | 0 | 0 | 0 | 0 | 0 | 1 | 0 | 0 | 1 | 1 | 1 | 1 | 1 | 1 | 0 | 1 | 0 | 0 | 0 | 0 | 0 | 1 | 0 |
| 蛋清4 | 0 | 0 | 0 | 0 | 0 | 0 | 0 | 0 | 0 | 0 | 1 | 0 | 0 | 1 | 1 | 0 | 1 | 1 | 1 | 1 | 1 | 0 | 0 | 0 | 0 | 0 | 1 | 0 |
| 蛋清5 | 0 | 0 | 0 | 0 | 0 | 0 | 0 | 0 | 0 | 0 | 1 | 0 | 0 | 0 | 1 | 1 | 1 | 1 | 1 | 0 | 1 | 0 | 0 | 0 | 0 | 0 | 1 | 0 |
| 蛋清6 | 0 | 0 | 0 | 0 | 0 | 0 | 0 | 0 | 0 | 0 | 1 | 0 | 0 | 1 | 1 | 1 | 1 | 1 | 1 | 1 | 1 | 0 | 0 | 0 | 0 | 0 | 1 | 0 |
| 蛋黄1 | 0 | 0 | 0 | 0 | 0 | 0 | 0 | 0 | 0 | 0 | 0 | 0 | 0 | 1 | 1 | 1 | 1 | 1 | 0 | 0 | 0 | 0 | 1 | 1 | 1 | 1 | 1 | 1 |
| 蛋黄2 | 0 | 0 | 0 | 0 | 0 | 0 | 0 | 0 | 0 | 0 | 1 | 1 | 0 | 1 | 1 | 0 | 1 | 1 | 1 | 1 | 0 | 0 | 1 | 1 | 1 | 1 | 1 | 1 |
| 蛋黄3 | 0 | 0 | 0 | 0 | 0 | 0 | 0 | 0 | 0 | 0 | 0 | 0 | 0 | 1 | 1 | 1 | 1 | 1 | 1 | 1 | 0 | 0 | 1 | 1 | 1 | 1 | 1 | 1 |
| 蛋黄4 | 0 | 0 | 0 | 0 | 0 | 0 | 0 | 0 | 0 | 0 | 1 | 1 | 0 | 1 | 1 | 1 | 1 | 1 | 1 | 1 | 0 | 0 | 1 | 1 | 1 | 1 | 1 | 1 |
| 蛋黄5 | 0 | 0 | 0 | 1 | 0 | 0 | 0 | 0 | 0 | 0 | 0 | 0 | 0 | 1 | 0 | 1 | 1 | 1 | 1 | 0 | 0 | 0 | 1 | 1 | 1 | 1 | 1 | 1 |
| 蛋黄6 | 0 | 0 | 0 | 1 | 0 | 0 | 0 | 0 | 0 | 0 | 1 | 1 | 0 | 1 | 1 | 1 | 1 | 1 | 1 | 1 | 0 | 0 | 1 | 1 | 1 | 1 | 1 | 1 |
| 猪血1 | 0 | 0 | 0 | 1 | 0 | 0 | 0 | 0 | 0 | 0 | 1 | 1 | 0 | 1 | 1 | 1 | 1 | 1 | 1 | 0 | 1 | 1 | 0 | 0 | 0 | 1 | 0 | 0 |
| 猪血2 | 0 | 0 | 0 | 0 | 1 | 0 | 0 | 0 | 0 | 0 | 1 | 1 | 0 | 1 | 1 | 1 | 1 | 1 | 1 | 1 | 1 | 1 | 0 | 0 | 1 | 1 | 1 | 0 |
| 猪血3 | 0 | 0 | 0 | 1 | 0 | 0 | 0 | 0 | 0 | 0 | 1 | 1 | 0 | 1 | 1 | 1 | 1 | 1 | 1 | 1 | 1 | 1 | 1 | 0 | 1 | 1 | 0 | 0 |
| 猪血4 | 0 | 0 | 0 | 1 | 0 | 0 | 0 | 0 | 0 | 0 | 1 | 1 | 0 | 1 | 1 | 1 | 1 | 1 | 1 | 1 | 1 | 1 | 1 | 1 | 1 | 1 | 1 | 0 |
| 猪血5 | 0 | 0 | 0 | 1 | 0 | 0 | 0 | 0 | 0 | 0 | 1 | 1 | 0 | 1 | 1 | 1 | 1 | 1 | 1 | 1 | 0 | 1 | 1 | 1 | 0 | 1 | 0 | 0 |
| 猪血6 | 0 | 0 | 1 | 0 | 0 | 0 | 0 | 0 | 0 | 0 | 0 | 0 | 0 | 1 | 1 | 1 | 1 | 1 | 1 | 1 | 0 | 1 | 1 | 1 | 0 | 1 | 1 | 0 |
| 膜状残片 | 0 | 0 | 1 | 1 | 1 | 0 | 0 | 0 | 0 | 0 | 1 | 0 | 0 | 1 | 1 | 1 | 1 | 1 | 0 | 0 | 0 | 1 | 0 | 0 | 0 | 0 | 1 | 0 |

# 彩　　图

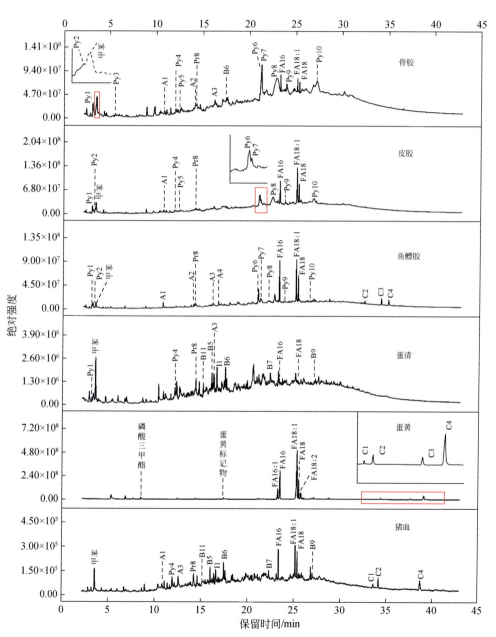

图 1-16　六种蛋白质材料的总离子色谱图(Py:吡咯类,Pr:蛋白质未知裂解物,
FA:脂肪酸甲酯,I:吲哚类,A:脯氨酸类,B:血未知裂解物,C:胆固醇类)

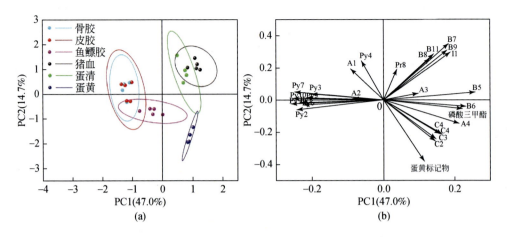

图 1-21 六种蛋白质类胶结材料的特征裂解产物的主成分得分图(a)和
载荷图(b)

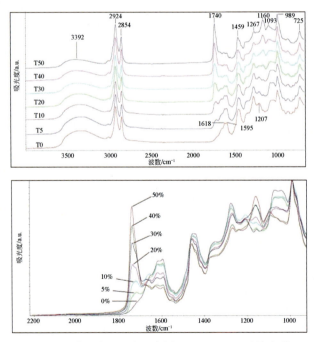

图 1-27 各比例油/漆混合样品 ATR-FTIR 平均光谱

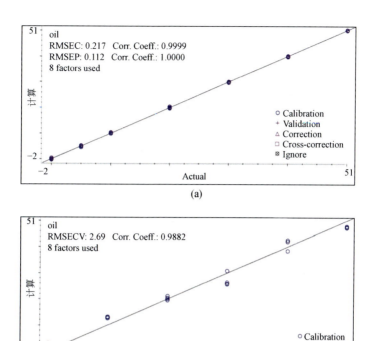

(a)

(b)

图 1-32  PLS 定量模型(a)和内部交叉验证(b)

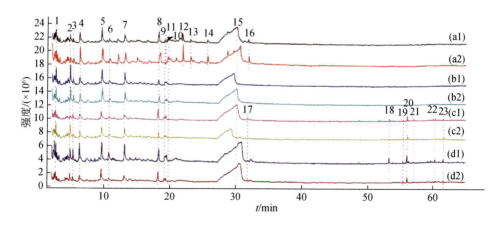

图 2-8   竹纸、麻纸、桑皮纸和构皮纸 Py-GC/MS 分析的总离子色谱图、(a1)浙江富阳元书竹纸,
(a2)江西土竹纸;(b1)山西平阳麻纸,(b2)山西好古麻纸;(c1)安徽潜山桑皮
纸,(c2)河北迁安桑皮纸;(d1)贵州贞丰构皮纸,(d2)贵州丹寨构皮纸

图 2-16　三藏圣教序碑拓片样品

图 2-17　墨扫描电子显微镜形貌图（×20000）

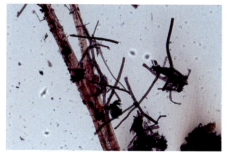

第一层：竹纤维与桑皮纤维混合　　　　　　　第二层：竹纤维

第三层：桑皮纤维(第四层同)　　　　　　　第五层：苎麻纤维

图 3-6　样品 WYG-1 纤维观察图

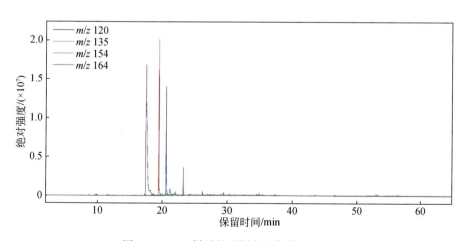

图 3-8　FT-1 样品的选择离子色谱图(SIM)

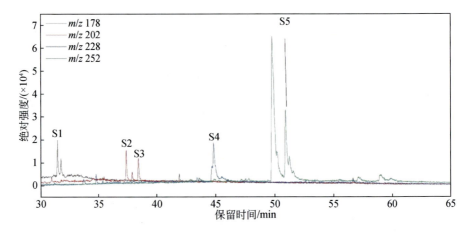

图 3-9　FT-1 样品中墨特征物的选择离子色谱图（SIM）

样品 TJD-1　　　　　　　　　　　样品 YHJS-2

图 3-11　两件特殊编织特点的织物裱糊样品

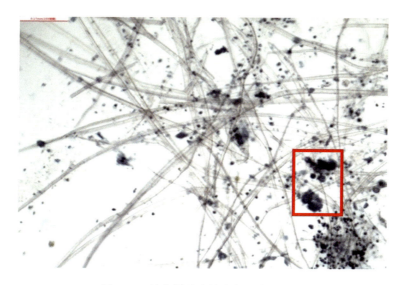

图 3-17　裱糊样品中被染色的淀粉颗粒

图 3-18　典型银印花纸、色纸和色绢图

图 5-8　(a)红地双鹿缎;(b)紫地莲瓣纹绫

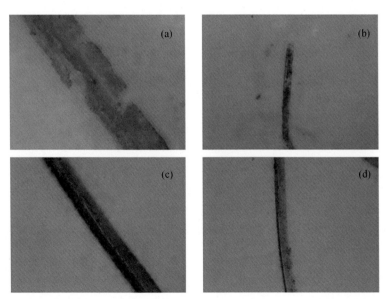

图 5-9　样品单根纤维在放大 2000 倍时的微观形态:(a)样品 LU-1 的单根纤维保存状况;
(b)样品 LU-2 的单根纤维保存状况;(c)样品 LU-3 的单根纤维保存状况;
(d)样品 PG 的单根纤维保存状况